BIG
DATA
EDUCATION

大数据时代的教育

于永昌 刘 宇 王冠乔 著

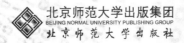

北京师范大学出版集团
BEIJING NORMAL UNIVERSITY PUBLISHING GROUP
北京师范大学出版社

图书在版编目（CIP）数据

大数据时代的教育／于永昌，刘宇，王冠乔著.—北京：北京师范大学出版社，2015.12

ISBN 978-7-303-19914-3

Ⅰ．①大… Ⅱ．①于… ②刘… ③王… Ⅲ．①互联网络－应用－教育研究 Ⅳ．① G40-03

中国版本图书馆 CIP 数据核字（2015）第 283967 号

营　销　中　心　电　话	010-58805072 58807651
北师大出版社学术著作与大众读物分社	http://xueda.bnup.com

出版发行：北京师范大学出版社 www.bnup.com
　　　　　北京市海淀区新街口外大街 19 号
　　　　　邮政编码：100875

印　　刷：	保定市中画美凯印刷有限公司
经　　销：	全国新华书店
开　　本：	890mm×1240mm　1/32
印　　张：	11
字　　数：	220 千字
版　　次：	2015 年 12 月第 1 版
印　　次：	2015 年 12 月第 2 次印刷
定　　价：	40.00 元

策划编辑：张书涛	责任编辑：戴　轶
美术编辑：袁　麟	装帧设计：李尘工作室
责任校对：陈　民	责任印制：马　洁

序

由教育创设的互联网，发展为云计算，形成涵盖大气圈、岩石圈、水圈和生命圈的地球第五圈层——大数据圈，并引发持续的学习变革与教育创新。其直接针对工业社会学校批量生产模式：固定学制、班级授课制、秧田式的课桌椅、统一的教材、按课表编排的教学进程、铃声、教师评语、考试选择（淘汰）制，传统教育势将同古代烽火台一样成为历史的遗迹。

人类的学习行为，基本上对应着信息载体与传递方式：印刷术的普及和图书馆的知识传递方式决定了大学成为教育的中心；工业革命和更加廉价的印刷技术使职业教育得到普及；云计算使"自组织"学习与"他组织"教学整合。翻转课堂、微课教学、混合学习，特别是慕课打开了教育的崭新格局，学习者的智能（智力）将获得新的解放，智慧如同寒武纪生命大爆发一样涌现。

大数据与传统数据相比，具有非结构化、分布式、数据分析由专家完成变为由学习者完成、普遍采用可视化展现方法等特点。这将决定教育的人性化和个性化，按需学习，不以年龄划线，实时教学，学有所长，思维创新与知识生成在即。于是，学校的形态势将发生质变：越来越少的课堂，越来越多的云资源；越来越少的讲授，越来越多的交互；越来越少的编制，越来越多的合作；越来越少的办公室，越来越多的实验室，如此等等。

2006年12月25日，美国《时代》杂志封面登出电脑荧屏上显示的一个英文单词"YOU"，它昭示大数据时代是属于"你"的时代，即属于每一个人的时代。"YOU"成为大数据时代的主人，而首先是学习及教育的主人。

在大数据时代，教育如何做出新贡献呢？

——最广泛地开发云教育资源，不断地为泛化学习开辟道路，满足学习需求成为人生最重要的组成部分。

——教育培训机构或学习者本人通晓云计算条件下创造性学习的原理，为在学习过程中思维创新与知识生成展开培训和自我培训。

——学习由"去我"变成"此在"，学习者感受学习的愉悦与幸福，他组织为自组织服务，培养新时代建设的生力军。

——教育管理者消除科学主义的极端思潮，建构新人文主义思想，为学习者创造更大的幸福服务；对云计算教育资源开发与管理进行顶层设计，有效运用翻转课堂、微课教学和混合学习诸种方式，实现学校教育与慕课的优化组合，取得最佳的教育成效。

——学习者和教育者在教育实践中持续创新。

——为人的自由创造进行相应的知识积累和智能、智慧训练。

正是在上述作用的指导下，本书旨在为大数据时代的教育及学习提供启迪，恳切地希望教育者和学习者与大数据时代偕行并进，并引领时代的进步。

目　录

12　鹰击长空

1

云帆沧海

——教育实践开创大数据时代

曾经孕育互联网的教育制度，受到网络本身组织能量的冲击，整个世界会变成一个没有边界的学校吗？理论上，一门课程，将来在世界上只需要一个老师，一等于无限，地球上的每个人都享有平等的受教育的权利。那将是矗立了四千五百年的金字塔，能够目睹的这个星球上最动人的一幕。每一个人都可以站在大地上，分享这个世界，并触摸天空。

——CCTV2"互联网时代"第四集解说词

斯坦福大学与硅谷
各国高校科技工业园区生态孵化器的建造
教育创新催生大数据时代

斯坦福大学与硅谷

历史总是在偶然间发生，这些偶然事件中蕴含的必然性即共性显示一个特定的时代。很难预料，美国斯坦福大学和后来的斯坦福高新科技工业园的诞生，以致硅谷的崛起与"云"的升腾改写了人类的历史，也改写了教育。

如果说蒸汽机是在格拉斯哥大学的实验室中被瓦特改造成功，进而开创了大工业时代，那么，坐落在美国西海岸圣克拉拉山谷中的小利兰·斯坦福大学（Leland Stanford Junior University）则在一片洼地上孵化出IT人才暨云计算技术，进而开创了大数据时代。

斯坦福大学位于旧金山以南约50英里（约80公里）处的帕洛阿图（PaloAlto），创建者是利兰·斯坦福（Amasa Leland Stanford，1824—1893）。利兰·斯坦福是美国加州第一任州长、铁路大王、美联邦参议员。斯坦福的家定居在旧金山，并在郊外买下5.5万英亩的牧场。1883年11月，斯坦福夫妇带着15岁的儿子去欧洲旅行，在意大利的佛罗伦萨儿子突然患伤寒诊治无效死亡。为了纪念爱子，利兰·斯坦福决心创办一所大学。1886年夏，斯坦福正式宣布捐出250万美元作为创立斯坦福大学的基金，并将自己8800多英亩培育良种马的农场改建成校园。斯坦福深知大工业时代铁路行业的发达，当时社会上对优秀人才的需求远比对马匹的需求迫切。斯坦福大学于1887年5月14日奠基，1891年10月1日正式开学。8800多英亩的校园是一个什么概念呢？它相当于美国40多个麻省理工学院或耶鲁大学的校园面积。斯坦福留下遗嘱："学校的土地不能出售。"

正如瓦特改进蒸汽机时自己也意想不到会迎来资本主义社会，而斯坦福也没有想到，他的简短的遗嘱创建了世界上第一个高校科技工业园区。学校空余的土地于1951年开始出租，于是，一个以研究所、实验室办公楼为主体的工业园区破土动工。同时，进驻工业园区的企业的员工将在斯坦福获得培训。1955年，以惠普为首的7家高科技公司进驻斯坦福工业园。到1986年，整个园区265公顷的土地容纳90家公司及其25万名员工。伴随着斯坦福工业园区的土地全部租空，更多的新兴企业开始沿着周围建设办公楼和厂房，就这样，世界信息技术和高新技术产业中心——硅谷形成了。

硅谷泛指旧金山市以南约50英里的一块80多公里长的扁平状谷地，面积约3880平方公里，有人口200多万。这片土地原以农牧业为主，其从静谧的山林变成一个崭新的世界，得益于斯坦福大学的建立。正是在这片神奇的土地上，斯坦福大学作为孵化器培育出硅谷，并使硅谷迅速成长壮大，成为斯坦福大学的硅谷；继之，斯坦福大学又在硅谷的生境中发展挺进，成为硅谷的斯坦福大学，其时间界面在1965年。

第二次世界大战后，美国高等教育大发展，斯坦福大学为了改变其基础研究力量落后于东部名校的局面，在富有远见卓识的特曼教授的推动下，实施了三项重要措施：一是成立斯坦福研究园，鼓励教师创办企业或去企业兼职；二是举办荣誉合作项目，向企业开放课堂，允许当地公司工程师、企业管理人员在不离开企业的情况下到斯坦福大学进修；三是建立斯坦福工业园区，吸引大批拥有核心竞争力的公司和众多优秀人才前来施展才华。正是这三个稳定的基点决定了斯坦福不是硅谷崛起的充分条件，但绝对是必要条件。

1965年以后，硅谷发展成为世界高新技术特别是信息技术产业中心，以个人电脑和互联网的研发和生产使用直到云计算为主要标志。

1969年，最初的阿帕网，只在4所大学设立了它的节点。一年后阿帕网扩大到15个节点，众多的计算机陆续被编织入网，平均每20天就有一台大型计算机登录网络。（CCTV2"互联网时代"第一集）

1973年，阿帕网跨越大西洋利用卫星技术与英国、挪威实现连接，世界范围的登录开始了。

科学技术的全面发育，为互联网的出现准备了充足的条件，但是整个人类的观念意识，并没有做好迎接未来互联网的心理准备。不同的国家，不同的领域，一个国家内不同的地区，画地为牢的小圈子一个个出现，这些或被称为科研网，或被称为校园网，或被称为法国网、英国网的网络，如同封建割据，各霸一方。如何让这些操着不同语言，遵循着不同的邦国敞开门扉，互相交融，统一互联，需要一个特殊的游戏规则，这就是电子设备如何连入，数据如何传输的共同标准。

自始至终绝大多数的科学家认为，所有计算机生来平等，对每一种差异和个性，所有不同的软件和硬件必须一视同仁，平等对待。它的现实场景是：IP地址在全球互联网中随心所愿地连接到任何一台计算机，让不同的网络连接在一起，普天下的PC此呼彼应。

历时10年，在众多纷繁复杂的网络通信协议中，阿帕的TCP/IP协议最终胜出。其间，硅谷也迅速地从半导体存储器的经济衰退中恢复过来，在思科、网景、雅虎等计算机网络硬件和软件生产公司的引领下，掀起了世界高新技术产业发展的大潮，使硅谷很快成为世界高新技术和信息技术产业中心，展示万马奔腾的景观，并涌现出像比尔·盖茨这样的好骑手。目前，其主导产业群包括计算机和通信硬件、电子元件、软件、生物医学、创意和创新服务业等，尤其是创意和创新服务业快速发展，其从业人数仅次于软件业。仅2000—2002年，硅谷净增企业23800家，其中大部分是创新力强的中小高新技术企业。据统计，在目前全球100家最大的电子和软件公司中，有20%是在硅谷创业成功的；美国100家大科技公司有1/3总部设在硅谷；硅谷上市公司总市值到2000年初已经超过1万亿美元，仅思科公司总市值就已经达到5000亿美元。现在平均每5天就有一家硅谷公司挂牌上市，每天增加62个新百万富翁，上市资本增加是全国平均数的5倍。目前，硅谷形成以信息产业等高新技术产业为支撑的产业群，以研发、设计和高技术服务为主，处于全球产业分工的高端环节。

斯坦福大学教授张首晟认为："斯坦福生态圈就是一个返回机制，知识创造财富，财富返回创新和知识。"

IT行业巨头，诸如惠普、谷歌以及Snapchat最初都是从斯坦福大学的校园里走出来的。校方有相关数据显示，由斯坦福大学校友会成员所建立的企业，经营方面涵盖了很多行业；同时有调查数据显示，这些"斯坦福企业"每年所产生的营业收入高达2.7万亿美元，惊人的数据背后也凸显了斯坦福大学对于当今IT业发展所做出的巨大贡献。毕业生流向谷歌、苹果、思科等IT企业。

2006年对于IT业来说注定是一个值得纪念的年份。3月，亚马逊（Amazon）推出弹性计算云（Elastic Compute Cloud，EC2）服务。8月9日，Google首席执行官埃里克·施密特在搜索引擎大会（SES San Jose, 2006）上首次提出"云计算"（Cloud Computing）的概念。Google"云端计算"源于Google工程师克里斯托弗·比希利亚所做的"Google 101"项目。

2007年10月，Google与IBM开始在美国大学校园，包括卡内基梅隆大学、麻省理工学院、斯坦福大学、加州大学伯克利分校及马里兰大学等，推广云计算的计划，这项计划希望能降低分布式计算技术在学术研究方面的成本，并为这些大学提供相关的软硬件设备及技术支持（包括数百台个人电脑及Blade Center与System x服务器，这些计算平台将提供1600个处理器，支持包括Linux、Xen、Hadoop等在内的开放源代码平台）。而学生则可以通过网络开发各项以大规模计算为基础的研究计划。

2008年1月30日，Google宣布在中国台湾地区启动"云计算学术计划"，将与台湾的台大、交大等学校合作，将这种先进的大规模、快速的云计算技术推广到校园。

2012年初美国政府宣称，要在未来四年内，在全美1000所大学引入创客（Maker，创客是对不以营利为目的，把创意转变为现实的人的称谓）空间。麻省理工学院个人制造实验室被认为是创客活动的起源，乔布斯和沃兹在硅谷车库里拼装个人电脑的行为被认为是最早的创客活动。

　　硅谷高科技的发展使其成为吸引聚集高科技人才的洼地，形成一个高度发达的多民族、多元文化的技术社会。以硅谷腹地圣克拉拉县为例，在其人口中，有高达61%的居民来自177个国家中的194个民族。在硅谷就业人口中，工程技术人员占2/3，其中以中国人和印度人为主的亚洲人占60%。据调查，在硅谷这片高科技园区，聚集了40多个诺贝尔奖获得者，上千个科学院院士和工程院院士。同时斯坦福大学等世界一流大学，还源源不断地向硅谷输送人才。美国计算机历史博物馆的一位研究员说："斯坦福影响了两万九千家公司，它虽然没有发明很多东西，但是却提供了这种创新的氛围。它培养人才，这些人则带着创新的点子创立公司。"（CCTV2"互联网时代"第二集）

硅谷能在短短半个世纪取得巨大成功，一些研究者将之归功于斯坦福大学的创意；20世纪50年代美国政府国防工业对硅谷的投入和支持，而孕育了早期互联网并帮助美国确立军事科技领先地位的美国国防部高级计划研究署，再次成为慷慨的资助者；以半导体产业为主的电子产业集群和硅谷独特的环境和文化。有的学者认为创新是硅谷的生命线，创新文化价值观则是硅谷高新科技迅猛发展的思想基础。硅谷的创新体制、创新支持系统、创新文化价值体系，为构建灵活高效的创新机制、聚集创新的科技团队、促进高新技术的迅速发展，营造了良好的社会生态环境。

今天，在这个不到美国国土面积万分之一的狭长地带上，集聚了来自世界各地的数百万名科技人员。近千名美国科学院院士在这里任职。其中包括近百名诺贝尔奖、图灵奖和香农奖的获得者。1991年，斯坦福大学迎来了百年校庆，仅在这一天，从这里走出的校友捐款总计120亿美元。（CCTV2"互联网时代"第二集）

斯坦福大学为硅谷创业发展提供了巨大的技术支持和人

才基础。由于研究型大学注重新理论、新工艺、新结构的研究与开发，所以科技园若能促进企业与高校合作，组织新型联合体，共同研究新技术和开发新产品，其结果必然是形成共赢局面。硅谷的成功经验之一就在于它始终坚持大学、科研机构与企业的相互依赖、有机结合和高效合作，其中斯坦福大学发挥了核心作用。斯坦福大学不仅通过斯坦福研究园奠定了硅谷发展的基础，而且直接参与技术的生产和应用，为硅谷的创新发展提供技术和人才支持。素有"硅谷教父"之称的特曼教授，在促进斯坦福大学与本地产业联系中发挥了重大作用。斯坦福大学热衷于通过制订产业联盟计划，促进大学院系、研究人员与企业合作，从而更好地发挥大学在区域产业技术创新中的作用。斯坦福大学设立了许多鼓励科研人员创新的政策和制度，如允许教授有一到两年的时间脱离教学岗位，专门从事研究工作或到硅谷创办高科技公司，并同意他们每周有一天到企业兼职。对于学生创业，斯坦福大学也有相应的优惠政策。这些措施大大地提高了研究人员和学生从事技术开发和创业的积极性和创造性，硅谷许多公司的创办者就是斯坦福大学的师生，其所生产的产品也有相当一部分是斯坦福大学的研究成果。据统计，在1960—1990年，斯坦福大学的毕业生在硅谷开办的公司为当地创造了超过25万个就业机会，创建了惠普、康柏等知名企业。据1988—1996年数据统计，斯坦福大学创业企业的收入约占硅谷总收入的60%。此外，硅谷还有圣克拉拉大学、圣荷塞大学和9所专科院校，以及33所技工学校和100多所私立专业学校。这些学校实力雄厚，人才济济，为硅谷发展提供了强大的技术支持和人才基础。

在斯坦福高新科技工业园基础上发展起来的硅谷成为许多高新技术的创新地，并由此带动了全球各地高新科技工业园的创建和发展。

各国高校科技工业园区生态孵化器的建造

自斯坦福科技工业园开创"硅谷"之后，兴建高校科技工业园区成为世界各国发展高新技术的普遍决策方略。各国高校科技园均以培育人才为本，走产学研一体化发展之路。各国或是以大学为依托成立高新科技园，或是以科研院所为依托成立新型大学，开创大学与科研院所的互济格局。以东南亚半岛国家马来西亚为例，国家科技园以服务于科技园发展为导向，在园区内建立起亚太科技大学，在研发、咨询物流、体制创新等方面起着至关重要的作用，成为科技园区建设发展的技术源头。又如，澳大利亚高校科技园分为研发、孵化和产业化三大主类，各类科研项目针对性强，目标明确。截至现在，全球已有1000多个高校科技园区。

高校科技园多渠道筹集资金，形成以政府投资、民间融资、外国投资和风险投资为主的机制。园区建设和高科技企业的发展按照市场规律运作，形成一种"政府引导、市场主导，政府服务而不干预，支持而不干涉"的运作体系。

高校科技园的管理体制主要包括四种类型：一是政府管理型，即由政府设立专门管理机构进行管理，我国台湾新竹科学工业园和日本筑波科学城就属于这种类型；二是大学管理型，即依托大学进行管理，如美国斯坦福科技工业园依托斯坦福大学、英国剑桥科技园依托剑桥大学进行管理；三是公司管理型，即以非营利性公司作为科技园的开发者和管理者，在政府的资助和支持、指导和监督下负责科技园基础设施建设、经营区内各项业务和提供各种管理与服务工作，如印度班加罗尔等；四是基金会管理型，即由政府、企业、银行、大学和其他机构共同承担管理职能，一般由多方共同组成的基金会或协会负责园区经营管理，如美国北卡罗来纳三角研究园等。但无论高校科技园管理体制属于哪种类型，都离不开大学的参与介入。为了让新技术顺畅开发，美国政府在更大范畴内支持大学的研发，一个新项目计划未来在 1000 所美国学校配备 3D 打印机和激光切割机等数字制造工具，以培养新一代的系统设计师和生产创新者。

根据创立目的和功能不同，高校科技园区有不同的称谓或种类：一是科学城或科学园，它集中了一批高等院校和科研机构，既重视应用研究又不轻视基础研究，同时通过各种优惠政策和措施，吸引企业加入从事研究开发和中间试验，并积极促进企业与高等院校、研究部门结合和科技成果转化；二是科学工业园，通过优质基础设施、良好环境和服务吸引科技企业和科研机构聚集本地，促进科技成果的产业化生产和经营；三是孵化器或创业中心，其致力于培育创新型的高科技企业和把创业风险降低到最小的组织形式，为高科技企业的技术创新提供良好的培育基地；四是高新技术产业带，它集高新技术研究、开发、生产、销售、服务等于一体，具有较广的地域和较大规模；五是高新技术产品出口加工区，它以吸引外资、引进和转化国外的先进技术为目的，生产用于出口的高新技术产品。高校科技园区的称谓及功能，凡此种种，不一而是。尽管高校科技园发展范型不一，但研究型大学在其中发挥最主要、最关键的孵化器作用。

从性质上看，大学科技园不是大学的一部分，也不是一般意义上的企业，它是以具有大数据技术与科研实力的大学为依托，将大学的综合智力资源优势与其他社会优势资源相结合，为高校科技成果转化、高新技术企业孵化、创新创业人才培养、产学研结合提供支撑的平台和服务，构筑由高校和企业相互渗透、相互促进的产业链和技术创新链，为培育高新科技企业和高端创新人才服务的综合机构，是国家创新体系的重要组成部分和自主创新的重要基地。

各国科技园区为科技创业、发展高新技术产业和吸引投资者创造了良好的外部和内部条件。各国为科技园提供法律、法规保障，各级政府为科技园提供地方性法规和政策保障。园区内提供各项优惠政策和制度保障；科技园区内以大数据武装，具有良好的产学研及人文环境。同时，用大数据调控生产要素的流动。

世界高校科技园的发展大致可以分为三个阶段：第一阶

段是起步期（1950—1980年）。这一阶段以1951年斯坦福研究园的创立为标志。从1959年波士顿128公路等著名园区的设立到1980年，美国共设立了20多个科技工业园区。英国学习美国的经验，以剑桥工业园为主要代表建设了一批高校科技园区；日本从20世纪60年代开始实施筑波科学城建设计划。这一阶段的世界科技园主要分布在发达的工业国家，除了硅谷等少数科技园取得显著成效，大多发展相对比较缓慢。第二阶段是迅猛发展期（1980—1990年）。十年间世界科技园区的总数达到640多个，其中美国有140多个，日本、德国、英国、法国、中国台湾地区等也集中力量大力发展高科技园区，台湾新竹就是在这一阶段发展起来的。这一阶段的高科技园区极大地促进了地区和世界经济发展。第三阶段是稳步发展期（1990年至今）。这一阶段以发展中国家高科技园的建设和发展为主要特色。印度班加罗尔、中国北京中关村等科技园的发展取得显著成效。以取得的经验为基础，我国在这一阶段加大了高校科技园区的建设和发展力度，从国家首批22家大学科技园的重点试点单位，到如今已有逾十批上千家科技园区迅速崛起。全国已有清华科技园、北大科技园、西安交大科技园、东北大学科技园、四川大学科技园、上海交大科技园、复旦大学科技园、厦门大学科技园、华南科技大学科技园、大连理工大学科技园等50多个国家级科技园区和几百个地方高新技术开发区，科技园区建设蓬勃发展。

2010年3月31日，微软中国上海科技园区一期工程竣工并正式启用，这是微软首次在美国以外投资兴建的研发与技术服务园区。微软中国上海科技园区坐落在上海闵行区东南部，一期建筑面积5.5万平方米，未来整体园区竣工后，将占地9.6万平方米，可容纳7000余位员工。该园区建设大量采用了绿色环保技术，总投资近7亿元人民币。微软亚太研发集团90%的项目面向全球。该园区的建设将满足微软中国及亚太地区长期规划与持续发展的需要。新园区将成为微软与本地区IT产业合作的中心、全球技术支持中心和微软在美国之外的研发战略中心。

以英国剑桥工业园区为例，剑桥工业园区位于英国东南部的剑桥郡，是世界上重要的科技创新中心之一。它以高科技为核心的创新增长方式，促进了该地区和英国的经济发展，并成为英国新经济中枢的重要组成部分。剑桥工业园区以其在技术创新中的突出表现赢得"硅沼"的声誉，大量高科技公司聚集在剑桥地区，这种现象被称为"剑桥现象"。剑桥工业园区与剑桥现象是两个不同概念，正如斯坦福研究园与硅谷现象是两个不同概念一样。但硅谷现象发生在斯坦福研究园之后，剑桥现象则是发生在剑桥工业园区之前。早在1878年，剑桥大学毕业生史密斯与人合伙开办了一家科学仪器公司，后来他又与人重新合伙，成立了剑桥科学仪器公司，成为形成剑桥现象的第一家公司。此后，又有一些使大学研究成果产业化的科技公司相继成立和发展。

20世纪60年代初期，剑桥大学领先的技术创新力量，吸引了一批高科技小公司在剑桥周围聚集。但由于剑桥市政府对工业的消极态度，高技术产业在剑桥未能得到充分发展。

直到20世纪60年代后期，硅谷发展的成功引起了大学实验室和研究机构负责人的注意。1969年的莫特报告是剑桥校方转变态度的关键，该报告提出要建立科学园，主张在加强教学与科学研究的联系的同时，必须努力促进研究成果向高技术产业转化。受此报告影响，剑桥科学工业园于1970年成立，并促进了整个剑桥地区的高科技产业发展。不久后，剑桥大学成立了专门的产业联络办公室，协调和服务于各院系、研究机构和人员与产业界的联系与合作，促进了科技公司的设立和衍生，掀起科技工业园区的创业浪潮。20世纪90年代，受经济全球化和信息产业发展影响，剑桥工业园区吸引和催生了一大批富有活力的小型高技术企业。这些企业大多数活跃在计算机软硬件、科学仪器、生物科技等领域，主要从事小批量高价值生产。它们大多是从其他公司分离衍生出来的，它们的核心业务非常明确，擅长使用极少资源，制造深受市场欢迎的高科技产品。进入21世纪后，受全球经济泡沫和整体经济增长乏力影响，剑桥的高科技公司正经历着前所未有的困难和考验。有的学者认为，剑桥工业园的困境源于英国的经济和政治环境，它面对着市场狭小、高级管理人员和市场经验欠缺的困难。为了克服这些困难，在政府引导下，相关部门正在酝酿一个将剑桥与东南部其他地区联盟的计划，这将促进剑桥核心竞争力的提高。剑桥工业园区作为连接高技术与产业化的纽带，正在英国乃至整个欧洲发挥着十分重要的作用。在过去30多年中，剑桥工业园区平均每年的国民生产总值增长率超过6%，大大超过英国全国的国民生产总值的年增长率。目前该地区的GDP占整个英国GDP的15.8%，研发开支占该区GDP的3.4%，形成一个以大学、研究机构与高科技企业密切合作的区域创新网络。近年来，剑桥工业园区的经济组织成长出现了新动向，一些高科技小企业经受住市场的优胜劣汰的考验正在发展壮大，并开始在全球市场有了一定影响力。目前剑桥工业园区仍然是一个充满创新活力和生机的高新科技产业发展区域，并形成信息技术、生命科学、新材料等高新技术产业集群，其中生物技术、信息技术和纳米技术的发展及融合将为剑桥工业园区带来新的发展动力。

作为剑桥工业园区重要技术创新源泉的剑桥大学，在自然科学特别是应用技术方面具有连牛津大学都无法比拟的优势。牛津大学的重点学院是人文科学，与自然科学的比例为2∶1，而剑桥大学的自然科学与人文科学之比为1∶1。相比而言，牛津大学更重视纯理论研究，而剑桥大学最近几十年来则更加重视应用科学研究，其工程科学系是最大的系，具有很强的技术开发能力。剑桥大学产生了许多世界级的发明和创造，从成立至今剑桥大学已有56人次的诺贝尔奖获得者。同时其主要科研成果集中于信息技术等方面，有利于小型科技企业创建和成长。可以说，剑桥大学的强大技术创新能力对剑桥工业园区的发展起到决定性作用，它处于世界前沿水平的电光学和计算机辅助技术为高新技术产业中心的形成创造了条件。过去10年剑桥大学孵化了300多家高科技企业，剑桥工业园区的高新科技公司占1/3的大学生雇员的70%

来自剑桥大学，一半以上的高科技公司与剑桥大学保持着比较密切的联系。剑桥大学为工业园区的发展提供了雄厚的应用科学技术基础，至于安格里亚鲁斯金大学等高校和科研机构也为剑桥工业园区发展提供了一定的科学技术支持。

剑桥地区原本没有重工业，长期以农业和低水平服务业部门为主，自然环境优美，交通、通信网络发达，基础设施良好。剑桥离伦敦只有60英里，其通过伦敦的桥梁作用建立了与欧洲和世界的广泛联系。同时剑桥工业园区建立了全方位、多层次的科技中介服务体系，这些中介组织包括剑桥企业和技术俱乐部、剑桥高技术企业协会等，它们积极为处于创业和成长阶段的高科技企业提供各种服务。中介组织提供的服务大多是由政府公共基金资助的免费服务，即便是收费服务，剑桥地区也发展出了延期付款等适合创业阶段高科技企业需求的收费机制。剑桥地区没有统一的企业管理和产业集群规划，但这种形似混乱的管理却孕育了剑桥的创新精神。剑桥人逐渐形成具有创业和创新精神的共同文化理念，以一种良好的合作精神参与社区文化建构。优美的环境和良好的氛围，使剑桥成为一个适合生活居住和创业发展的地方，由此当然推动了高科技企业创新和发展。

从硅谷与剑桥工业园区产业发展的比较来看，硅谷与剑桥工业园区产业发展的共性特点是著名大学和众多研究机构雄厚的技术开发能力，为高科技产业的发展提供了基础。硅谷的发展很大程度上取决于斯坦福大学提供的高新技术及其产业化，剑桥工业园区的发展则主要依靠剑桥大学强大的应用技术创新能力。这两个科技园区的产业特色都与两个大学的优长学科和技术密切相关，硅谷的产业优势在于集成电路和信息技术产业，剑桥工业园区的优势产业则是信息技术、生命科学、新材料等高新技术产业，这与它们所依托的大学和研究机构有密切关系。

教育创新催生大数据时代

自公元前387年，雅典建立起人类第一所公共学校，至今，世界高等学校仅美国就超过3000所，全世界仅在校生已超过1亿人，25岁以上的年轻人中一半接受过高等教育，中国近年每年走出高校的毕业生达700多万人。

整个人类因为文明进步的差异，在基本政治制度的选择上并没有达成共识，但是无论什么样的文化传承，不同民族、不同国家，在同一个事物、同一个组织机构面前，找到了共同的语言，这就是现代教育制度。以德国为例，这是一个在近代封建势力和容克地主统治最顽固的堡垒，因而，德国直到十七八世纪才形成与工业化组织形式相适应的教育制度。当时德国300多个封建邦国各据一方，为了强化统治和军事实力，德国试图通过教育造就忠诚的臣民和驯服的士兵。他们把学校管理权由教会转到国家手中。1810年，洪堡大学正式开办，并得到国王的支持，这是第一所具有现代意义的大学。1871年后，德国的学校教育逐步系统化和国家化，德国颁布强制教育法令，将6～14岁8年初等教育阶段定为强迫义务教育阶段。由散乱无章的几百个诸侯国组成的德意志，在短时间内，便聚合成一个巨大的工业化机器，直至扫荡西欧。普法大战结束后，德国元帅毛奇将军说，德国的胜利早就在小学教师的讲台上奠定了。

历经300多年推行完善，学校教育已经成为人类史上规模最大的，有目的、有计划、有组织的活动。全球有约10亿人口每天被框定在学校组织中。整个人类几乎建立了同一个教育体系。这不仅是知识传承的流程，而且是规定了生命节奏的人生流程。

"云"飞向地球的每一个角落，教育正面对云计算的猛烈冲击。为了开发全球性数据资源，各国无不殚精竭虑地开发教育的数字资源。亚洲有两个奇异的袖珍小国，一个是太平洋中的文莱，另一个是喜马拉雅山脉中的不丹。文莱只有40万人口，移动电话用户逾48万，人均移动电话拥有量达到1.2部。文莱政府致力于信息通信新技术的应用，包括提供移动电话4G套餐、建设全国光纤到户宽带网络等，以便国民能充分获得移动电话和互联网服务；互联网用户超过6万。在积极应用最新、最先进的通信资讯技术，改善生活水平及提升管理效率的同时，文莱政府没有忽略对新科技带来的网络犯罪、网络窃密、网络病毒等问题的防范与查缉，借着配合中国—东盟博览会而举办的首届中国—东盟网络空间论坛，文莱资讯科技管理委员会派代表与会，和友邦代表及相关专家探讨扩大合作、缩小区域里的数字化技术差距、网络安全、如何将网络技术应用在防灾救援方面等问题。

不丹政府于1999年正式宣布网络和有线电视合法化。1999年1月成立的不丹电信公司，是该国唯一一家国有电信运营商。2003年3月，不丹电信启动移动电话一期工程。当年11月，移动电话业务就覆盖了不丹近2/3的地区。2008年，不丹电信还推出了3G业务。最新的统计结果显示，不丹拥有近20万手机用户，手机的普及率近30%。不丹于1999年建成全国计算机互联网。但受网络硬件设施影响，不丹只有3万互联网用户，普及率仅为5%，且集中在廷布和彭措林等地区。大多数不丹家庭仍无法拥有一台电脑。2010年初，不丹电信已将其国际互联网带宽从110Mbps扩大至330Mbps，不丹人的上网方式也日趋多元化，包括宽带服务、通用分组无线系统（GPRS）和3G移动网络服务。据统计，不丹的移动网络服务注册用户约为1.2万，宽带服务注册用户近5000户。

2 教育变革

——"云"学校横空出世

历史上我们从未有过如此巨大的机会，一个人，一间屋，创造一种服务，可以让上亿人，甚至数十亿人受益，这令人诧异。在此前（人类）不曾有过创造这类业务的能力。现在有很多人在做这样的事。这是一个激发创造、专注爱好的最好时代。

——Facebook创始人马克·扎克伯格

云学习与云教育
柔性学习与柔性教育

云学习与云教育

过去，如果你想学习，可以采取各种方式，如请教他人、进图书馆、买本书自己摸索、到某个学校进修等。而云教育与云学习完全颠覆了传统的学习方式。云教育是指基于云计算商业模式应用的教育平台服务。在云平台上，所有的教育机构、培训机构、招生服务机构、宣传机构、行业协会、管理机构、行业媒体、法律机构等集中云并将其整合成资源池，各个资源相互展示和互动，按需交流，达成意向，从而降低教育成本，提高效率。

云教育打破了传统的教育信息化边界，推出了全新的教育信息化理念，集教学、管理、学习、娱乐、分享、互动交流于一体。让教育部门、学校、教师、学生、家长及其他教育工作者在同一个平台上，根据权限做出分工，完成共同的教育与学习工作。

云教育包含云培训中的教育培训管理信息系统、远程教育培训系统和培训机构网站，属于大型教育平台且涉及技术领域。在这个覆盖世界的教育平台上，人们共享教育资源，分享教育成果，教育中的教育者和学习者实时互动。

云教育是通过教育云实现的。教育云是云计算在教育领域的实际应用，即根据云平台要求进行研发使用的教育云平台。其功能有：建设大规模共享教育资源库；构建新型图书馆；打造教学科研"云"环境；创建网络学习平台；实现网络写作办公，等等。

教育云平台结构包括如下各个要素：云教育管理平台；交互式学习网站；资源共建共享系统；多媒体互动教学系统；电子书包系统；教育信息化管理系统。

云教育平台具有明确的职能分工。

（1）云主机。通过虚拟化技术整合物理资源，为用户提供虚拟主机服务，帮助师生简化开发部署过程，构建更适合科研项目的计算环境。

（2）云存储。为用户提供文档、图片、音频、视频、附件等存储服务，具有简单易用、安全可靠、灵活易扩展和费用低等特点。

（3）云邮箱。为用户提供个性化的企业级邮箱服务，具有安全快速、管理简单、方便快捷等特点。

（4）云应用。为学校用户提供教育信息化所需的网络空间、资源获取与共享平台服务及教学、科研、管理等应用的云服务。

基于上述职能，教育云应用解决如下问题：教育资源分布不均；教育资源更新速度慢；教育资源共享程度低；教育资源成本较高，等等。

云教育平台为学校及学校管理者提供了从日常工作管理、学籍管理到教学教务管理的一系列服务。其服务特点有：成本低，易管理，易升级，易定制。

云计算之云教育或教育云不仅促进了教育方式、教育方法的改革，更重要的是促进了教育思想观念的更新，对教育制度、教材建设等也会带来革命性的影响。最大的变革是教育机构学校的大数据建设，全面推进大数据教育的生境，以促进学习者综合素质的全面提升。随着云技术的发展，教育为社会发展服务和为学习者身心发展服务的形式正在发生改变。在大数据条件下，学校将取消围墙，变成与云端连接的教育。各级各类教育都将发生根本性的变革。云计算引发教育范型的改变。任何人都可以对云端的教育数据资源进行搜索、选择、加工、处理、重构，使之变成知识生成的有机成分。就教育的内部规律而言，大数据条件下的教育是适切的个性化教育，学习者通过发现、挖掘、利用数据资源，切实关注自身的全面和谐发展。云计算为学习者破天荒地提供了自主、合作和探究的创新学习机遇。大数据教育彻底颠覆了传统的学习时空观，充实了终身教育的内涵，时时处处的学习成为时代标志。学习者通过嵌入式、参与式学习，将自身的聪明才智最佳化地发挥出来。对此，学校必须依据教育基本规律开展教育创新。

云学习是指在云计算环境中，围绕学习服务，以学习科学、知识生态系统工程的理论为指导，建立云知识、云任务、云资源、云组件、云网站和学习者认知结构等关键模型，利用软件架构和Web开发互动探究、开放式、个性化、分布式的学习系统；是互动探究式学习资源开发、交易、运行与进化的技术规范。

图2-1　云学习系统架构（郑炜团队，2011）

云学习生态系统具有高度的生成性、可重用性和可扩展性。简单地说，云学习生态系统包括云学习平台和云终端学习机。云学习平台作为"云端"资源，全球开放、社会共建、协作共享，架构"知识云"。云终端学习机以随时随地、即需即学的方式实现对知识云的互动探究学习。云终端学习机是一种轻量级的客户端，如学习电脑、iPad、智能手机、浏览器等。

通过云系统内部的资源商店机制、学习组件程序商店机制、云网站机制以及云客户端机制，将知识开发者、组件开发者、运营者、学习者、课程开发者等不同类型用户有机地结合起来，不仅实现了资源共建共享、各主体逐步成长的目标，还形成多类型用户共赢的局面。

云学习具有如下特点。

（1）以学习者为本。云学习从传统的"去我化"变为以学习者为本。云学习机制以人脑思维在学习过程中的创新规律为参考，设置情境，激发动机、训练能力、培养兴趣，提高成绩和学习素养。

（2）知识生成与管理。在云学习的世界里，知识具有类似人脑的形态：网络化、可重构生成，并依此开发匹配学习生态资源，管理学习过程，实现闭环控制和个性化推送。

（3）互动探究。人与"云"互动、人与人互动探究。人与"云"之间的互动，主要通过操作学习对象或与之关联的对象来实现，它包括人对学习对象的认知、探索、实验、模仿、训练、重构、游戏、评价、合作协同等来实现。人与人之间的互动，主要通过教育者对学习者活动流程的设置，对活动型组件和学习资源的配置来实现。

"云"冲破传统学校的围墙，极其便捷地将学校办在"云"中。每个学习者和教育者都能用自己的计算机、手机进行终端学习，包括读书、写笔记、做作业、发博客、进行实验、讨论问题、参加各种活动等。有的学校正在将大数据引向课堂。

> 美国从1997年以来，在家上学的人数迅速增长至超过5%，这些孩子的学习成绩和参与社区活动时间超过公立学校同龄人30%以上。

教育已从硬性教育发展为柔性教育，采取弹性、灵活的教育方式，学有所教，为学习者个性的充分发展创造理想的环境和氛围，特别注重能力培养。能力包括实践能力和创新能力、数理能力、交际能力、团队工作能力、适应能力、自我驱动能力和自我管理能力。

北京师范大学教育技术学院教授、现代教育技术研究所所长何克抗概括地说："在国内尤其是北京、上海、广东等地，大数据在教育领域有了越来越多的应用，项目课、在线课程、翻转课堂等，已经有越来越多的学习者加入到网上学习的行列中来。"

英国纽卡斯尔大学教育技术学教授苏伽特·米特拉提出了"云端学校"的概念，并长期研究儿童的自我教育能力和ICT在其中所起的作用。

柔性学习与柔性教育

在这个新时代，柔性学习将代替硬性学习，柔性教育将代替硬性教育。对学习"碎片"进行系统优化，串成连贯的概念，学生可以根据自身背景、技能和兴趣，用不同方式反复研习，学习者的任何选择都受到尊重。

未来大部分的教育者是课堂的组织者和学习的引导者，而不再是知识的讲授者。云教育将打破学校传统课堂教学之多重壁垒，将全国乃至全世界最好的学校、最好的教育者、最好的授课内容提供给最需要这些资源的学习者，这样便会建立起一个超级学习平台。除此之外，柔性学习系统当中还会有超级指导者、超级谋划者等。超级指导者是指最具有爱心、对学科有扎实理论知识和丰富实践经验的教育者，担负在线学习答疑解惑的使命，教育者已不再是拥有渊博知识的"权威"，也不是知识的唯一传播者，而是学习者学习的指导者和活动组织者以及新的学习形式的积极参与者。超级谋划者是新兴教育机构的经理或大学校长，他们成为真正提供优质教育服务的"总裁"，成为世界范围内最优秀教育资源的组织者和谋划者。

更重要的是，"云"提供最好的教育资源，绝大部分资源将免费分享给学习者。哈佛大学和麻省理工学院等已经做出榜样，它们依靠"大数据"技术，研究开发出最好的在线教育平台。它们通过"云学位"认证来收取学费，是名副其实的教育超市。一马当先，万马奔腾，其他一些在线教育网站也随之实行免费。例如，由斯坦福大学名教授Thrun创办的在线教育网站Udacity就是免费的，它将1%学习成绩最好的学习者直接输送给全世界最好的公司，从中收取中介费。该网站不仅为全世界的学习者提供免费的学习平台，还为他们找到最好的工作，在世界人口过剩、就业困难的状况下，这可谓"一石激起千层浪"，对传统学校造成很大的威胁。就是说，对个人来说，知识的获得和传播，边际成本将趋于零。

在信息时代初期，教育似乎发展缓慢，但是近年来，随着云技术的突起，其"交互性"终于牵动教育走上了高速发展之路。

从信息论的角度说，学习的本质是大脑对信息的加工，而有效的加工来自有效的情境互动。"云"为每一个学习者的学习行为提供持续性的诱导、评价和支持，以极其便利的方式开展学习者同侪之间的交流协同，学习者可有效地寻求帮助。云教学方式灵活，优质高效。例如，美国已经出现提供专门辅导的家教网站超市，学习者可以在网站超市上列明的专家中按科目寻找自己所需要的辅导者，在通过视频交流之后实行对接，辅导服务开始按分钟计费，但成本很低，构造一对一的学习情境。这就是"云"生出的学校。随着"云"学校的普及，未来的学习者可以在家中学习，当然学校还是存在的，学习者可以到学校，主要是进行实地的实验、做操作性作业等，这样，个人就可以跳出学校的约束，突破教育者狭隘的知识范围，自由地选择自己需要的学习方式和内容。可想而知，云、大数据对现行学校的运作模式将产生颠覆性变革，"云"学校的兴起将大幅削弱现行学校的教育功能。教育的责任将从近代学校的国家办教育，在更高的层次上回归到个人办教育。而其根本原因，是他主学习变成自主学习，故引起教育颠覆性的变革。以高等学校为例，未来幸存的大部分高等院校，将成为新知识的生产中心。

"云"课堂遍布寰宇。自古以来，人类对神秘的太空充满幻想与向往，民间流传着许多关于太空的神话传说，而自近代以来对太空奥秘的探索成为科学实验的重点。那种神话魅力令人心驰神往，梦寐以求，而在大数据面前太空变成美好的现实。

2013年某日上午，"神舟十号"的三名宇航员在远离地面300多公里的"天宫"一号实验舱里进行了中国首次、全球第二次太空授课，这堂由王亚平主持的物理实验课，淋漓尽致地表现出水在失重状态下的奇特美景。

此外，世界"云"图活龙活现出所有过程和动态，时事政治变成实时新闻，从病毒传播到现场直播战争场面，这一切无不展现在手掌之中。

Second Life（翻译为第二人生，缩写为SL）是一个网络游戏+社交网络+Web 2.0的组合，它由位于美国旧金山的Linden实验室于2003年开发并发布，是一个以"合作、交融和开放"为特色的三维网络虚拟世界。这套程序还在一个通常的元宇宙的基础上提供了一个高层次的社交网络服务，在2006年末和2007年初由于主流新闻媒体的报道而受到广泛的关注。其强大的功能及开放度与自由度为柔性教育提供了另一片广阔天地。中国比较著名的相关软件有HiPiHi、uWorld以及Novoking等。

Second Life倡导校企联合，寓产学研于一体，鼓励人们将"现实世界"扩展到"虚拟世界"，同时依据"现实世界"的逻辑关系来建构"虚拟世界"，并尽力构建一个现实的延伸镜像。这种意图为教育在虚拟世界中的存在和发展提供了可能。在这个虚拟世界中，用户可以以第三视角观察他人的活动，用自己的键盘和鼠标控制着自己的化身，与同在这一世界中的人物进行互动、协作，一起像搭建积木一样构建一个世界。而且在这个无所不能的世界中，用户不用担心任何风险地去探索，去实现自己的梦想。这些特性又明显地具有强大的教育功能。

（1）给予教育巨大的活力。它不仅可以让学习者在学习过程中最大限度地发挥自己的创造力，同时也能让教育者尽情地发挥自己的创造力，为提高教育教学效果不断进行尝试。

（2）远程学习功能。学习者的学习不受时间、地域的限制。

（3）提供低风险环境。所有的活动能在几乎无风险的情况下进行，可以让教育实践摆脱一些客观条件的限制。

（4）自然、亲切。在交谈过程中能否"看到"对方，影响着人们交流的开放程度。SL虚拟化身的存在改变了人与人之间交互的感觉，使学习者及教育者在其中的交流讨论如同现实中一样自然、亲切。

（5）鼓励积极参与。要求学习者真正参与到学习活动当中，而不是被动地在其中听教育者讲课（如果教育者只是在Second Life中单纯地讲授课程内容，学习者就没有必要选择Second Life）。

（6）自由探讨。降低教育者的权威性，创造机会由学习者更好地自由探讨。

（7）提供了多种教育可能性，如角色转换、学习的国际合作、历史重演、医学教育、虚拟旅行等。

SL具有的优势为柔性教育的发展提供了广阔的空间。柔性教育在Second Life中主要体现在：其一，给学习者创造一个宽松、民主的学习氛围，建立平等的师生关系，师生能共同交流、互相切磋；其二，淡化教育者的学术权威，鼓励学习者提出新观点和发表不同的意见；其三，学习者的学习过程可以有很大的自主性，学习者可以在教育者的指导下根据自己的兴趣、爱好、特长和实际情况进行自主学习；其四，教育者可以将进行研究工作的经验以及发现问题、提出问题和解决问题的观念、意识及方法渗透到教学当中去，引导学习者独立思考问题、自我批判和自我反省；其五，通过项目的开展，教育者培养学习者的交际、团队合作及创新能力。

3 翻转课堂

——教学方式的变革

翻转课堂已经改变我们的教学实践。我们再也不会在学生面前，给他们一节课讲解30~60分钟。我们可能永远不会重拾传统的方式教学了。

——科罗拉多州林地公园高中化学教师

乔纳森·伯尔曼、

亚伦·萨姆斯

对传统课堂的颠覆
翻转课堂的历史渊源
翻转课堂的学科实践

对传统课堂的颠覆

在美国科罗拉多州落基山脉一个山区镇的林地公园高中，许多学生由于花费在上下学路上的时间过多，导致缺课，学习跟不上。直到有一天情况发生了变化。在2007年春天，学校化学教师乔纳森·伯尔曼和亚伦·萨姆斯开始使用屏幕捕捉软件录制PPT演示文稿的播放和讲解。他们把结合实时讲解和PPT演示的视频上传到"云"，以此帮助缺课的学生补课，而那时YouTube才刚刚开始应用。更具开创性的是，他们逐渐以学生在家看视频、听讲解为基础，开辟出课堂时间来为完成作业或做实验过程中有困难的学生提供帮助。不久，这些在线教学视频被更多的学生接受并广泛传播开来。由于很多学生在每天晚上6~10时之间下载教学视频，以至于学校的视频服务器经常崩溃。"翻转课堂已经改变我们的教学实践。我们再也不会在学生面前，给他们一节课讲解30~60分钟。我们可能永远不会重拾传统的方式教学了。"这对搭档对此深有感慨。

　　两位老师的实践引起越来越多的关注，以至于他们经常受到邀请向全国各地的教师介绍这种教学模式。他们都是优秀的教师，乔纳森曾因为出色的课堂教学获得"数学和科学教学卓越总统奖"，而亚伦则因为翻转课堂也获得同一奖项。他们的讲座已经遍布北美，逐渐有更多教师开始利用在线视频在课外教授学生，回到课堂的时间则进行协作学习和概念掌握的练习。这种新的教学模式不仅改变了小镇高中的课堂，来自世界各地的许多教师也采用这种模式来教西班牙语、科学、数学，并用于小学、初中、高中和成人教育。这就是"翻转课堂"（The Flipped Classroom）。

　　现行教育体系几乎是在两个世纪以前建立的，其目的是满足工业时代的需要。美国教育专员威廉·哈里斯（William T. Harris）在1899年时曾大力推崇美国学校的"机械训练模式"：教育学生"中规中矩，不越界，不妨碍他人"。但现在的社会和经济发展水平早已远远超过当年，学校教育也必须革新。"机械训练模式"的教育方式饱受诟病，这种起源于工业革命的教育方式正在被大数据时代的新范型代替。

　　在传统教学过程中，知识的习得通常通过"讲授""内化""外化"三个阶段来完成，讲授是通过教师在课上来完成的，内化和外化则是通过学生课后作业和实践来完成的。自从实行云学习/云教育以来，学习者通过"云课程"及其他媒介，在课前首先通过个性化主动学习，应用程序性知识和反省认知性知识建构/重构事实性知识和概念性知识，教育者对每一个学习者予以启发、排疑解难，师生、生生之间进行自由平等的交流探究，而在课后实践深化。简言之，由先教后学到先学后教，实现课堂的翻转。

翻转课堂改变了传统教学"授—受"的旧模式，师生的角色都发生了质的变化。教育者的责任是理解和关心学生，引导学习者解决问题。

2012年6月，美国教育咨询公司Classroom Window发布了一项调查报告揭示翻转课堂的应用价值：

· 88%的受访教师表示翻转课堂提高了他们的职业满意度；

· 67%的受访教师表示学生标准化考试成绩得到提高；

· 80%的受访教师声称他们的学生的学习态度得到改善；

· 99%的受访教师表示下一年将继续采用翻转课堂模式。

翻转课堂的优势是显而易见的：

——帮助事务繁忙的学习者。一部分学习者由于种种原因没有办法安静地坐下来听老师讲课，因此，这些学生非常需要能快速传递的课程内容，不至于在忙的时候错过学习。翻转课堂机动灵活地让学习者自主安排时间。

——帮助有困难的学习者。传统课堂教学，最受教师关注的往往是学习优秀者。他们在课堂上积极举手响应或提出问题。而与此同时，其他学生则是被动地听，甚至跟不上教师讲解的进度。翻转课堂扭转了这种颓势。最让学生们兴奋的是能够暂停、重放视频，直到自己理解为止。而课堂上，教师的时间被释放，可辅导每一位有需求的学习者。

——增加课堂互动。翻转课堂最大的好处是改变了师生相处的模式，进行一对一的交流，也可以把有相当疑惑的学生聚集在一起给予小型讲座或演示。与此同时，学生之间的互动也比以前多了。在教师忙于与某一部分同学对话时，其他的学生则发展自己的合作小组。学生间互相帮助学习，而不是依靠老师作为唯一的知识传播者。

——让教育者发现学习者的潜在问题。翻转课堂有机会让教育者确认学习者需要帮助的地方，识别和跟踪他们潜在的问题，最终实现学习者的问题解决。

——实现学习者个性化学习。每个学习者的学习能力和兴趣都不同。虽然教育者从理论上早就认识到这一点，但传统教学统一的课堂却无法真正实施分层教学。翻转课堂根据学习者学习能力和兴趣的不同，真正实现分层教学，每个学习者可以按自己的速度和进度来学习。

——课堂管理人文化。在传统教学课堂上，教师必须始终密切注意课堂上的学生动向。因为一些学生稍有分心就会跟不上进度或者影响其他人的学习。他们通常要么是无聊要么只是简单地不守规矩。而翻转课堂使许多课堂管理问题消失了。捣乱、无聊的现象因此得到杜绝。

萨尔曼·可汗和苏伽特·米特拉是当今世界云教育/云学习应用研究和实践领域两位有影响力的人物。他们两个人，一个是以制作"微视频"享誉全球教育界的"可汗学院"创始人，一个是因从事"墙洞实验"研究和应用推广而闻名于世的英国纽卡斯尔大学教授。他们分别在著名的"TED"①讲坛作过题为《用视频改变教育》和《关于自我教学的新实验》的精彩演讲。他们堪称翻转课堂的开山鼻祖。

当美国佛罗里达大学新生妮科尔·尼西姆被三角几何学困住时，她没有去请教老师或同学，而是在YouTube网站上找了一段"可汗老师"讲解三角几何学的视频，她反复看了几遍，问题就迎刃而解了。整个过程既方便又快捷，而且没花她一分钱。这个可汗老师，就是目前网络上"最红的教师"——萨尔曼·可汗。

故乡在孟加拉国的美国公民萨尔曼·可汗拥有美国麻省理工学院和哈佛大学两所大学的硕士学位，居住在美国纽约，2004年，为了给居住在美国新泽西州、上公立学校七年级的表妹辅导数学，他将自己制作的一个教学视频放在了YouTube网站上，没想到一下子竟然拥有数十万观众。2009年秋天，可汗做了一个决定，把视频教育当成自己的未来事业，辞职创立一家非营利教育组织——可汗学院。萨尔曼·可汗利用网络视频

---

① TED 是Technology, Entertainment, Design（技术、娱乐、设计）的缩写。TED是美国的一家私有非营利机构，该机构以它组织的TED大会著称，这个会议的宗旨是"用思想的力量来改变世界"。TED诞生于1984年，其发起人是理查德·沃曼。自2002年起，克里斯·安德森接管TED，创立了种子基金会（The Sapling Foundation），并运营TED大会。每年3月，TED大会在美国召集众多科学、设计、文学、音乐等领域的杰出人物，分享他们关于技术、社会、人的思考和探索。

进行免费授课，涵盖数学、历史、金融、物理、化学、生物、天文学等科目的内容，他的教学视频广为传播，如今全球已有成千上万的学习者通过互联网视频学习可汗学院的课程。嗣后，普林斯顿、伯克利、宾夕法尼亚大学等知名学府都宣布加盟在线教育，逐步向全世界开放自己的课程。在宾夕法尼亚州，从小学到高中都建立了在线学校，有的地方免费为选择参加在线学习的学习者配发笔记本电脑、打印机和扫描仪，作为学习的工具。可汗并没有拥有大笔的遗产和资金，也没有斯坦福大学的土地，但他拥有了一个大数据的云资源。世界上最有钱的人的孩子和最穷的人的孩子用的是同一种大数据资源。结果是在三年的时间，可汗学院拥有了一亿用户。因此可以说，萨尔曼·可汗创造了人类教育史上一个令人神往的传奇。如今，可汗学院教学视频已经有5000多个，翻译成西班牙语、法语、俄语、汉语等十余种语言，涵盖了从幼儿到高中的所有教学科目。可汗学院突出"学"而不是"教"；教学视频通常不超过15分钟，短的只有五六分钟。

萨尔曼·可汗所创立的可汗学院的在线视频学习更贴近每个孩子的个体情况，突出强调学习按孩子自己的节奏进行，这种新型的学习方式重在突出"学"而非"教"。

2011年TED大会上，萨尔曼·可汗做完《用视频改变教育》演讲后，主持人比尔·盖茨评论说："太精彩了，你让我们领略了未来教育的风貌"，并向可汗提供300万美元的赞助。

风靡世界的可汗学院建立在硅谷高速公路的主干道旁的一处不起眼的平房里。这里原是可汗的衣帽间。里面摆着几个书柜，几百美元的录像设备。在这个衣帽间里，可汗用25美元的罗技耳麦、200美元的桌面录像软件（Camtasia Recorder）、80美元的手写板（Wacom Bamboo Tablet）以及免费绘图软件Smooth Draw 3 录制了2000多个教学视频放到YouTube上。

正是在这个极其简陋的工作室中，可汗颠覆了传统教育。2012年4月，《时代周刊》评出了2012年影响世界的百人榜，可汗位列第四。比尔·盖茨在推荐信里写道："就像很多伟大的革新者一样，萨尔曼·可汗原先并不打算改变世界，他只是试图帮助在美国另一头的中学生表妹辅导代数课。"

难能可贵的是，可汗的翻转课堂教学大力倡导教育的人性化。他说："我们的目标是用科技的力量来实现人性化教学。"在描述传统教学的弊端时可汗谈道："他们都经历过非人性化的教学，30个孩子不许讲话，不许互相配合，一个不论多么优秀的教师，都不得不按同一个步调给30个学生讲课。面无表情的脸庞……"法国哲学家、社会思想家米歇尔·福柯在他的"全景监狱理论"中对"监狱型学校"阐述道：学校也是监狱的一种形式，学生们无时无刻不被监视着，身心受缚，被迫遵循学校的一切规章制度，不管合理与否。本质上，学校管理学生的方式与监狱管理犯人的方式如出一辙。翻转课堂教学打破了传统的课堂教学空间与时间的限制，打破了学校的规章制度的束缚，学习者不再被贴上"好生""差生""慢生""快生"的标签，学习成为自由与令人愉悦的事。

可汗还在网站上设计了一种基于自动生成问题的Java软件。只有当你全部答对一套十道题后，才会提供给你更高一级的题目。做到某一步，给你一枚勋章。这种"满十分前进"的模式让孩子们循序渐进地完美学习。在传统的考试中，即使是拿到了95分的学生，也很可能不知道自己5分的缺漏到底在哪儿就被迫进入下一章节。可汗学院的程序员又把练习系统进一步做了改进。它能生成一个知识地图，帮助学习者分析知识薄弱点，并用图表方式反馈给本人。观看视频时发现不懂的地方，随时可以发邮件提出问题，可汗学院实时在线回答。

可汗希望能改变人们学习的方式，不论他们念的是私立学校还是公立学校，是在俄亥俄州还是在巴西或俄罗斯、印度，抑或是在自家的厨房里。网站上做出如下承诺："让任何人，在任何地方，都得到世界一流的教育。"

可汗学院精神诚可贵，"墙中洞"实验观点更新颖。英国纽卡斯尔大学教育技术学教授苏伽特·米特拉设想的"云学校"充分利用学生的自学能力，极大减少教育投入，颠覆传统教育方法，并创造教育公平。

据美国《读者文摘》（中文版）的一篇题为《墙洞帮》的专题采访报道介绍，苏伽特·米特拉教授的"墙洞实验"构想源于1985年。当时，他花500英镑买了一台家用电脑。4岁的儿子看到电脑后提出也想"玩玩"，但苏伽特·米特拉教授没有同意。几天以后，他在自家电脑里找放在那儿的文档，可怎么都找不到。令他意想不到的是，儿子"指导"他："你可在指令后加上dir/w/p试试看。"按照儿子的"指令"，他居然很快地找到那些文档。对此，他很震惊。苏伽特·米特拉教授在和同事谈起这件事时，发现这不是个案，同事家孩子的电脑操作水平也多在"大人"之上。于是，他开始关注孩子使用电脑学习的问题。1988年，他参加印度果阿邦政府召开的一个教育工作会议，他提交了一篇关于如何让孩子用电脑进行学习的论文。他在论文中提出建议：可以让孩子在无人协助的情况下自己玩电脑。当时，与会人员几乎没有人理睬他的建议。会议以后，他这一想法也慢慢地淡化了。

1991年，米特拉教授受聘担任印度国家信息技术学院（NIIT）的首席科学家，具体负责"公共空间智能终端机"（相当于现在高铁站里的自动售票机）项目的开发工作。印度国家信息技术学院位于首都新德里的办公大楼紧邻着卡卡基贫民区。办公大楼的旁边是一片荒地，到处是在垃圾堆里觅食的猪。当地的居民也把荒地当作公共厕所。当然，这片荒地也是附近孩子的板球场。为了试验"公共空间智能终端"项目的可行性，米特拉教授决定安装一台只能通过鼠标操作的电脑，屏幕面向荒地。考虑到电脑肯定是会被孩子弄坏的，苏伽特·米特拉教授希望以此研究如何使放在公共场所的电脑更加坚固耐用。

在具体考虑工程建设的过程中，米特拉教授突然想到自己在1988年写的那篇论文。他觉得此事倒是可以"一举两得"的。可以让这项工程建设不仅是一个工程试验，还可以检验一下自己以前的想法。他觉得，这里的孩子都不太懂英文，接受教育程度也很差。但是，如果其中有一两个比较聪明的孩子能够学会用电脑，至少能学会如何打开文件，那么，他以前的想法便获得印证。于是，他吩咐印度国家信息技术学院的员工在办公大楼的外墙上安装了一台电脑。电脑离地一米左右，外罩金属盖子，既确保电脑安全，也方便孩子们使用。墙洞上的电脑安装以后，取得非常惊人的效果。孩子们不仅能够打开文件，还能学到许多知识。从此之后，苏伽特·米特拉教授在印度的其他地方，以及世界上其他许多地方不断重复这个试验，结果都能发现孩子们学会他们想学会做的事。对此，苏伽特·米特拉教授说："如果孩子有兴趣，那么教育就自然产生了。"

显然，在大多数情况下，不管是"教学"，还是"辅导"，教师都是处在教学的前台。而在萨尔曼·可汗的"辅导"过程中，以及苏伽特·米特拉教授的"墙洞实验"中，教师并没有在教学前台"教学"或"辅导"，而是在教学的"后台"组织。毫无疑问，这种"组织"也是一种"学习环境建设"与"课程设计和实施"，而且在这种"组织"下，学生的学习是真正的"自主学习"。

几年过后，米特拉的雄心更大了。他在2010年发表了一份研究报告，说自己在一台电脑里存入分子生物学资料，然后把电脑安放在印度南部一个名为Kalikuppam的村子里。他选择了一组年龄在10～14岁的儿童，告诉他们电脑里有些有趣的东西，问他们想不想看看。然后他就开始实践自己的新教学法：什么都不说，转身走开。

在接下来的75天里，孩子们自发地掌握了如何使用电脑并开始学习。米特拉回来后让他们做了一个分子生物学书面测试。他们能答对四分之一的题目。又过了75天，孩子们受到一位友善的当地人的鼓励，把所有题目答对了。米特拉深有感慨地说："如果你把一台电脑摆在孩子们面前，不做任何限制，孩子们就会自己组织起来进行研究，就好像蜜蜂在观察一朵花。"

2013年初，米特拉从全球最大的思想分享会TED赢得100万美元的资金支持，他力图建立7所"云端学校"——印度五所、英国两所。他在印度设立的大部分云端学校是单体建筑：没有老师，没有课程，没有年级——只有6台电脑和一位照管学生安全的女性员工。他的信条是："学生掌管一切。""如果你不能控制自己的学习，你就不能学得好。"

米特拉还雇用了一批英国退休教师，他称之为"云奶奶"。米特拉在讲演中谈道："教学实践的理论根源可以追溯到苏格拉底。约翰·海因里希·裴斯泰洛齐、让·皮亚杰和玛利亚·蒙台梭利等理论家都认为，学生应该在好奇心的驱使下通过游戏来学习。在19世纪90年代中期，爱因斯坦曾在阿劳州立中学学习一年，这是一所受裴斯泰洛齐理念影响的学校。他认为自己之所以能大胆地开始思考相对论，得益于早年在这所学校接受的自由教育。"

米特拉教育理论的关键是孩子可以通过云学习进行知识的自组织。

近年来，研究者开始为这些教育理论提供实证支持。伊利诺伊大学香槟分校和艾奥瓦大学的科学家在2011年发表了一项研究报告。他们让16名被试坐在电脑屏幕前，扫描记录他们的大脑活动。电脑屏幕的大部分区域是一片模糊，被试只能通过一个可移动的小方块看到后面网格上的图形。被试有一半的时间可以自己控制小方块的移动，借以观察背后的图形。在剩下的时间里，他们要看别人移动方块来观察。研究发现，如果被试能自己掌握观察主动权，他们大脑里的海马体就会和大脑其他与学习有关的区域产生更多关联，他们的记忆力也会有23%的提高。

数字世界已完全改变人们交流、处理信息和思考的方式。离散的体系经证明比单一、一成不变、由上至下的体系更为灵活也更有创造力。

新一代教育家受到云计算、脑神经科学和人工智能的启发，力图与时俱进地创造出新的教育方法，引导儿童学习，让童年充满乐趣。对当代儿童来说，知识不再是由老师传递给学生的成熟果实，而是学生在好奇心的驱使下自觉探索的成果。教育者只从旁启发，不做解答。他们站在一旁，任由学生自主学习，彼此互助，让学习者重新发现自身的学习潜能和学习热情，学习者的天赋就此展露。

但是，世界上的事情是复杂的，在很多情况下自组织是与他组织相结合的，在他组织的作用下实现自组织。例如，鸡蛋变成鸡仔需要具有一定的温度，种子发芽出土需要一定的湿度和温度，动物和植物都是一种适应关系，红树种子是在枝上生长成小树苗然后直接掉到海滩，伴随着海水的潮起潮落长出新的幼小的红树。所有的环境条件是不可缺少的。

《学记》说："君子之教，喻也；道而弗牵，强而弗抑，开而弗达。道而弗牵则和，强而弗抑则易，开而弗达则思。和易以思，可谓善喻矣。"教师施教，关键是启发诱导。这在传统教育中只是一种美好的意愿，而当今的混合学习将这种理念变为现实。

> 有一位植物爱好者到百花园认花，她先用两种方式：从理论到实践和从实践到理论，似乎都不成功。后来，她探索到最好的方式，就是有一位指导教育者，这样效率最高。

可见，学习是一种自组织与他组织的结合，这样，一可以避免勤苦而难成；二可以提高效率。但是，一个必然的趋势，就是"让教师的'教'退到教学的'后台'"。

翻转课堂的历史渊源

翻转课堂遵循学习规律，有其深远的历史渊源。

中国二千五百年前的孔子教学就初现先学后教的端倪。

（1）孔子提出"温故而知新，可以为师矣"（《论语·为政》），通过复习步入新课程。

（2）孔子提出启发教学和讨论教学。他倡导"不愤不启，不悱不发。举一隅不以三隅反，则不复也"（《论语·述而》）；他让学习者先提出问题："不曰'如之何，如之何'者，吾末如之何也已矣"（《论语·卫灵公》）。孔子开展讨论教学，他随时随地设立场景展开讨论，如"季氏将伐颛臾""正名""侍坐"，还有在陈蔡边境极其艰苦的环境中对弟子们答疑解难，整个过程弟子们各抒己见，畅所欲言。讨论饱含着启发与真情实感，如"季氏将伐颛臾"中弟子的反唇相讥，"正名"中师生的唇枪舌剑，又如"侍坐"那种沂水春风的浓郁情景。

（3）孔子倡导主体自身产生浓厚的学习兴趣乃是做学问、求知识的理想境界："知之者不如好之者，好之者不如乐之者。"（《论语·雍也》）

（4）孔子特别注重在实践中学习，倡导"学而时习之""三人行，必有我师焉"，等等。

（5）孔子教学在于调动弟子们的主体作用，而调动弟子们的主体作用在于适时抓住关键点（适合），并将学与思有机结合起来。他说："可与言而不与之言，失人；不可与言而与之言，失言。知者不失人，亦不失言。"（《论语·卫灵公》）孔子谈论"君子有三愆（qiān，过失）：言未及之而言，谓之躁；言及之而不言，谓之隐；未见颜色而言，谓之瞽（gǔ，盲）"（《论语·季氏》），而恰到好处在于"辞达而已矣"（《论语·卫灵公》）。

在古希腊，苏格拉底和柏拉图也采用启发教学和讨论教学，苏格拉底将他的教学方法称为"产婆术"。而柏拉图对创新有一种别开生面的论述，他谈道："一切人都有生殖力，具体说是具有肉体和心灵两种生殖力，前者只会产生官能世界的可朽的物体……而心灵的生殖力却是另外一回事了，心灵的生殖却可以诞生不朽美好的所在。"非但如此，柏拉图的最大功绩不在于他创立了理念论，而在于他破除了哲学前辈巴门尼德仅仅囿于"是"的存在论，将"是"的对立范畴"非"纳入"存在"范畴，将"同"的对立范畴"异"纳入存在范畴，还将"静"的对立范畴"动"也纳入存在范畴，从而创立了"是（有）""非（无）""静""动""同""异""通种论"的范畴论。（详见《智者》254D—256C）柏拉图将六种（三对）范畴引入存在论，这就破天荒地确立了存在论=辩证法。它的知识论意义在于：

（1）在东方老子首先肯定了知识的"'无'中生'有'""'有''无'相生"，而在老子一百多年后的西方，柏拉图阐述了相同的知识论原理。

（2）柏拉图的"范畴论"与老子的"有无论"和孔子的"启发论"共同对求异思维与知识创新打开了通道。

（3）为个人的知识建构/重构提出了最初的启示。

（4）对翻转课堂的微课程解决由静态文本向动态资源转变提供思想方法。

在西方近现代，裴斯泰洛齐的主体性教学，皮亚杰的建构学习，维果茨基提出的实体性知识的"最近发展区"理论，而他的后继者列昂节夫和鲁利亚提出程序性知识的"最近发展区"理论，如此等等，都对翻转课堂有所启迪。

在中国当代，曾经有类似的教学方法，如魏书生的预习、山东杜郎口中学的教学改革。但与当前翻转课堂所不同的是，学生课下不使用微视频，因为还没有云学习和云教育的条件。

哈佛大学物理教授埃里克·马祖尔在20世纪90年代创立了同侪（chái，同辈）互助教学（Peer Instruction）方式。马祖尔教授认为，同侪互助教学能使学习更具活力。他论述了学习分为两个步骤，首先是知识的传递；其次是吸收内化。过去教学只重视学习过程第一步"知识传递"，忽略了第二步"吸收内化"。实验证明同侪互助教学能促进学习的吸收内化，使学习正确率增加1倍。马祖尔教授接着发现，计算机辅助教学可以帮助解决知识传递这一步骤。因此他认为教师角色可以从演讲者变成教练，把重心放在吸收内化，指导学生间的互助学习，并帮助学生解决一些常见的不被发现的误解。

2000年，美国的Maureen Lage，Glenn Platt，and Michael Treglia在其论文Inverting the Classroom: A Gateway to Creating an Inclusive Learning Environment（《翻转课堂：建立一个包容性学习环境的途径》）中，论述了在美国迈阿密大学开设"经济学入门"课程时采用"翻转教学"或"翻转课堂"，激活差异化教学，以适应不同学生的学习风格。

他们还在上述论文中介绍了他们在美国迈阿密大学教授"经济学入门"时采用"翻转教学"的模式以及取得的成绩。但是他们并没有提出"翻转课堂"或"翻转教学"的名词。2000年，J.Wesley Baker在第11届大学教学国际会议上发表了论文The Classroom Flip: Using Web Course Management Tools to Become the Guide by The side (《课堂翻转：使用网络课程管理工具让教师成为身边的指导》)。其中教师"成为身边的指导"替代以前的"讲台上的圣人"，从而成为大学课堂翻转运动口号，并被多次引用。论文中，Baker提出翻转课堂的模型：教师使用网络工具和课程管理系统以在线形式呈现教学作为分配给学生的家庭作业。然后，在课堂上，教师有时间更多地深入参与到学生的主动学习活动和协作中。

威斯康星-麦迪逊大学从2000年秋季开始，在计算机科学课程中使用eTeach软件的流媒体视频（讲解与PPT结合的视频）进行演示，以取代教师的现场讲座。放在网上的讲座视频允许学生在有空且最细心和注意力最集中的时候看。同时还允许学生和教授用上课时间解决问题，增加导师和学生之间的互动。

杰里米·斯特雷耶在其2007年的博士学位论文《翻转课堂在学习环境中的效果：传统课堂和翻转课堂使用智能辅导系统开展学习活动的比较研究》中论述了翻转课堂在大学中的设置。在作者讲授的统计和微积分课程中，他把教学内容录制为视频作为家庭作业分发给学生观看，课堂上组织学生参与到项目工作中。该课程的课堂活动利用了在线课程系统Blackboard的交互技术。作者在论文中谈到学生们会控制其正在观看的视频，因此他们能机敏地接受新信息。

还有关于翻转课堂教学的心理实验。2009年，来自路易斯维尔大学和麻省理工学院脑与认知科学系的学者共同完成一项实验，对象是48名年龄为3~6岁的儿童。研究者发给每个孩子一只玩具，它有许多功能，比如发出吱吱叫的响声、播放语音和显示图片。研究者向其中一组儿童展示了玩具的一项功能，然后让他们去玩。另一组儿童虽然没有得到任何关于玩具使用的指导，但他们玩得更久，而且平均每人发现了玩具的6种不同功能。相比之下，第一组儿童只发现了4种。

麻省理工学院多媒体实验室创办者——尼古拉斯·尼葛洛庞帝（Nicholas Negroponte）则通过"一娃一本"（One Laptop Per Child, OLPC）组织，进一步拓展了这一教学方法。2013年该组织为埃塞俄比亚两个边缘村庄的儿童寄送了40台笔记本电脑。OLPC组织没有解释这些机器该如何操作，甚至都没有为他们打开盒子。但当地儿童很快就学会了用电脑反复播放字母表儿歌，开始自学写字母。他们甚至知道了如何使用电脑摄像头——这其实相当不易，因为OLPC已将摄像头锁定为关闭。尼葛洛庞帝说："他们把安卓机黑了！"

演化心理学家也开始探索这种新教育法。波士顿大学的研究教授彼得·格雷（Peter Gray）专门研究儿童自然学习的方法。他认为传统教学严重违背了人类的认知机制。格雷指出，幼童受好奇心和玩乐心驱使，会自发地认识世界，习得大量知识。但是当他们到了上学的年纪，我们就夺走了他们的学习本能，并强加以课程灌输。"我们传达给孩子的信息是，他们的问题无关紧要，真正要紧的是课程里规定的问题。这可不是我们通过自然选择继承而来的学习方式。我们的本能应该是去了解和解决现实生活中遇到的实际问题。"

翻转课堂的学科实践

翻转课堂在"云"的涌动下，得到越来越多学校的推行。翻转课堂普遍地在K-12学校落地生根，快速生长。2011年萨尔曼·可汗和他的可汗学院突然红遍全球。原因是他的教学视频受到无数人的喜爱。而与此同时，一些一线的教师也把可汗学院的视频加入到他们自己的翻转课堂策略中，省去了教师录制教学视频的环节。毕竟录制高质量的教学视频除了要求熟悉技术操作外，更需要高超的教学讲解技能，这是引入翻转课堂的门槛。而可汗学院的免费在线教学视频正好降低了学校和教师实施翻转课堂的门槛，推动了翻转课堂的进一步普及。萨尔曼·可汗在TED的演讲《用视频变革教育》中也谈到了可汗学院参与到K-12学校的翻转课堂实践中。可以这样说，翻转课堂是伴随着可汗学院蹿红世界，被更多教育工作者所了解的。

部分学校已开始使用新教学法，并取得丰硕的成果。20世纪90年代，芬兰把25页的小学数学课程大纲缩减到4页，把每天上学时间减少1小时，并以培养独立精神和自主学习为重。到2003年，芬兰学生在世界发达国家成绩排名已由低位跃居第一。

包括中国在内的越来越多的国家和地区的教师已开始自己的翻转课堂实践。但是许多翻转课堂的论述只是提出了大体的操作策略，而不同的学科和学习项目在实践操作中又各有区别。

——外语课。教师会预先录制好语法课程和聊天话题，这样可腾出课堂时间用于学生练习和应用语言，诸如进行更多的外语口语聊天，阅读外语文学作品，用外语写故事等。比如在一节西班牙语课上，学生们不但按老师指导的方式用口语和手势进行对话互动，还回答教师提问。这一切都得益于视频释放了课堂时间，师生才有机会开展这样有趣的活动。

——数学课。翻转数学课，数学老师通过视频讲解来帮助学生深入理解数学基本概念。其他时间则进行数学演算和使用新技术工具，让学生不只是学习算法计算，还能更深入地理解复杂的数学概念。翻转数学课演变成发展计算思维、探究和连通其他分支学科的实验室。

——科学课。翻转科学课，让教师创造出更多时间和机会在课堂上开展探究式学习。初期的模式是学生在课前观看教师录制的视频，课堂上学生开展探究式活动和进行更深入的科学实验。现在的模式是利用POGIL（面向过程的引导式探究学习），在探究活动中帮助学生深化对概念的理解。由于POGIL活动比视频讲解效果更佳，因此很多情况下已经没有必要录制直接讲解的视频。但是视频讲解仍然被一些学生作为补救资源加以利用。

——社会科学/语文课。社会科学课教师说，翻转课堂后，他们有了额外的时间，可在前一天晚上的教学视频中论述目前发生的事件。课堂上则有更多时间组织学生辩论、演讲、模拟法庭等，让学生学习更深入。语文老师说，他们在视频中对原始文本进行深入的分析解读，课堂上则有充裕的时间给学生写作，甚至更多的时间通过同侪评议来分析和讨论各自的写作。

——体育课。体育教师对翻转课堂尤其感兴趣，他们往常花太多时间给学生讲解比赛规则或做技术动作示范。而现在体育课主要是让学生运动起来，而不是坐着看和听。因此，他们录制了翻转视频，这样体育课上，学生一到操场就能迅速地动起来了。

——基于项目的学习的综合课。翻转课堂与基于项目的学习（PBL）也能结合起来。PBL是一种由兴趣和问题驱动学生去发现探索现实世界的学习方式。不过这个过程需要他们有相应的知识储备。教师面临的选择是，让全班学生先坐下来听老师讲解，还是创建视频让需要的学生随时查询和学习？如果选择后者，那么准备较好的学生可以直接开始他们的项目，而准备不足的学生可以在过程中按需学习。

4 微课教学

——依据变构学习的教学

教育的根本问题就是它从未被设计为学习。如果你不能控制自己的学习，你就不能学得好。

——斯坦福大学教育学教授、教育与美国未来国家委员会实验领导者、西北大学神经科学家

乔尔·沃斯

云卷云舒
依据变构学习的微课教学
微课程与学科教学的深度融合

云卷云舒

知识生成是思维创新的心理与生理对应的关系，二者存在于变构学习的机制中。以往建构主义学习理论的深化，是建构主义的深层内涵。思维常变常新。大数据"云"卷"云"舒，是为知识气象，而这一切是由学习决定的。

笔者曾出过一本《云卷云舒》的散文集，联系云计算背景下的教育更是思绪联翩。大数据条件下的教育，宛如云的聚集和舒散，都别有一番意境。

从信息角度说，问题是给定信息和目标之间有某些障碍需要被克服的刺激情境。简单地说，问题就是疑云。当且仅当问题关涉"云"并通过"云计算"得到解决的时候，才是疑云。

疑云的产生，在于学习本身存在着矛盾。矛盾是事物的存在方式，也是学习的存在方式。学习就是问题解决。为此，教育者要抓住学习问题的主要矛盾。学习是从不完善到相对完善，从未确定到相对确定的实践活动，这种活动永远不会完结。从人的不完善性、未确定性的绝对进取到趋向完善性和确定性的相对实现，是对可能与现实这对范畴的诠释，是人的学习品性，也是教育的追求。它决定了学习是一个永无止境的创新发展过程，是由可能走向现实的根本途径，是"做成一个人"的真实践履。人们在实践中从不完善到相对完善，从未确定到相对确定，可以将其归结为一个更抽象的范畴，即对客观世界的必然王国的求索到对自由王国的确认，简单地说，是未解与理解的关系。所谓学习的主要矛盾，就是未解与理解的矛盾。

何谓理解？事物之间的联系是基于逻辑的联结，理解过程是认知的内化过程。施莱尔马赫将理解视为"解释者在心理上重新体验他人心理或精神的复制和重构的过程"；狄尔泰认为"理解就是确定生活中有意义和价值的东西"；海德格尔和伽达默尔师徒重视理解的本体论意义，强调"理解是视域融合"。由此归结出理解即事物之间的联系是基于视域体验的联结。基于此，理解的过程是运用语言外壳将参与学习活动的知识在重组、转换以及增值中进行解释、揭示的过程，是基于领悟知识逻辑精华的同时，换位体验他人内心世界，达到以"读书"而"读人"的过程。基于体验的理解在学习的心理操作策略及其调控中起着至关重要的作用。

未解与理解的关系，就是学习者在思维中未解与理解的矛盾（熊川武，2010）。学习者思维创新的过程，从未解到理解是从可能性到现实性的飞跃，并且产生新的求索，向着新的未确定性推进，造成新的"可能性"，再进一步求索新的现实性，所以，从未解到理解是求索的无限性和确认的有限性的统一。

基于主体生命情景回归的问题化学习是激发学生情感、兴趣、动力等的重要因素。未解与理解的关系是永促学习者发展与长进的决定着其他学习关系的深层的关系。理解的过程就是生成新知识的过程。

人的不确定性，在于永远对未知的迷惘。正如英国著名学者A.F.查尔默斯所说："我们始于迷惘，终于更高水平的迷惘。"人是问题的存在者。《哈姆雷特》剧作中有一句名言："生存还是死亡，这是一个问题。"可以这样说，在生与死之间，是生命中问题的编码，即不断解决问题又出现问题的无数的数据之点。从认知神经科学角度说，问题是信息从"不确定性"到"确定性"的确证。从这个意义上说，学问就是人不断地从未确定性向确定性的演进。有问才有学，学而生疑问，这是一个永远循序渐进、无穷递进的生命过程。所以，按照库恩的《范式的革命》所阐述的原理，疑云乃是大数据条件下教学范式的革命。

大数据背景下的教育的最大特点就是学习者不受时空的限制，可以自主地选择学习地点和学习时间；同时为在职人员在本地边工作边进行业余学习提供良好的学习机会和便利条件。主要表现在如下几个方面。

首先，办学单位的教育者与学习者在时间和空间上是相对分离的，求学者在教育者指导下主要借助多种媒体的教学资源和网络进行学习，这对学校提供的教学资源、学习过程的指导和服务提出更高要求，同时对学生运用教学的媒体资源和信息技术的能力也有一定的要求。

其次，由于这种学习方式缺少传统学校的校园环境，主要不是采用教育者面授教学的形式，而是提供网络教学的环境和学习的指导，要求学习者以自主学习为主。因而学习者要树立自主学习和协作学习的观念，逐步提高自学能力和适应远程学习的方法和习惯，发挥自身个性化的学习特点。事实上，网络教育培养出来的优秀学生在自学能力上往往比传统课堂中培养的学生更强。

再次，云端学习虽然缺少学习者与教育者面对面的交流，但是必须建立教育者与学习者、学习者与学习者之间的交互环境。网络的发展已创造这种实时或非实时的交流条件。通过E-mail、BBS和小组讨论等方式进行交流已非常方便，学习者要主动利用这种交流方式得到帮助和解决学习中的各种问题，还可以开阔视野、增进与社会的联系。

云端学习是以学习者为本的个性化问题解决，即疑云变化过程。这也是大数据对教育产生的重大价值。"云"能够飘进每一个学习者的个性世界。不同于以往的"填鸭式""车间化"等教育模式，借助"云"，教育将发生"个性化学习"的根本性转变。将传统教育课本中心、教育者中心、课堂中心转变为学习者中心、学习中心、经验中心，进行自主、交互式教学。

首都师范大学远程教育所所长方海光说："无论是教育管理部门，还是校长、教育者，以及学习者和家长，都可以提供针对不同应用的个性化分析报告。通过大数据的分析来优化教育机制，做出更科学的决策，这将带来潜在的教育革命。"

斯滕伯格等（Sternberg，1986；Bransford & Stein，1993；Hayes，1989）对问题解决的过程用问题解决循环（problem-solving cycle）来加以描述。当我们面临一个需要解决的问题时，一般要经历下列几个步骤：确定问题、定义问题、形成策略、组织信息、分配资源、监控和评估。这些步骤也不是刻板的，各个步骤之间可以交叉，有时可以改变其顺序，甚至可以跳过或增加某些步骤。

（1）确定问题（problem identification）。问题解决的第一步，是要认定有问题。有时个体把一个情境认定为有问题都很困难：也许他没有认识到有一个目标，也许没有认识到通向目标的道路会受阻，也许没有认识到已有的解决方案不起作用了，总之，问题由于某种原因产生了。能否确定问题，取决于三个因素：主体活动的积极性、主体的求知欲望和主体的知识经验。个体的好奇心、求知欲望越强，活动的积极性越高，则越能发现常人所发现不了的问题。个体的知识经验越丰富，视野也越开阔，这就更容易确定问题。

确定问题也是发现问题，这是重要的逻辑思维能力。

（2）定义问题（problem definition）。一旦有了问题，下一步是要定义和表征这个问题，如何解决它。正确定义和表征问题，是问题解决的关键。定义问题就是把握问题的性质和关键信息，摒弃无关因素，并在头脑中形成问题的表征。表征既是个体在头脑中对所面临的事件或情境的表现和记载，也是个体解决问题时所加工的对象。对问题的表征既包括问题的表面特征的反映，也包括其深层特征的揭示。其中深层特征是解决问题的关键。

定义问题也能体现问题表征能力。问题的语言表征能力是分析问题、解决问题能力的重要组成部分，语言能力是问题解决能力发展的重要内容。

依据性质不同，问题被分为典型问题和变式问题、复杂问题和简单问题、复合问题和单一问题、高级问题和低级问题、常规问题和非常规问题、良好定义问题和非良好定义问题、清楚规定的问题和含糊规定的问题、知识丰富问题和知识贫乏问题、对抗性问题和非对抗性问题等。

通过对问题的重新表征可以实现不同问题解决方式的转换，实现问题的创造性解决。重新表征是通过联想、想象、概括、抽象发散等认知操作来实现的。提高语言能力，提高认知操作能力是问题重新表征能力发展的基本途径。问题情景、要素、模式、背景等不同层次、水平的问题解决操作能力是问题解决能力发展与提高的重要内容。重新表征问题是问题解决的重要能力。

（3）形成策略（strategy formulation）。策略可以是分析（analysis）的，即把复杂问题的整体分解成为可处理的元素，也可以是综合（synthesis）的，即把各个元素集中在一起，进而组合成为有用的东西，还可以用其他的策略。

（4）组织信息（organization of information）。要把有用的信息组织起来实现策略。当然，在整个问题解决过程中都在组织、了解有关信息。但在这一步骤中所组织的信息是有针对性的，目的是要找到一条最好的途径来实现该策略。例如，如果你的问题是找到一个"地点"，那么，就画一张"地图"来组织相关信息。

（5）分配资源（resource allocation）。除某些特殊问题外，大多数问题是有限资源（包括时间、设备、空间等）的问题。因此就要考虑哪些问题值得花多少资源，这就需要知道如何分配资源。

（6）监控（monitoring）。从问题解决一开始，问题解决者就应进行监控，即检查自己正在做的事是否一步步地接近目标，还包括对时间谨慎花费的监控，及时发现错误，对自己的行为加以调整。

（7）评估（evaluation）。在解决问题的过程中还要对答案进行评估。评估，有时要马上进行，有时可稍晚些或很久以后才进行，对解决问题的思路加以修改和校正。通常，评估会导致重大进展。通过评估，问题解决者可能发现新问题，也可能对原先的问题进行重新定义，可能会形成新的策略，发现新的资源，或对已有资源的利用更充分。因此，当问题解决出现一个新局面并开始新一轮循环时，这次问题解决的循环便完成了。

依据变构学习的微课教学

从历史上看，先有学，后有教。根据概念的可定义特征和种概念=相邻的属概念+种差可知，"教学"的相邻属概念是"学习"。所以，教是为了学，而不是学是为了教。

正如托尼·海（Tong Hey）在其著作《第四范式：数据密集型科学发现》中指出的，大数据产生的数据密集型的知识发现，有可能成为继实验科学、理论分析和计算机模拟这三种经典科研范式之后的第四种科研范式。至此，人类从单纯地"改造"外部世界发展到重构内部世界。

量子思维方式对于信息社会有重大启发。在工业文明时代，人类要征服和研究的对象，主要是外部的自然界，特别是宏观的物质对象。在这个文明时期，人类依靠经典物理学理论从事实践活动，开发和改造大自然，取得暂时的骄人的成就。

而在"大数据"时代，我们面对新的研究对象——"云计算"与量子思维。它们都是看不见、摸不着，没有形状、没有重量的，它们运动速度极快、波动跳跃、快速变化、不可预测，而适应这种运动方式的，唯量子思维莫属。也正是量子物理学的一系列结果，奠定了知识文明的科学基础。

在中国古代，道家有"魂""魄"相分相关的说法，谓之"魂魄说"。道家认为，魂者，心识，有灵用而无形者；魄者，有形体而为心识之依处者。魂与魄将精神发展的两种状态展示出来。现在看来，魂是精神，属于意识范畴；魄是产生精神的神经，属于物质范畴。道家比喻说，魄是化蝶之蛹，魂是羽化升仙；羽化而升仙，是极短的一瞬。而这极短的一瞬又说明什么呢？

变构学习理论是根据代谢规律，接受生物学变构酶等生理机制，是对建构主义理论进一步变革的理论成果。

学习，不能忽视将外界信息与头脑中已有信息相联结的中介的作用。因为"离开了中介，任何个体几乎不可能自发地接触到可让其原有概念发生转化的因素"。那么，学习者学习新知识的中介是什么呢？显然，它不是原有概念中隐藏的事实性知识或概念性知识，而是概念体中程序知识和元认知知识。通常说的学习新知识，是对原有概念体进行协调，在整体上进行控制而对原有概念体的扩建或改建，先用知识对新问题提供质疑、参照和意义的框架结构，诱发预设新问题的概念性框架结构，新的概念框架结构自初创起就是不安分的，在其成长中不断地拷问原有概念，并试图转变它，这就是变构学习的实质。

任何新概念的学习过程都必须经过解构—重构。而这个过程谓之变构。变构学习来自生物化学的隐喻。法国学者焦尔当认为："如何理解学习是一种变构效应，涉及变构蛋白特定的结构和功能。这些生物酶是生命的基础，其形态的变化及由此而导致的功能的变化，取决于其赖以生存的环境。我们感兴趣的是这一生物化学的隐喻对教育的两个有力启发：第一，学习者的思想即学习者的概念体，其原动性并非取决于所记录观念的序列，而是取决于学习者能够启用和调动的关联。这就像变构蛋白质一样，其特定的功能跟氨基酸序列无关，而是取决于氨基酸序列上起决定作用的活性基之间的关联。第二，变构蛋白质的形态和功能的改变只能通过外部环境实现，这一点使它们可被操作。"

"变构学习模型"（allosteric learning model）是对以往学习模型的扬弃和发展。焦尔当说："我们并不是另外生产一个单独的关于学习者认知加工的模型，这是我们努力超越已有模型局限的出发点。"

如果从蛋白质的"变构效应"来理解学习，那么，学习归根结底是学习者发生于其"活性概念基"上的变化；学习者或教育者可以通过创设环境和操纵环境作用于概念体的"变构部位"，引发概念体结构的"松动"和"变形"（解构）——朝向生成能够结合新信息的"活性概念基"的新结构的重构过程，可见，解构也是为了建构，当然这一过程还伴随着潜在的元调节，从而导致其活性基上的关键变化——新结构和新意义、新知识的生成。

变构学习就是原有知识的解构与新知识的重构。知识激增就是新概念层出不穷。

大自然以物理、化学、生物等形态呈现在人的感觉阈限中，以数据密码的形态通过感官输入人的大脑细胞网络之中。数据密码被个人的大脑神经细胞网络捕获，对密码以特定方式进行破译。而破译密码是在程序性知识和反省认知性知识驱动下，根据对原有知识拆解的数据与筛选出的新数据的重组，即人的思维通过过程性知识和反省认知性知识对事实性知识和概念性知识进行重构。例如，可以回顾一下，我们是怎样通过学习知道在澳大利亚生活着一种白乌鸦。对这个过程反思得知，原来我们是通过对黑乌鸦的了解来知道的，是我们对了解已久的黑乌鸦（事实性知识的概念化处理）进行破解，将"黑乌鸦"这个概念解构成具有几个方面的显著特点的数据形式，如黑乌鸦嘴的特点数据、眼睛的特点数据、翅膀的特点数据、体型的特点数据、鸣叫的特点数据、饮食的特点数据及生活史的特点数据等，并且相应地从白乌鸦那里得到同样典型的特点数据，将二者一一进行比对，而当白乌鸦与黑乌鸦除了羽毛颜色之外其他数据完全一致、信息完全吻合时，便得出白乌鸦的新概念。这是应用类比推理而得出的有关白乌鸦的新知识。当然新知识的生成不止类比推理一种。

从白乌鸦概念是得自黑乌鸦看来，新知识学习不是"大脑储存器"的作用。相反，人的思维是一个主动建构的有机体，是一个高度确定的、具有自身运行范式和一致性的理解结构。

安德烈·焦尔当将这一结构称为"接待结构"。它能够进行解码并赋予新情境以意义。所谓新情境，就是潜在的问题背景。在新情境中，引进的新信息会按照自身的运行规则，尤其是它与先前提出的潜在问题的关系，而被插入和组织。"知识偏爱有准备的头脑"精辟地揭示出知识创新的契机。也就是说，新知识产生不是新老数据的机械拼图，而是原有数据和引进数据共同建构/重构成个人知识的"地图"，如卡耐基所言："No new knowledge, only new combination（没有新的知识，只有新的组合）"。人的大脑获得现成的新知识，只能是新信息及新数据，而所有得到的这些新信息、新数据是在原有信息数据的鉴别下获取的，以期进行新旧重组，生成新知。这如同我们吃下的动物心脏不能长成自己的心脏一样，心肌的发育需要一系列复杂的生长变化。

学习是解构，甚至是一种"解禁"的过程（丹尼尔·法夫尔，2000），同时是建构、重构的过程。为了学习，个体必须跳出习以为常的窠臼，必须放弃他的习惯而"从善如流"。为此，"在大多数情况下，学习者还必须与这些知识'唱反调'"（Bachelard，1938）。这样学习者才能够理解所学事物。可见，孔子的"温故而知新，可以为师矣"蕴涵着"故"——原有概念否定自身的意义。为了学习，学习者必须对自己起初的某个概念产生否定的情感，同时又必须运用自己的这个原有概念，直到这个原有概念的局限性或欠缺性被新的信息昭示出来，此时这一原有概念才会发生"破裂"而被另一个与之相邻并得到重构的新概念所取代。学习者还必须有机会让这一取向得以运行。因为成功的学习是概念体自身的转变，它从来不能让学习者保持中立，它甚至会让人觉得不愉快。由学习者所调用的概念体借贷了学习者的价值、想法，学习者所觉察到的任何变化都是一种"威胁"，它改变了学习者过去经验的含义，并以顽强的毅力打破思维定式。

学习者视原有概念被"颠覆"情况的不同，在学习新知识的过程中，会产生深层的不连续性，出现一种不协调，它至少要瞄准处于"健康稳定状态的信念的'硬核心'"（安德烈·焦尔当、裴新宁，2010）而制造一种紧张，打破由学习者的心智结构建立起来的平衡。而这样一来，学习者的概念首先在语义结构上发生变化，而导致学习者的概念的整体功能发生连锁反应。

对学习者的概念（原有概念）分析得知，学习者的概念总体上是以问题（Problem，P）出现的；"问题"是以参照框架或参照系（Set of References，R）、心智运算（Mental Processes，M）和显性的编码话语构成的；根据解构主义对"话语"的解构，学习者原有概念的话语就成为语词的意义和语义，它们在知识体系中则成为语义网络（Semantic Network/grid，N）和意义符（Signifiers，S）；心智运算、参照框架、意义符和语义网络融汇为"问题"整体。学习者的概念的内部各要素的形态如图4-1所示。

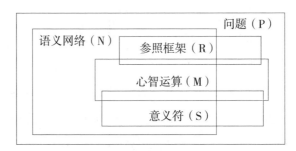

图4-1　概念体

同时，安德烈·焦尔当、裴新宁（2010）提出概念体的函数：

$$\text{Conception} = f\,(P, R, M, N, S)$$

P、R、M、N、S几个参数交互作用，共同构成概念体。从整体和部分的辩证关系来看，概念体中的问题及其他要素

（分系统）都以开放的形态发挥各自在概念体中的职能；同时，各要素在新概念形成中起着不同的作用。

学习者的概念的内部各要素一方面维持原有概念的平衡态，即保持原概念的形态，同时又是外来新信息的解码工具，它是一个开放系统，是将要产生的新概念的"活性概念基"。学习者的概念体（系）内部是由多种系统（要素、部分）构成的复合系统。概念体是整体存在的，如同不存在局部的人一样。概念体内部的多种系统（要素、部分）不能单独存在。概念体的各个系统只有在整体中才能发挥作用，履行不同的职能。

——问题（P）指一系列的可以启动概念，并使概念萌发酶化，且导致概念运用的契机。它使学习者体验到对自己处于平衡态的原有概念系统的威胁或挑战，是引发智力活动的驱动力。总体上看，学习者的一个概念总是首先对应一个质问，而这个质问相应于一个问题而存在，这个问题往往是隐含模糊的，唯有新概念的炼制使其得到明朗化和确定化。R、M、N、S是对问题解决起着决定性作用的因素。

——参照系、参照框架或参照网络（R）指一系列的主体借以绘制和整理自己的概念的外围知识，主要是指学习者生成新概念时所依靠的他们已掌握的其他概念，如各种思考和推理的程序等。

——心智运算或心智处理（M）指一系列的由学习者自我控制的智力加工和转换。这些处理允许学习者对自己参照系中的元素建立联系，进行区分，并生成和运用概念。

——语义网络或语义网格（N）指发生并存在于参照系和心智处理中的相互作用的组织，其作用在于使语义具有整体一致性。换句话说，某一概念的核心和外围要素之间所有关系的相互作用，产生了一个新的意义网络，并为概念自身赋予了含义。

——意义符（S）指生成和解释概念所必需的一系列的观念、符号和标记。

大数据时代意味着一场最深刻的学习的革命。

新概念是在旧概念的"活性概念基"上产生的，新概念是在否定旧概念的过程中产生的。这个过程通常经过三个过程，即：

原有的"是"——现在的"不是"——即将形成的新的"是"

可以简写为：

"是"——"不是"——"是"

整个过程通常需要三个步骤：

1. 对原有概念进行解构，如下所示。

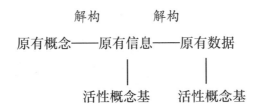

2. 对输入的新信息进行破解,如下所示。

破解

新信息密码——新数据

3. 活性概念基包含的原有信息及原有数据与输入的新信息及新数据进行整合重构,如下所示。

重构　　重构

新旧数据——信息——新概念

需要说明的是,要对输入大脑的各种密码进行破解使其变成新信息,并融为一体,就必须将其纳入已经运行的概念结构中去。然而,出于与学习者个体心智结构平衡相关的各种原因,学习者概念结构的稳定性总是倾向于排斥新信息的融入与各个参数的重组,这是学习者创建新概念时首先遇到的来自学习者的概念的整体性障碍。这一障碍告诉我们,"活性概念基"与破译后的新信息的整合从来都不是简单的事情,即新信息不会"自动插入先拥知识的序列中去"。因此,原来的问题网络即概念体要发生一个彻底的转化,牵涉一些补充实体性条件(安德烈·焦尔当、裴新宁,2010)。这些条件有以下几个。

第一,学习者必须具备超越由熟悉的知识构建的大厦的条件。但做到这一点需要个人智力与勇气。因为学习者所激活的原有概念是用来对输入大脑的各种密码进行解码的，解码后的新信息要与原有概念解构后的信息展开"对质"。在各自的举证中，原有概念构成对新信息的"过滤器"。

第二，只有当学习者与聚合在一起的、累赘的，让起初的概念变得难以管理的元素整体进行对质的时候，起初的概念才会发生动摇并开始向未知方向试探。

第三，只有当学习者以不同的方式把储存的信息联系起来，特别是借助能够让知识组成另一种结构的组织模型时，他才能炼制新的概念网络。新的概念网络的形成是先将原有概念解构为信息—数据，与新解码的信息—数据重组，构成新的信息—数据组织结构。

第四，科学概念在炼制过程中，要想变得具有可操作性，必须在学习过程中，在该科学概念的运用领域逐渐地和其他的科学概念区分开来，并划定自己的界域，然后通过对知识的调用而固定下来，这一调用需要创设该科学概念的新情境，在可用的新情境中进行。

第五，学习假设的是，学习者对自己的学习活动和支配这一活动的各种过程要实行审慎控制，这种控制体现于多个不同的层面。一是学习者必须依据他对情境所做的评价、用自己的言辞提炼加工的含义以及自己建立的知识表征，来重新组织所呈现给他的信息（或他自己获取的信息）；二是学习者必须协调先有参数整体，在该参数整体可以被再利用的情况下建构新知识；三是学习者必须找出新旧知识之间的相似和差异。通常他还必须最终解决一些矛盾。

如果上述条件中的任何一个没有被满足，就会造成学习者学习的中断。当学习进行的时候，必定是学习者跳出原有概念的圈子，使原有概念对象化，使其成为改变原有概念的"自己的他人"。通常，新概念总是以新问题的面目出现，学习者总是面对问题，在思维中以自身的信念和个人的步骤，首先运行自己的原有概念。如果对眼前的问题没有直接的办法，学习者就会多方寻觅新资料，并以解码的方式破解新资料，进而与原有概念解构后的信息试图组成新的思维框架，以解决面对的新问题。可见，原有概念起着"先行组织者"的作用。

原有概念的各要素，通常只愿意听到让其保持平衡的话语，新的信息流很少能在业已习惯的原有概念的城垣中驻足；相反，原有概念的习惯对新信息的融入打造了许多防火墙。所以，学习者的问题与原有概念对质并解构原有概念。但在日常实践中，这样的解构几乎是不可能的，即使学习者试图给出再多的论据、再多的反例和经验，原有概念还是不让自己轻易地摆脱它的原有图式。由于旧概念的惯性，它总是与新预测发生对峙，"只有在学习者的原有概念显得过时、陈旧、迂腐的时候，新知识才真正对于个人具有意义"（安德烈·焦尔当、裴新宁，2010）。可见，对于问题解决而言，旧概念是"山重水复疑无路"，新概念呈现"柳暗花明又一村"。

原有概念虽已解构，但仍以组块的形态存在着。尽管原有概念组块的存在能够以示范的形式提高学习者的信息加工能力，但同时也是思维的障碍。20世纪80年代，瑞典学者

Ohlsson提出，正是因为有组块的存在，我们才无法创造性地解决问题，他认为顿悟意味着组块的破解。20世纪90年代，德国学者Knoblich首次用严格控制的实验验证了顿悟的组块破解学说。

生成的新概念有三种情形：一是成为先有概念的上位概念，这是归纳过程，如学了整数，再学分数，又学有理数；二是把原有概念作为分析的工具，生成的新概念成为原有概念的下位概念，这是演绎过程，如乌鸦和白乌鸦；三是新旧概念成为并列概念，这是归纳—演绎过程，即分析—综合过程，如荔枝和桂圆都是水果。

总之，是原有概念提供了问题质疑、参照框架、意义符和语义网络，而心智运算处于中心位置，并应用这些参数与自身"决裂"。这时，只要任何一个参数发生变化，其他参数就都会发生变化。就是说，概念的任何一个要素发生变化，整个概念就会发生重构。

新概念是原有概念解构的原有信息与新信息的重构，是通过原有信息和新信息都解构成旧、新数据而重构的。而新信息及新数据不是头脑自生的，完全是在原有概念（活性概念基）的牵引下，通过手动搜索引擎在"云"端查找的结果。新概念的生成可用图4-2表示。

不少学习者一上线就被"云"的丰富多彩的新景致所牵制，有心收敛，却总是无奈。面对自己的问题，茫然一片，望洋兴叹。这是缺少自主学习策略的体现。在学习之前，要拟订好学习提纲，要拾级而上，循序渐进。

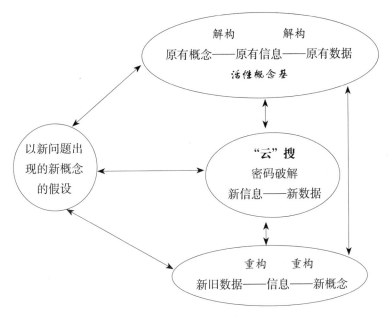

图4-2 新概念生成过程

1984年，在东京举办的国际马拉松邀请赛中，日本选手山田出人意料地夺得世界冠军。当记者问他为什么能取得如此惊人的成绩时，他只是说："凭智慧战胜对手。"人们对此疑惑不解。两年后，意大利国际马拉松邀请赛在意大利北部城市米兰举行，山田代表日本参加比赛又一次夺得世界冠军。记者又问他，回答仍是"用智慧战胜对手"。人们仍感到大惑不解。10年后，山田在他的自传里将谜底揭开，他写道："每次比赛之前，我都要乘车把比赛的线路仔细看一遍，并把沿途比较醒目的标志画下来，比如第一个标志是银行，第二个标志是一棵大树，第三个标志是一座红房子……这样一直画到赛程的终点。比赛开始后，我就以百米冲刺的速度奋力向第一个目标冲去，等到达第一个目标后，又以同样的速度向第二个目标冲去，40多公里的赛程，就被我分解成这么几个小目标轻松地跑过去。起初，我并不懂这样的道理，我把我的目标定在40公里外终点线的那面旗帜上，结果跑到十几公里时就疲惫不堪，我被前面那段遥远的路程给吓倒了。"

在学习过程中，可以把一个大目标科学地细分成若干个切实可行的小目标，每实现一个小目标，就得到一次激励，从而一步一步地奔向新的里程。有了云中游学的热情，需要事先将大目标细化成切实可行的、具体的、自己能力可及的诸多小目标，将小目标一个一个地实现，才能最终实现大目标。如果只有大目标而没有小目标，大目标就会变成一个无形的魔鬼，构成巨大的"学习压力"，一上网就兴趣"转移"了。一步一步细心地实现小目标，就像蝉的幼虫从地下钻出地面，一步一步爬到树上，再一点一点地蜕去身上的壳，最后吸取营养而自由歌唱。

微课程与学科教学的深度融合

翻转课堂适用于微课程。微课程（Micro Course，Mini

Course，Micro Lecture或Micro Lesson）是云计算以来课程的最新表现，国内相近的概念有"微型课程""微课"等，是指时长在6~10分钟，有明确的教学目标，内容短小，集中说明一个问题的小课程。胡铁生认为："微课程是指按照新课程标准及教学实践要求，以教学视频为主要载体，反映教师在课堂教学过程中针对某个知识点或教学环节而开展教与学活动的各种教学资源的有机组合。"微课程不仅给我们带来了一种全新的课程教学资源组织方式，更向我们展示了一种全新的教学理念、教学思想、教学方式和教学方法。

微课程教学内容组织方式的创新，具有以下几个重要特性。

第一，微课程是以建构学习观化成的。微课程是以在线学习或移动学习为目的的（所建构的）实际教学内容（关中客，2011）。它是一种泛在学习现象。它使得学习成为连续统一的全景化学习观（祝智庭等，2008）。

微课程建设共有五个步骤（戴维·彭罗斯，2008）：一是罗列出核心概念；二是提供上下文背景知识；三是录制、制作1~3分钟的教学视频节目；四是设计出自主学习和探究学习的课后任务；五是将教学视频与课程任务上传到课程管理系统。

第二，微课程是一种新型的课程单元。其载体是短小精悍的微视频，也可以采用其他媒体形式。微课程多是由一个视频文件组成，以一个"知识点"（概念性知识、问题等）为主体，覆盖学习者的学习过程，它包含教学（学习）目标、内容、资源、活动和评价等必要的课程要素，它注重从传统教育的"以教为主"向新型教育的"以学为主"的转变，在教学内容组织方式上也产生了相应的变化。

第三，微课程是一种开放性、动态性教学。微课程具有开放性、动态性的课程资源结构特点，为学生提供知识动态编辑和知识系列重组的可能性。例如，美国TEDEd是以交互式微视频建设为特色的微课程，将视频、字幕、交互式问答等融为一体，允许在线教师与学生自由编辑，体现了微课程教学具有动态性、开放性。重要的是，在提供微课程学习时，教育者还要为学习者提供一个知识挖掘（Knowledge Excavation）的平台，允许学习者超越微课程预定的知识结构，通过补充概念、实例、命题等拓宽学习者获取信息的渠道，使学习者认识到复杂概念的学习不是预设的，而是具有多样性的特征。

微课程教学同一般课程教学一样，从时间上划分，有课前、课中和课后。2010年9月，美国教育部发布的一份在线学习的长篇研究报告表明：平均来说，在线学习至少和面对面学习一样有效。如果采用线上、线下混合式的学习方法，学习效果会比单独使用任何一种都好。

5 混合学习

——云学习的自组织与他组织

大学之法，禁于未发之谓豫（预），当其可之谓时，不陵节而施之谓孙（训），相观而善之谓摩。此四者，教之所由兴也。

——《礼记·学记》

破坏性创新的学习概念重构
混合学习的技术解决方案与成功的关键

破坏性创新的学习概念重构

2008年美国创见研究所（Innosight Institute）出版了 *Disrupting Class: How Disruptive Innovation Will Change the Way the World Learns*（《翻转课堂：破坏性创新将如何改变世界的学习方式》），我国台湾中文译本名称是《来上一堂破坏课》。该书倡导用破坏性创新打破标准化的工厂式教育系统。[①]

该书指责现有的学校就像是个标准化的工厂作业系统，用同样的教材及统一的节奏教导各种学科的学生，生产出大量整齐划一的学生。这种工厂化的教学模式不仅无法发挥每个学生的潜能，更是造成知识无法有效传递这一困境的主要原因。

该书第一作者克雷顿·克里斯汀生以其独创的、有20年研究背景的"破坏性创新理论"为基础，提出"以学生为主

---

① 创见研究所成立于2007年5月。由创新大师克雷顿·克里斯汀生（Clayton M. Christensen）联合麦可·宏恩（Michael B. Horn）等一起创办。该机构是一家非营利性智囊机构，致力于用破坏性创新理论来解决社会问题。

体"的教育改革方向。提倡适当运用数字化技术作为学习的平台，针对学生量身打造和整合内容，让学生能在他们喜欢的地方、以他们喜欢的步调、采用符合他们智能类型的方法去学习。

2011年1月创见研究所发布了题为"The Rise of K-12 Blended Learning"（"K-12混合式学习的兴起"）的研究报告。作者是该机构联合创始人兼教育执行董事麦可·宏恩（《来上一堂破坏课》的第二作者）与教学实践高级研究员希瑟·克莱顿·斯特克。这是美国首份对K-12的混合学习做出详细调研和论述的报告。报告介绍了混合学习对教育的影响，及其还缺乏足够影响力的原因，包括给出混合学习的定义、模型、成功案例、存在风险，以及为决策者和混合学习的运营商和学区提供的相关建议等。

2011年5月该机构继续发布了题为"The Rise of K-12 Blended Learning-Profiles of Emerging Models"（"K-12混合式学习的兴起之新兴模型的描述"）的研究报告。作者是希瑟·克莱顿·斯特克（前一份报告的第二作者）。这份报告在前一份报告内容的基础上着重推出了40个组织的48种不同的混合式学习的案例，逐一进行详细的介绍和分析，并提出了混合学习相关技术发展趋势及其展望。

混合学习被认为是把数字化学习与面对面学习优势结合起来形成的一种新的学习方式。秉承着上述理念，创见研究所的研究者认为，混合学习蕴涵巨大的潜力，能对传统教育进行根本性的设计，以达到他们倡导的破坏性创新。

混合学习的英文名称有的采用Blended Learning，也有的采用Hybrid Learning，且定义也有多种。在多种定义中大部分指出混合学习是混合不同学习环境，特别是传统的面对面教学环境和基于数字化技术教学环境的混合。随着对混合学习的研究和实践的深入，现在被采用较多的提法是：混合学习是在线学习与面对面学习相结合的一种学习方式。

在创见研究所的研究报告中，混合学习的定义是：在正式教育中学生的学习形式，包括——至少一部分是通过在线学习接收内容和讲座，且学生能自己控制时间、地点、路径和进度；至少一部分是在有监督和指导且不在家的实体地点进行。根据上述报告，混合学习包含如下多种元素（参考凯洛格的《新知：互联网时代的混合式学习策略》）。

（1）训前测评。有助于加强角色认知、挑战自我、给予发展支持，在正式学习开始前对学习者进行预热，需要强大的在线测评系统平台做支持。

（2）在线课件。通过消除空间障碍，切实降低成本；大规模、宽领域、多层次地进行人员覆盖；自由性高，灵活便捷，学习者可以在任何时间、任何地点进行。

（3）训后考核。通过知识测试对在线学习效果进行评估，考核知识的掌握程度。

（4）"云"资源。在完善的技术平台支持下，学习者可以在线流畅地发布、浏览和分享视频作品。不必端坐电脑前，也不必实时收看或收听，享受随时随地的自由。

（5）图书导读。提炼精华，通过手机推送给学习者，或印刷成图片张贴于学习生活区域，利用空闲时间进行学习。

（6）案例。提供碎片化学习的一种渠道。知晓知识领域的实践和动态，体验鲜活而精彩的文章与案例，掌握实用工具，并紧扣前沿。

（7）线上讨论。穿插于在线课件学习中，学习者带着问题研讨，结合主题工作任务进行知识点的巩固，提高了学习者的协作和交互能力。

（8）当面讨论。强调理解与应用，为线上知识与实际应用的迁移搭建桥梁。

（9）实践实习。使学习到的知识和技能运用于实践及实习之中，有助于学习者迅速掌握技能，增长智慧。

（10）指导引导。教育者对学习者的综合素质提升做出规划、指导和引导。

（11）点对点交流。即一对一辅导。通过双方互动，有针对性地进行沟通，量身定制学习方案，满足学习者个性化学习的需要。

本着时空四个维度，对混合学习元素进行最优化组合，综合运用，发挥最佳效果。

2012年5月创见研究所又发布了题为"Classifying K-12 Blended Learning"（"K-12混合式学习的分类"）的报告。作者是希瑟·克莱顿·斯特克和麦可·宏恩。该报告根据80多个组织和100多名教育工作者对前两份报告的反馈，把混合学习的6种类别修正为4种类别，并提出了更准确的关于混合学习的定义和更精致模式的描述。

混合学习有四种模式：循环模式、弹性模式、自混合模式、增强虚拟模式。

（1）循环模式。对于某一给定的学科或课程，在固定的时间表内，学生在多种学习形式和活动（比如在线学习、小组协作、集中授课、分组项目、个别辅导、书面作业）中循环的学习模式。根据学习场所和时间表又分为以下四个子类。

——就地循环模式。各种学习形式和活动的场所在固定教室中的循环模式。比如，洛杉矶市的学校——KIPP LA Empower Academy，在每间教室装配了15台电脑。每天教师带领学生在教室中循环着进行在线学习、小型讲座、小组协作和个别辅导等学习活动。

——实验室循环模式。各种学习形式和活动的场所在校园内的教室和在线学习实验室之间循环的模式。比如，在加州西部圣何塞市的学校——Rocketship Education，学生们每天75%的时间在各种教室参加面对面课程，另外25%的时间即大约2个小时在装配有大量电脑的学习实验室进行阅读和数学课程的在线学习。

——翻转课堂模式。学习日在教室参加面对面课程接受教师当面辅导，放学后回家进行在线学习的循环模式。比如，明尼苏达州的学校——Stillwater Area Public Schools，4~6年级的学生在放学后在线观看讲解数学的视频，并在MOODLE上回答相应问题；回到学校后在教师的帮助下实践和应用所学。

——个别循环模式。学习活动是在个别化定制时间表和固定课表之间，以及学习场所是在线学习中心实验室和教室之间的循环模式。由系统或教师来设置学生的个别化时间表，与其他循环模式的区别是学生没必要参加每一个地点或形式的学习。比如，在亚利桑那州尤马地区的Carpe Diem Collegiate高中和初中学校，每位学生按照自己特别的时间表，在学习中心的在线学习和各种线下学习活动之间循环，每个来回至少35分钟。

（2）弹性模式。这是一种内容和讲座主要通过"云"传递，学生学习基于个别化定制，各种学习形式流动安排，课程登记教师做现场支持的学习模式。面对面教师支持活动包括小型讲座、分组项目、个别辅导等。这是一个弹性和自适应的方式，根据需求有的可能需要大量面对面支持，有的则较少。比如，在旧金山学校——Flex Academy，在线学习课程和讲座由课程提供商提供。在线教师使用数据监控面板在学生学习核心课程时提供有针对性的干预和补充。提供面对面支持的教师就是核心课程的登记教师，给予在线支持的教师是来自课程提供商的选修课程登记教师。

（3）自混合模式。学生选择一门或多门课程进行完全在线学习作为传统课程的补充，且课程登记教师通过在线给予支持的学习模式。学生在线学习可以在学校也可以在校外。学生自主选择在线课程和学校传统面对面课程进行混合学习而并非学校统一运作，这是这种模式与全职在线学习和下述的增强虚拟模式的区别。比如，宾夕法尼亚州的学区Quakertown Community School District，该学区让6～12年级学生自主选择学习一门或多门在线课程，课程是异步的，学生可以在一天中任何时候学习。学区创建了一个叫作"网络休息室"的场所，让学生可以在学校完成在线课程，也可以在其他地方完成。每个学生都可以通过在线方式寻求这门课程的登记教师单独指导，这些教师大部分也担任了学区的面对面课程。

（4）增强虚拟模式。这是一种由学校统一运作，学生把在线学习和面对面教室学习时间完全分离开的一种模式。这类模式多是发端于全职在线学习学校，然后通过给学生增加实体学校体验而发展起来的混合学习模式。与翻转课堂的区别是学生每周很少出席实体学校的面对面课程。比如，在新墨西哥州阿尔伯克基市的学校eCADEMY，8～12年级的学生只需在每个课程开始时在教室中与教师面对面交流，课程其余部分都通过在线学习方式完成。这个混合学习项目要求学生课程得分必须达到C级。

2010年，校长夸梅·西蒙斯临危受命，接任克莱默中学管理工作。此时的克莱默中学是美国华盛顿特区最差的学校之一：学生大部分来自低收入家庭，逃学率高，且学业成绩糟糕。在过去的两年中，通过扎实的管理和有效利用技术相结合，克莱默中学出现提高教学质量的转机。2012年6月，西蒙斯决定在2012—2013学年采用混合学习模式，以期整体改变学校现状。该校300名学生用在校一半的时间在线学习数学和科学课程，另一半时间参加传统面对面课程。

像克莱默中学那样，很多学校已经或正在采用混合学习的形式实现学校的颠覆性变革。

据调查，美国在过去的十年在线学习人数已成倍增长——2000年约45000名K-12学生参加了在线课程，到2009年则有超过300万的K-12学生。进一步分析揭示，到2019年，所有高中课程的50%将采用在线形式讲授。

相关调查还显示，大部分的增长是发生在混合式学习环境中。显然，在线教育已经不再是原来的远程学习形式。作为这一变革进程的支柱，在线教育正在为全体学生提供更加个性化的学习方法，进而有可能改变美国的教育系统。

混合学习的技术解决方案与成功的关键

美国创见研究所的研究报告中有大量混合学习案例的详细介绍。对于每个案例该报告都给出如下的调查信息：

· 学校地理位置和学生情况统计
· 方案涉及的年级和注册人数
· 办学类型
· 学费
· 混合学习模式
· 使用的技术服务和内容提供商
· 涉及科目
· 该方案的历史沿革
· 典型的课程表

·方案的结果

·未来计划

报告还专门对每个组织实施混合学习中的技术需求进行了统计和解读。这对后来者有重大的参考价值。其中技术解决方案的需求解读包括：

·系统整合，各个功能子系统之间内容和数据的无缝连接

·动态内容，增强学生个别化学习体验

·数据分析，为学生提供个性化学习路径

·自动化，减少手工输入学生数据

·丰富应用，如社交网络、游戏、徽章奖励等激发学生学习动机

混合学习成功的关键在于：

（1）瞄准零消费者领域。破坏性创新的成功总有一个简单的起点，就是进入零消费者领域［零消费者是指由于现在市场价格过高，获得（产品）的过程过于复杂或过于花费时间，或者根本不能够买到而被特定市场拒之门外的消费者］——提供独特的应用方案而非最新技术，把零消费者作为目标市场。因此依照破坏性创新理论，混合学习如果为经济条件薄弱的学校或低收入家庭的学生提供解决方案，将有巨大的发展潜力，报告中的很多案例也证明了这一点。

例如，亚利桑那州尤马地区的卡帕蒂姆高中。这所学校的60%的学生来自低收入家庭。在为6～12年级的280位学生提供"循环模式"的混合学习方案后，学生们的阅读和数学成绩在全县排名第一。

另一个案例是加州圣何塞市的火箭船教育，一个有三所学校的初级教育特许管理机构。88%的学生来自低收入家庭。2010年，其中的两所学校成为当地最高效的低收入小学。他们也是采用了"循环模式"的混合学习方案。

（2）建立自治型团队。创新成功的关键是领导层选择一个正确的组织架构。在组织寻求深度改革时，正确的组织架构就是自治型团队（通常是由来自不同功能性部门的成员组成的一个项目团队）。自治型团队要求成员抛开原有的权利和责任，以便彼此之间相互认同，形成一个有共同目标的独立团队。在新的架构中，团队要重新思考组织的资源、操作流程、价值和产出效益等。因此领导层从各个层次寻求教育系统的变革时，必须为模式的创新建立自制空间。对于混合学习的落地实施亦是如此。

为了实施混合学习，很多人将主要的精力放在视频的制作上，这其实只是一个形式问题。制作学习媒体，关键是找准不同学习者的知识水平，这样才能真正发挥主体性，做到因材施教。引发变构学习的内在动力。在这方面，有必要借鉴中国古代的学习理论。

（3）"豫（预）""时""孙（训）""摩"。《学记》有"豫（预）""时""孙（训）""摩"的教诲。这是孔子后学总结孔子教学思想"教之所由兴"和"教之所由废"得出的结论。《学记》说："大学之法，禁于未发之谓豫（预），当其可之谓时，不陵节而施之谓孙（训），相观而善之谓摩。此四者，教之所由兴也。"

"豫"是预见性。指教育者在教学上要有预见性。

"时"是及时施教。指教育者要抓住最佳的时机，及时施教，因势利导，就会取得良好的教育效果。

"孙"是循序渐进。教学必须遵循一定的顺序，根据学生的年龄特征和接受水平妥善地安排教学进度，否则就会"杂乱而不孙"。

"摩"是学习观摩。学友间相互观摩，相互学习，取长补短，就能共同进步，否则"独学而无友，则孤陋而寡闻"。

上述前三个原则更多强调的是教育者要考虑到每一个学习者的特点、已有的知识体系、学习风格等。而最后一条则更多说明的是同侪友善的互相学习。孟子说："大匠不为拙工改废绳墨，羿不为拙射变其彀率。君子引而不发，跃如也。中道而立，能者从之。"（《孟子·尽心上》）孟子此段论述说的也是"豫""时""孙""摩"的道理。

《学记》又说："发然后禁，则扞格而不胜；时过然后学，则勤苦而难成；杂施而不孙，则坏乱而不修；独学而无友，则孤陋而寡闻；燕朋逆其师；燕辟废其学。此六者，教之所由废也。"其意是，错误出现了再去禁止，就有坚固不易攻破的趋势；贻误学习时机，事后补救，尽管勤苦努力，也难成功；施教者杂乱无章而不按规律办事，打乱了条理，就不可收拾；自己一个人冥思苦想，不与友人讨论，就会学识浅薄，见闻不广；与不正派的朋友来往，必然会违逆老师的教导；从事一些不正经的交谈，必然荒废正课学习。这六点，是导致教学失败的原因。

6 慕课风云

——云端学程与教程

慕课所带来的是挑战，而不仅是课程的变化。这种方法打破在人们头脑中挥之不去的教师效能与学生成果评价的教学神话，而代之以基于证据的、现代的、数据驱动的教育方法论，这种变化会带来教育的根本性变革。

——Udacity总裁塞巴斯蒂安·特龙

慕课的概念

风、云是最常见的两种相互区别又相互联系的自然现象，作为喻体，被多领域广泛引用。例如，汉代刘邦《大风歌》载："大风起兮云飞扬"；唐代诗人罗隐《自湘川东下立春泊夏口阻风登孙权城》载："只见风师长占路，不知青帝已行春。"若将各诗词句中的中心词汇集，会出现怎样的新意呢？刘邦笔下的"大风"隐喻的是人，"此在"的"云"彰显的是人的智慧和力量，"路"是有线或无线，"占"在这里有实时之意，而"青帝"与"春"不正是显示一个伟大时代的春天已来临吗？

云教育正在从小众化走向普及。目前已经风行全球，截至2013年第三季度，600多万名参与学习者遍布全世界220多个国家和地区。

翻转课堂、微课程和混合课程的发展大潮与全球慕课发展大潮的汇合，使前者迅速而广泛地与后者交融。云教育最显著的成效是慕课的兴起。

一、界定

所谓慕课（Massive Open Online Course，MOOC或MOOCs）即大规模在线开放课程。2012年9月16日，维基百科将MOOC定义为："一种参与者分布在各地，而课程材料也分布于网络之中的课程""这种课程是开放的，规模越大，它的运行效果会越好"。2012年9月20日，该定义演变为："MOOC 是一种以开放访问和大规模参与为目的的在线课程"。MOOC的"M"指的是课程注册人数多；第一个"O"指的是凡是想学习的，都可以进来学；第二个"O"指的是时间空间灵活，7天×24小时全天开放，使用自动化的线上学习评价系统，而且还能利用开放网络互动；"C"指的是各种类型的课程。慕课在最广泛的范畴内颠覆了传统课程，它通过云技术，将课堂教学、学习体验、师生互动等环节融为一体。

慕课不同于传统的通过电视广播、互联网、辅导专线、函授等形式进行的远程教育，也不完全等同于近期兴起的教学视频网络共享——公开课，不同于基于网络的学习软件或在线应用，也不同于上述开放课程的简单叠加，而是对课程概念在云计算条件下的总体重构，是对传统课程的全面变革。慕课是你最好的邻居，你只要一次点击间隔，通过迅捷的云端交流，即可步入这个学习世界。慕课支持云端的终身学习，最重要的是，参与者云集，围绕同一个话题展开合作研讨；同时，慕课是分散的，所有的博文、论坛帖子、视频互动、文章、推特、标签等都紧密结合。而在某个领域或某个问题上具有特长以及创新思维的人会合作推出有关此课题的公开课，每一个想参与的人都可以参与。在慕课中，你可以选择你想要学什么或做什么，你如何参与，在课后对学习收获进行评价。

慕课依据其课程反馈功能对学习者的学习进行评估，并具有相关认证的资格。

慕课以风云激荡的态势，对教育信息化、国际化、民主化产生极其重大的影响。

二、要素

慕课包括人的要素和物的要素。

从人的要素看，慕课由5个主要元素构成：教师、学习者、主题、学习材料和情境（R. Kop，2011；Sara Ibn El Ahrache，etc.，2013）。

除了人的要素之外，还包括工具要素。根据《2013地平线报告》（高等教育版）（*NMC Horizon Report*，2013），慕课运用大量新兴教学法，包含混合式学习、开放教育资源和众包交互（crowd-sourced interaction）等，它们的共同点是采用易获取和易使用的工具。慕课利用维基空间（WikiSpaces）、YouTube、谷歌聚点（Google Hangouts）和其他的云服务来促进讨论、创建和分享视频及参与其他所有的活动。每门课程使用的工具数为4~11个，平均使用7.5个工具；虚拟教室和

Twitter是使用最多的，其次是Wiki和博客。课程实施中常对于同一功能或同一内容应用多种同类工具，例如，在LAK11课程中不同的学习者群体分别使用Moodle论坛和谷歌讨论组就课程中的话题进行讨论（李青等，2012）。

三、分类

就课程理性而言，慕课包括联通主义cMOOC和行为主义xMOOC。二者的区别是：cMOOC 模型强调创建、创造性、自主性和社会网络学习；xMOOC模型强调视频演示、小测验、测试等传统的学习方法。换言之，cMOOC关注知识创造与生成，而xMOOC关注知识重复（John Daniel，2012）。

与联通主义cMOOC和行为主义xMOOC相关，在实践中可以把慕课的课程归纳为两类：分散无体系的课程和有组织体系的课程。分散无体系的课程涉及面非常广，它通常是由一群爱好者自发组织，并由该领域中比较擅长的人士引导，大量感兴趣的参与者在网络上聚集在一起讨论学习交流。它通常不会有连贯的系统的课程，更多的是作为一种兴趣爱好参与。而组织体系课程通常由大学或一些职业培训机构发起，是名副其实的学习课程，它会有详细的课件、课时安排、课后作业等，在固定的时间进行网络直播授课。值得注意的是，它的课程是可以免费观看的，但课堂和课后指导以及课堂作业解答等服务则需支付一定的费用。另外在付费模式下通过该课程结业后，学习者通常可以拿到一张由相关院校或培训机构颁发的网络在线认证证书。

一般来讲，cMOOC均是单个课程，由教育者个人组织和实施，大学官方机构不参与；xMOOC基本上由项目网站运行，每个网站会有数十到上百门课程。在组织机构上，xMOOC采用公司化运营形式，有外部资金投入，具有商业化潜力，并且和多所知名高校合作，这些规模较大的xMOOC课程网站为更多学习者提供学习资源和学习工具，它们组织严密、流程规范，无论规模、受益面还是社会影响都远远超过cMOOC。所以，在一般媒体上常见的是xMOOC。

四、特征

慕课的课程结构比较完整，包括课程目标、协调人、话题、时间安排、作业等，学习者可以根据自己的习惯和偏好使用多种工具或平台参与个性化学习。

慕课是生成式课程，课程初始仅提供少量预先准备好的学习材料，而学习者更主要的是通过对某一领域的话题讨论、组织活动、思考和交流进行思维创新，生成知识。

慕课做到了优质教育资源共享。国家教育咨询委员会委员、中国教育发展战略学会会长郝克明研究员说："慕课使全球学习者可以通过互联网和各种终端，获得世界最优秀的教育资源。"

更重要的是，慕课可以解决教育资源不均衡的问题。由于历史进展、地理环境等各种复杂因素造成我国教育发展不均衡。中科院计算机研究所研究员陈熙霖对央视网记者表示，发展慕课有利于解决我国教育资源分配不均衡的问题。

专家表示，目前国内优质教育资源大多集中在东部省份、城市等发达地区，而中西部地区、农村则普遍面临优质师资和先进教学工具等匮乏的困境。陈熙霖说，慕课的优势在于通过互联网方式，打破时空限制，不设置学习门槛，可以将名校的优质课程资源，向更广泛的人群传播。慕课的推广，对于人口众多的中国解决教育公平问题，将更具效果。在大学领域同样存在这样的问题，清华大学教育研究院李曼丽等在《中国青年报》上撰文指出，在线课程直面学生、市场的考量与选择，教学质量评估在自由选择的市场环境中变得简单而公正，学生用投票来评估教学质量变得通行无阻。在线课程让某一高校的课程与教学质量不再是单一校园内的事情，而是在全球范围内变得透明、具体。

大数据时代的到来为全世界所有人提供接受良好教育的机会，让我们在一堂课中与数万人交流，这是教育资源的巨量聚集。随之，大学的地点将由特指的"哈佛"或"伯克利"，搬到"云"中而映射到任何地方。而各级各类随"处"可"见"的大学甚至成为比大城市超市还便利的、满足学习者个性化需求的学习场。

针对慕课对传统课程的改革。教育部科技发展中心主任李志民在接受《中国教育报》采访时表示，在慕课模式下，传统教室将成为学习的会所，集体做作业、答疑；教室在"云端"，学校在"云端"；教师成为会所的辅导员，与学生直接交谈的时间增加；教师以研究为主，优秀教师可能成为自由职业者；学习内容以学生自选为主，考试针对学生自主选择；

课程体量小，分知识点学习，讲课精，可反复学；大班授课转变为小组讨论。教师与学生，学生与学生，互为师生；学习过程可在任何地方进行，学习方式灵活；采用数字教材作为辅助材料；推行在线作业、在线考试；学校发证书灵活；留学变得简单，甚至不再有留学的概念。

五、规模

全球教育产业发展迅猛与基础教育在线需求规模庞大。根据有关部门统计核算，2012年全球教育产业规模为4.5万亿美元，2017年预计将达到6.3万亿美元。按照受众群体拆分，K-12（基础教育）规模为2.2万亿美元，占整体规模的50%；高等教育规模为1.5万亿美元，占整体规模的34%；按照渠道拆分，线上教育增长速度远高于传统线下教育，未来五年线上教育年复合增长率为23%，行业规模将由2012年的900亿美元迅速提升至2017年的2600亿美元。与此同时，据《2012年中国家庭教育消费白皮书》显示，教育消费目前占中产家庭总收入的1/7，并且比例仍将继续提升。

慕课的来源

慕课最早在美国兴起，是由发展多年的网络远程教育和视频课程演变而来的。慕课被誉为"印刷术发明以来教育最大的革新"。慕课成立于2011年的秋天，具体标志是被称为美国慕课三巨头的Udacity、Coursera和edX。

——Udacity。2011年秋，来自190多个国家和地区的16万人同时注册了美国斯坦福大学《人工智能导论》的一门网上课程，其中22000人通过考试获得认证。课程的主持者塞巴斯蒂安·特龙（Sebastian Thrun）教授曾在斯坦福大学教授人工智能课程，也是谷歌无人驾驶汽车的发明人之一，他离职后与机器人学家大卫·史蒂文斯（David Stavens）和迈克·索科尔斯基（Mike Sokolsky）共同创立了在线教育网站Udacity。Udacity提供11门课程：数学、物理、统计学、软件等，并提供认证，将1%学习成绩最好的学生直接输送给全世界最好的公司，从中收取中介费。2011年Udacity获得600万美元A轮融资；2012年，专注提供免费大学教育的初创企业Udacity宣布1500万美元的B轮融资，由顶级VC安德森-霍洛维茨（Andreessen Horowitz）领投。2014年，Udacity获3500万美元融资，由Drive Capital领投。这是其在前两轮共2100万美元融资后，又一次大手笔融资记录。Udacity以计算机类课程为主，课程数量不多却精致。

——Coursera。2011年11月，由美国斯坦福大学两名电脑科学教授安德鲁·恩格（Andrew Ng）和达芙妮·科勒（Daphne Koller）创办。旨在同世界顶尖大学合作，在线提供免费的网络公开课程。Coursera 的首批合作院校包括斯坦福大学、密歇根大学、普林斯顿大学、宾夕法尼亚大学等美国名校。项目成立不足一年，便吸引来自全球190多个国家和地区的130万名学生注册124门课程。2012年4月，Coursera获得来自Kleiner Perkins Caufield & Byers（KPCB）和New Enterprise Associates（NEA）的1600万美元的天使轮投资。2012年7月，Coursera获得600万美元A轮融资。2013年7月，Coursera完成4300万美元B轮融资，投资者包括世界银行下属投行机构国际金融公司——（IFC）、俄罗斯创投大亨尤里·米尔纳（Yuri Milner）、美国劳瑞德教育集团（Laureate Education）以及其他多家风投机构。Coursera是目前发展最大的慕课平台，拥有将近500门来自世界各大学的课程，门类丰富。短短一年多，全球共有81所成员高校或机构加入这一联盟，共享386门课程，注册学生超过400万。

——edX。2011年12月，美国麻省理工学院启动了MITx项目，大规模开放在线课程。以此为基础，2012年4月MIT与哈佛大学联手创建了edX，大规模开放在线课堂平台。它免费给大众提供大学教育水平的在线课堂。两所大学对这个非营利性计划各资助3000万美元。2012年秋，edX在MITx启动。2012年，麻省理工学院首次对远程教育进行投资，实际上它自身原有的在线教育平台MITx再加上哈佛大学的Harvardx就构成了edX的基础。两所大学计划为edX项目共同投资6000万美元。edX与全球顶级高校结盟，系统源代码开放，课程形式设计更自由灵活。2012年5月，麻省理工学院和哈佛大学宣布整合两校师资，联手实施edX网络在线教学计划，第一门课《电子和电路》即有12万名学生注册；2012年秋，第一批课程的学生人数已突破37万，有全球上百家知名高校申请加入。

由于Udacity、Coursera和edX掀起慕课风暴，故《纽约时报》将2012年称为"慕课元年"。多家专门提供慕课平台的供应商奋起竞争，Udacity、Coursera和edX是其中最有影响力的"三巨头"。值得注意的是，2013年2月，Coursera宣布其5门课程已进入美国教育理事会（ACE）的学分推荐计划，学生选修的学分可获大学承认。慕课进入正规高等教育体系的通道由此开启。

同时，三大平台获得数千万美元的投资支持，推出了近百门课程，越来越多的大学加入到慕课的多种形式的教育实践中。

如同每一个人的年龄（包括其在胚胎的发育期），慕课的孕育过程也应算作它的形成历史。这样看来，慕课可追溯到20世纪60年代。1962年，被称为计算机界的爱迪生的美国发明家和知识创新者、鼠标之父、人机交互领域的大师——道格拉斯·恩格尔巴特（Douglas Engelbart，1925—2013）提出《增进人类智慧：斯坦福研究院的一个概念框架》研究计划，强调将计算机作为一种增进智慧的协作工具来加以应用的可能性。也正是在这个研究计划中，恩格尔巴特提倡个人计算机的广泛传播，并解释了如何将个人计算机与"互联的计算机网络"结合起来，从而形成一种大规模的、世界性的信息分享的效应。

自那时起，许多热衷计算机的认识和教育的变革家，如伊万·伊里奇发表了大量的学术期刊文章、白皮书和研究报告，在这些文献中，他极力推进教育过程的开放，号召人们将计算机技术作为一种改革"破碎的教育系统"的手段应用于学习过程之中。

2001年，麻省理工学院最早宣布将课程免费放到网上，掀起了第一次在线课程建设热潮。至2011年，10年间，仅麻省理工学院就发布了约2000门课程，超过1亿人次访问。

2007年，当时，美国犹他州立大学的David Wiley教授基于Wiki发起了一门名为"Intro to Open Education（INST 7150）"的网络开放课程，世界各地的用户都可以分享课程资源并参与该课程。

2008年1月，加拿大里贾纳大学（University of Regina）的Alec Couros教授开设了一门网络开放课程，"Media and Open Education（EC&I 831）"，并邀请全球众多专家远程参与教学。这两个开放课程从思想和技术上为慕课的诞生奠定了基础。

2008年，乔治·西蒙斯（George Siemens）和斯蒂芬·唐斯（Stephen Downes）在马尼托巴大学以"Massive Open Online Courses"新课程模式，开设一门名为"联通主义和连接性知识"的课程。它吸引了25名在校生和2300名学生免费参与。所有的课程内容可以通过RSS feed订阅，学习者可以用他们自己选择的工具来参与学习：用MOODLE参加在线论坛讨论，发表博客文章，在"第二人生"中学习以及参加同步在线会议。戴夫·科米尔

（Dave Cormier）和布莱恩·亚历山大（Bryan Alexander）将Massive Open Online Courses缩写为MOOC。

2008年，一大批教育工作者，包括来自玛丽华盛顿大学的Jim Groom教授以及纽约城市大学约克学院的Michael Branson Smith教授都采用这种课程结构，并且成功地在全球各国大学主办他们自己的大规模网络开放课程。

而2009年，哈佛大学推出高质高清课程《公正》等，引来新一轮视频公开课程建设热潮。

近年来美国的一些顶级大学纷纷把自己的课程推上"云"端，其他国家也随之跟进，如英国公开学院开放课程，中国也在开发这类网上的开放课程。与之相应的，学习者利用这些课程在网上学习，互动、互助，又将生成一大堆数据。

Coursera、edX已进入中国。2013年5月21日，edX宣布新增包括北京大学、清华大学等15所高校在内的在线课程项目；同年7月8日，上海交通大学宣布加盟Coursera，将和耶鲁、MIT、斯坦福等世界一流大学一起共建、共享全球最大在线课程网络；当天晚间，复旦大学与Coursera达成一致，向Coursera网络免费提供中文或英文教学的在线课程。到9月23日，北京大学首批全球共享课正式上线。首批4门共享课将率先在edX平台（哈佛大学和麻省理工学院在线课程平台）上线，向全球学习者免费开放。这是内地高校首次推出的全球共享课，全世界的学习者均可登录平台，免费学习并获得课程证书。继北大之后，2013年10月中旬，清华大学通过edX平台首次推出两门在线课程，供全球网民免费共享。截至2013年第三季度，我国已有北京大学、清华大学和上海交通大学等十几所高校决定加入慕课阵营。与此同时，许多地区也在大力建设本地的课程共享平台。比如，上海已成立专门机构并积极推动30所成员高校的优质课程教学资源开发和共享；重庆大学发起成立东西部高校课程共享联盟，目前已有19所高校加入。

Stanford Online是斯坦福大学官方的在线课程平台，与"学堂在线"相同，也是基于 Open edX 开发的，课程制作可圈可点。

NovoED由斯坦福大学教师发起，以经济管理及创业类课程为主，重视实践环节。

FutureLearn由英国12所高校联合发起，集合了全英许多优秀大学。

Open2Study是澳洲最大的MOOC平台，课程丰富，在设计和制作上很下功夫。

Iversity是来自德国的慕课平台，课程不多，不过在课程的设计和制作上思路都很开阔。

我国Ewant是由两岸五所交通大学（上海交大、西安交大、西南交大、北京交大、台湾交大）共同组建的MOOC平台。

WEPS由美国与芬兰多所高校合作开发，开设多门数学课程。授课对象包括开设院校的在校学生，课程内容符合教学大纲要求，考试合格者可获得开设院校所认可的该课程学分。

Coursera的数据显示，2013年在Coursera上注册的中国用户共有13万人，位居全球第九。而在2014年达到了65万人，增长幅度远超过其他国家。Coursera的联合创始人和董事长恩格（Andrew Ng）在参与果壳网慕课学院2014年度的在线教育主题论坛时的发言中谈到，现在每8个新增的学习者中就有一个来自中国。果壳网CEO、慕课学院创始人姬十三也重点指出，和一年前相比，越来越多的中学生开始利用MOOC提前学习大学课程。以慕课为代表的新型在线教育模式，为那些有超强学习欲望的"90后""95后"提供前所未有的机会和帮助。Coursera现在也逐步开始和国内的一些企业合作，让更多中国大学的课程出现在Coursera平台上。而在中国本地的慕课学习者主要分布在城市，参加者学生比例较大。

慕课的教与学

　　传统教育通过对办学方式、学习形式、招生和入学条件等的限制以及学费与文凭的行政捆绑，阻碍了知识的自由流动。而柔性学习具有去中心化的特征，学生只需通过注册、认证即可进行学习，学习和研究也越来越具有协作性、互动性，这些变化对高等教育体制提出了新的要求，学业评估、学分认证、学位授予等方面的政策会变得更加灵活、更加自主。

　　首先，可以探索建立"学分银行"，改变期中、期末算

"总账"的教学评价体系，将学习与考核的内容与要求化整为零，实现阶段评价、过程评价、成就评价、智能评价，在数字化学习档案和数据库中客观、公正地记录和保留学习者每一阶段的成就和"足迹"。将学分切割成若干个小单元，到期末甚至一两年之后再认证、确认。

其次，第三方评价机构的作用会得到凸显。该类机构确定学历教育、非学历教育和其他成果的认证"互换立交桥"机制，文凭证书很有可能不再是某个大学颁发的单一证书，而是全世界多种优质教育资源、王牌学科授予的置换证明，学历证书也许被能力资格证书所取代。

希腊历史学家普鲁塔克曾说："思想不是一个需要填充的容器，而是需要点燃的火炬。"这或许启示我们在授课方面少花些工夫，而应该多花些时间"点燃"学生的创造力、想象力和解决问题的能力。捷克教育思想家夸美纽斯在《大教学论》中曾经留下这样一段话："《大教学论》的主要目的在于寻求并找出一种教学的方法，使教员少教，学生多学；使学校少些喧嚣、厌恶和无益的劳苦，多些闲暇、快乐和坚实的进步。""柔性学习"正是秉承了这样的学习宗旨。如果我们能免费向世界上的每个人提供高质量的教育，那么，首先，教育变成人类的最基本的权利；其次，终身学习成为可能；再次，柔性学习会带来一股学习、创新潮，培养出更多有天赋的创新型人才。

在大数据背景下，学习与教育将发生质的变化。柔性学习将取代硬性学习，柔性教育将取代硬性教育。柔性学习和柔性教育将像"云"一样,远看无垠,近看无形。学习者可以在任何自我能支配的时间(Anytime)、任何能上网的地点(Anywhere)、以任何方式(Anyway)、选择自己喜欢的内容(Any content),开展基于"4A"的柔性学习(Flexible Learning)。相应地,柔性教育(Flexible Education)是以学习者为本,以满足科技与经济社会发展不断变化的要求和培养学习者适应未来发展的能力为宗旨的个性化教育,在教育计划、教育内容、教育管理和教学方式等方面具有"云"的可组合性、可选择性和可持续发展性,教育者职能由传授变成学习者学会学习的路径指引,师生互动、生生互动、师师互动成为教育生态的生动景观。

柔性教育为学习者提供了多样化、个性化的内容选择,真正实现从"老三中心"(课本中心、教育者中心、课堂中心)向"新三中心"(学习者中心、学习中心、经验中心)的转变。

慕课犹如腾飞的龙,搅动"云"对教育教学重组。慕课的兴起体现了从课堂到学堂、从教到学的教育理念的转变,慕课势将在学习交互、学习评价、支持特殊学习环节三个方面有新的发展(张振虹等,2013)。

有学者认为,慕课学习支持的关键点在于保持学习自组织与他组织之间的平衡(樊文强,2012)。

相对国内关于慕课教与学的研究,国外研究选题更细化、更集中。例如,Sui Fai John Mak等(2010)关注慕课的社会性交互工具(博客和论坛);Kop等(2012)认为应当把注意力从资源转向人本身,应当多关注MOOC中的学习者,要鼓励在学习者与后续学习者之间、学习者与学习促进者之间建立联系，从而开展有意义的学习；Stephen P. Balfour（2013）研究了在慕课当中使用基于机器的自动作文评分和基于真人的标准同行评议会有何差异；Duke大学（Yvonne Belanger 和Jessica Thornton，2013）研究了该大学基于Coursera开设的MOOC"Bioelectricity"，关注学生的行为和成果、学生注册课程的动机、期望和体验、学生完成课程的促进因素和障碍以及教师的体验，他们认为阻碍学生完成慕课的障碍有缺乏时间、缺乏课程相关的背景知识和技能、不能完成从概念到实践的跳转等因素；Cathy Sandeen（2013）研究了慕课的学习评价，认为慕课的学习评价需要面对各种挑战，评价的过程和结果的获得都是个难题，各种评价方式都值得尝试。

在2013年6月22～23日的第九届全国教育技术学博士生论坛上，北京师范大学黄荣怀教授做了题为"MOOC助力重构学习方式"的报告，认为：在MOOC推广过程中的可共享性分析中资源要实现可共享应具有的独特性、可迁移性、专业性、必需性；对慕课的研究可以从适用范围、教学法原则、运行机制以及可能带来的政治、文化、经济影响等方面展开。

在理论上，"联通主义"是当前慕课的重要理论基础。

就当前慕课教学模式而言，大体上看分为（李明华，2013）：

a. 完全网络授课模式

b. 网络课程+学生自助式面对面互动模式

c. 网络课程+本地大学教授面对面深度参与教学模式

未来还将出现更多的基于慕课的教学模式。

慕课遵循汇聚、混合、转用、推动分享的原则（Downes，2008）。

上慕课注册学习只需要三步：第一步，登录所选择慕课网站；第二步，注册；第三步，选课，然后，学习者就会收到一封确认邮件，即完成注册，成为慕课学员。

在课程的开放周期内，学习者可以观看教学视频、完成并提交作业、在社区讨论、互评作业、参加测试；学习者如按要求完成以上学习环节，则有可能取得证书乃至学分。

只要等到开课就可以上课了。慕课拥有一个非常类似于YouTube的界面，含有非常多的在线视频以及直播内容，学习者可以任意点播、留言、评论、交流等。

对于学习者而言，慕课以前所未有的透明性展现在每一个学习者面前，学习者可以根据自己的不同兴趣、不同的学习准备情况、自己的时间分配注册自己需要的课程；慕课以前所未有的优质教育资源的易获得性，让世界上每一个学习者都有机会登录最好的学校的网站，选修最顶尖大学的优秀课程。

蓬勃兴起的国内慕课

中国抓住云计算发展的先机，步入大数据时代教育的快车道。我国在线教育经历了远程教育、培训机构转战线上、慕课教育三个阶段。在这一发展过程中，在线教育的形式和内容越来越多样化，便利程度也不断提高，越来越多的学习者开始乐意尝试这种新型学习形式。数据显示，2004年，我国网络教育市场规模约143亿元，2013年已达到981亿元，实现21.2%的年均复合增长率。

随着4G资费下降和智能手机的普及，盈利模式的创新推动在线教育，尤其是移动端市场的爆发式增长。2013年我国移动教育市场规模为5.6亿元。随着互动性和用户体验等核心问题的解决，在线教育将加速向移动端推进，2015年移动端在线教育市场规模将超过13亿元。

在线教育受益者，得益于国家课程改革、地方教育基础设施和虚拟化校园建设，未来我国数字化校园管理、家校互动业务、线上测评与辅导、视频系统设计业务具有广阔的发展空间。天拓咨询认为，收益从高至低依次是服务提供商、内容提供商、技术提供商。

随着云计算的普及，云教育市场规模呈现加速增长的态势。预计未来五年，我国在线教育行业年复合增长率将达31.7%，其中，移动端在线教育年复合增长52%。据天拓咨询估计，我国在线教育目前市场规模在1000亿元左右，2018年在线教育市场规模将在3000亿元左右。我国慕课教育市场发展如图6-1所示。

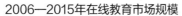

2006—2015年在线教育市场规模

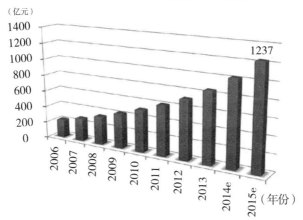

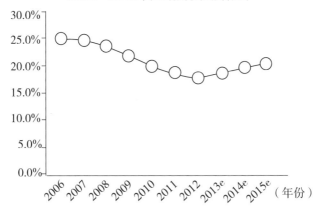

2006—2015年在线教育市场增长率

图6-1 我国慕课教育市场发展

数据来源：2013—2014中国在线教育趋势研究

我国在线教育未来发展空间巨大，到2017年市场规模有望达到3000亿元以上。一方面，我国教育行业支出与GDP比值不到美国的一半，仅为印度的3/4，未来教育支出仍有巨大的提升空间；另一方面，我国互联网渗透率由2008年的23%提升至2013年的45%，随着互联网的快速兴起，教育从线下逐渐转移到线上是发展的必然趋势。

据GSV全球教育行业报告预测，2017年全球在线教育市场规模预计增至2600亿美元，保持23%的年复合增长率。

据估计，中国在线基础教育未来四年复合增长率预期达到36.5%，如图6-2所示。

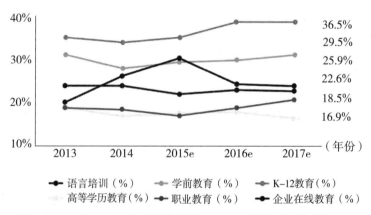

图6-2　2013—2017年中国在线教育细分市场增长预期对比

数据来源：2013—2014中国在线教育趋势研究

随着世界各国对在线教育重要性的认识逐渐提升，全球各国在线教育市场规模将实现快速增长，而对基础教育的庞大需求则成为重中之重，如图6-3所示。

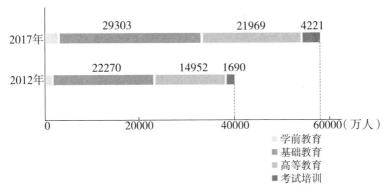

图6-3 对基础教育的庞大需求是重中之重

数据来源：2013—2014中国在线教育趋势研究

从图6-3可知，基础教育由于各级教育递进，基础学科分类较多，必定成为教育产业的最大细分领域。

据对我国基础教育调研分析，我国基础教育未来快速发展主要受益于庞大的适龄儿童规模和教育占家庭整体支出的高比例。中国人口达到13.5亿，其中学龄人口（5～24岁）约为3.3亿，占人口总量的24.49%。

如何面对国际"慕课"的冲击，打造中国特色的慕课？一些学者认为，在此方面既要有国际视野，又要坚持中国特色，完善之后再"走出去"，以巨大的市场潜力彰显于世界。北京大学校长助理李晓明教授说，中国以后会出现与国际"慕课"相提并论的平台，就像中国百度对美国谷歌一样，国内慕课显现出广阔前景。

慕课网（imooc）是由北京慕课科技中心成立的。设有前端开发、PHP开发，JAVA开发、Android开发及职场计算机技能等课程，分为初级、中级、高级。慕课网是一个超酷的互联网技术、IT免费学习平台，提供创新的网络一站式学习、实践体验；服务及时贴心，内容专业、有趣易学。专注培养互联网工程师并助其快速成长为技术高手。

酷学习网（kuxuexi）是上海首个推出基础教育慕课的公益免费视频网站。在网站首页上，写着这么一句话："你有一个苹果分给别人一半，你还有一半。你有一门知识，教会别人，你和别人都拥有一门知识。"该网站创始人李旭辉曾是优酷上海的总经理，对视频的热爱驱动他去无偿做这个公益慕课网站，"酷学习的价值观，就是'免费、分享、合作'"。李旭辉表示，"希望孩子们看了网站后能更加快乐地学习，尤其是边远地区教育资源贫乏的孩子也能得到优质的教学"。

慕课学院（mooc.guokr.com）是最大的中文慕课学习社区，收录1500多门各大慕课平台上的课程。有50万名学习者在这里点评课程、分享笔记、讨论交流。

近年来我国有60余家在线教育机构获得风险投资，其中涉及平台类教育、外语教育、出国留学、K-12小学中学教育、研究生/公务员考试、幼儿/少儿教育、考证/素质教育/兴趣教育、IT类教育等。

一、平台类

——传课网。创立于2011年10月，主打在线课程播放、直播教室。金山系人创业，被百度收购。致力于用互联网的方式来打破中国教育资源地域分布的不均衡，精心打造在线课程发布网站、直播互动教室，提供在线直播互动的一站式、全方位的专业化教育服务。传课网主要针对中小学教育领域，也就是K-12市场，这也是教育培训领域潜在规模最大的市场。百度收购传课网后将其融入百度现有的百度学堂，补充百度在线课程分享平台的内容。

——孩子学啥。2013年11月成立，专门为家长给孩子选课程、选教育机构。阿里系人创办。孩子学啥专业为K-12孩子父母提供丰富精准的早教课程资讯及导购服务。父母可根据自己孩子的年龄和上课时间快速挑选适合自己孩子的早教课程。孩子学啥是一个0～18岁孩子选择课外辅导课程的闭环导购平台，从家长寻找附近的课外机构、查看课程表和老师信息，到实现课程预订整个过程都可以在这个平台上解决。融资之后资金将用在提升整个技术团队水平，以及上海和其他城市的业务推广上。

——江海云霄。2010年7月成立，专门为二三线城市学校建设视频"云课堂"，并且为学生提供出国留学、高考培优课程。在国内首创"远程实景"教学模式，同时也是教育改革的积极倡导者和实践者。江海云霄让学生与老师"面对面"，彻底打破教育资源的空间分布不均，其"云教室"项目首创"远程实景"教学模式，受到社会各方肯定。

——泡面吧。创立于2013年4月，类似去哪儿垂直搜索门户，是面向中文用户的在线计算教育平台，采用伴随式教育的概念，让用户可以像泡面一样更高效、更主动地进行学习。泡面吧收到A轮融资的风险投资协议，在签署风险投资协议的前夜，团队因为股权之争，最终决裂。泡面吧分家后，俞昊然带的团队改名为计蒜客，这家刚刚起步的公司的融资计划也就此搁浅。

——365好老师。创立于2013年5月，主做家长—家教老师的对接、预约。365好老师网站是国内首创的对老师的资质（教师资格证、教师等级证、教师任职学校）进行认证，并引入老师信誉评价体系的重点校名师预约平台。有人想把教育完全搬到线上，比如各类的MOOC，但也有人坚信教育当中的"面授"一环必不可少，比如365好老师，它利用互联网对线下的一对一面授产业进行优化。365好老师在2014年4月5日推出了最新版网站，在UI和老师种类上都做出大幅调整。

——芥末堆。创立于2014年1月，主打面向教育行业的科技新媒体。芥末堆网是国内教育行业颇具影响力的一家垂直新媒体网站，隶属于芥末教育传媒，为教育培训行业提供基于互联网的媒体资讯、信息挖掘、市场研究、创业服务投融资对接、会议组织等服务。区别于一般的在线教育平台，芥末堆以新媒体网站形式出现，更多呈现的是资讯和信息类服务，以阅读性为主。

——技能银行。创立于2014年7月，是一个P2P的知识技能交换社交平台，主打人人可分享赚虚拟货币、人人可通过虚拟货币消费在线课程，各种个人技能都可以作为课程内容。技能银行把用户和他们的知识技能聚集在一起，创造了一种全新的教学和分享模式，让知识和技能能够更环保、更有效地交换和流转。

——好知网。创立于2013年10月，主打在线课程发布、编辑、管理、播放服务，是专注生活技能和兴趣爱好的知识分享新社区，与朋友们分享你的专业或业余爱好知识。

二、外语教育

——Chinese Skill。创立于2014年5月，是一款旨在向零基础汉语学习者提供帮助的语言教育类应用。本项目充分利用Duolingo的创新教学模式，并结合汉语言本身特点进行充分微创新。应用推出后，项目团队根据用户的反馈意见进行快速迭代开发，在两个多月时间持续发布了4个更新，目前项目顺利获得一批忠实粉丝。接下来，项目团队还会把主要精力放在产品品质的提升上，同时开展其他平台的开发探索，Android和Web已经开始着手开发。另外，该平台未来会把应用"游戏"的一面强化，来提升其趣味性。

——魔方英语。创立于2012年3月，它将一整套包含单词、正反向练习、讲解和带 PK 性质的口语听说的学习系统一股脑儿地植入热门电影片段，为此开发出了一整套多媒体多端的学习方案，并申请了专利。魔方英语在业内是一家相对低调的公司，早期模式可以概括为"看电影，学英语"，使用者可以在魔方英语上在线观看电影、美剧等视频资源。魔方天空进一步拓展团队执行相关的产品路线，并进行相应的产品推广。

——爱语吧。创立于2012年1月，依托于北京航空航天大学软件学院优秀的研究生和本科生资源，致力于为全球用户开发精品的外语学习应用。爱语吧的目标是成为中国最好的英语学习社交应用平台及全球最好的汉语学习与社交云平台。截至2013年8月，爱语吧已经开发20款应用，拥有300多万网页端用户和300多万移动端用户，成为国内领先的外语学习应用开发团队。爱语吧用户学习英语人群包括在校大学生、在职白领等，大部分用户是利用自己的碎片化时间学习，由听力资源官方正式授权，爱语吧内容独家编辑且及时更新，深受用户欢迎。

——蓝轨迹。主打在线外语学习，致力于为国内外学习者、教育者提供最有效、最便捷的互动学习平台和最全面、最优质的学习资源等服务，是YY上最早的综合外语教学公会。蓝轨迹2013年整体收入为182万元，除直播、录播韩语课程收入之外，还包括化妆品代购、中介合作收取的费用及广告费用等。2014年英语、日语、俄语、粤语等多语种的加入会让蓝轨迹每个点都开花。

——沪江网。成立于2001年，作为国内最大的互联网学习平台，沪江网致力于与国内外的伙伴们一起为全世界的亿万学习者提供最优质的学习资源。旗下业务包括教育门户网站、网络SNS社区、教育电商平台以及国内首创的在线互动教学平台——沪江网校等。随着近年来在线教育创业和投资不断升温，沪江网已成为了解国内在线教育企业不可错过的样本。13年成长路，沪江网通过用户需要找到方向，抢占网络学习入口，打造在线教育生态圈，而不是一个单一的盈利产品。

——快乐学。成立于2013年4月，主打在线教育产品，2013年9月，快乐学公司首家推出中学英语在线智能题库产品。题库题目经过严格筛选、精心标注，并按真实考试的规格展现。目前已有超过50万道精选英语题目，涵盖全国历年高考、各地市中考、模拟考试、各类区域校际联合考试题目，满足学生和老师的不同需求。自2013年来在线教育市场迅猛升温，腾讯、阿里等多个巨头玩家相继加入，这一领域竞争越来越激烈。快乐学专注于K-12教育创新，采取以学生为中心的学习方式，提供个性化教学工具，并进行针对性练习，直接消除学习问题。老师也可利用在线资源库高效备课、讲课，教学效果显著。

——应试宝。成立于2014年1月，是一款四六级和考研英语的学习软件。通过老师和同学们一起学习，每个单词配上插画和老师的语音讲解，集顶尖名师讲解、真题训练、互动直播课于一体。应试宝最大化地体现了移动设备的优势，让学生更合理地利用碎片时间，随时随地学习和练习。离线和Wi-Fi两种模式都适宜，配以语音讲解，效果更佳。

——一起作业网。专注小学英语和数学教学领域，依托强大的教研和技术团队，为中国的老师、学生和家长提供基于互联网的在线作业和专项应试练习等系统的学习功能。一起作业网上线不到三年时间，已成为目前国内较大的小学生在线作业平台。和其他强调个人自主学习的细分领域不同，K-12在线教育产品导入更强大的教育内容资源，从产品到技术，一起作业网领先优势明显。

三、K-12小学中学教育

——猿题库。成立于2013年2月，提供来自全国初高中1000所名校的三十余万道高品质试题，并提供市场上最详细、优质的解析，用户可以选择自己使用的教材版本和所处的年级进行同步练习。除了优质题目资源外，智能测评各个知识点的能力、一对一针对性的出题是猿题库产品最突出的特点。猿题库完成的新一轮融资是新一波在线教育创业公司融资中的最高估值，其定位是专注做题这一在中国教育体系下最为核心的学习环节，从练与测入手，再切入到教学，逐渐形成"教练测"的教育闭环。

——闻题鸟。成立于2014年5月，是一个面向中小学的作业答疑应用，定位为"为用户提供'你的清华私人学习助理'"，也是国内首款基于班级关系的且人人都可以成为老师的答疑工具。闻题鸟通过移动端将传统的重家教模式变轻，让中小学生在碎片化时间里随时想起问题都可以在APP上进行提问，采取的答疑模式相当于B2C。盈利模式上，闻题鸟从一开始采取完全免费模式到后期通过购买问题包的方式来收费。

——校讯通。建立于2004年5月，主打家校信息互动，通过家校沟通平台、彩信、在线课堂、线下面授班、图书、网站、印刷材料、讲座等产品方式，为教育人群提供全面、立体的家庭教育服务。在线教育行业风起云涌，众多在线教育机构如雨后春笋般涌现出来。为中小学生服务了十年的校讯通，近日全面发力K-12在线教育，相比之下，作为校讯通竞争对手的梯子网类产品，其发展速度亦不容小觑。

——学习宝。成立于2014年5月，主打中小学作业答案平台，是一款致力于以机器解答的方式自动完成图像识别、搜索、匹配答案，准确率达90%以上的移动教育APP软件。学习宝是一款针对中小学生的学习答疑软件，遇到不会解答的问题，学习者只需用手机拍下题目，云端会自动识别并返回答题思路及答案，遇到看不懂的问题，还可以在线找人解答。目前"学习宝"识别准确率在85%～95%之间，其余报错的题目将交给真实的用户来解答。

——爱考拉。成立于2012年9月，主打通过拍照和语音向专业老师提问，是全球首款面向中小学生的移动学习社区，旨在帮助学生随时随地解决日常课业中的各种问题。在爱考拉最新的版本中已经对追问完全实行免费，用户有三次的追问机会。当然，为了防止免费带来的提问权滥用情况，爱考拉还是会设定一些用户等级，不同等级的学习者有不同的提问次数。爱考拉未来也将试水"轻社交"和"课外兴趣俱乐部"两大功能。

——学霸君。成立于2013年6月，主打初高中学生在线答疑。用纯技术的手段解决答疑规模化的问题，正是学霸君的思路。学霸君是一款移动端的答疑APP软件，用户在使用时可通过手机拍照，自动搜索和匹配答案。但学霸君要成为大规模商用的技术软件还需要一段时间。

——风腾教育。风腾教育是集教学与教育研究、师训一体化的综合性教育平台。平台对云计算教育的驾驭与推行，符合学习者个人在教育方面的要求。为此，笔者专门对风腾慕课做了专题介绍。

挑战与展望

"在线开放课程风暴袭来"势必给教育带来翻天覆地的变化。慕课风云猛烈冲击传统教育，势将给教育带来全面变革。

一、需求，学校"围墙"将被拆除

慕课教育在教学内容质量和师资力量方面与传统班级课堂教学对比给学习主体留下深刻印象，反映出学习主体对高质量内容的迫切需求。在一项"对在线教育的关注点有哪些?"的问卷中，教学内容质量和优质师资力量占绝对优势，请看图6-4。

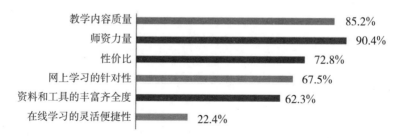

图6-4 学习主体对在线教育的关注点及各项占比

数据来源：2013—2014中国在线教育趋势研究

站在慕课前沿的改革者看到了慕课对传统教育的扬弃。一方面，慕课在美国已经初步得到正规教育的认可；另一方面，慕课平台也正尝试覆盖教育"出口"，尝试用自己的方式整合教育生态链，这在肩负解决就业责任的大学更为明显，如Coursera就已开始提供就业匹配服务，一旦雇主认可慕课的学分认证和推荐的学生，那么学生就会选择参与慕课的学习，而放弃部分大学学分甚至退出现在的大学。这对仅仅依靠田园牧歌的校园生活来吸引学生的学校而言，直面生死存亡的挑战，出路唯有自我主动地转型升级。

慕课的大规模开放特性极大地拓宽了课程提供者——教育者和学校的影响力。教育者在一门课程上所面对的学习者常常数以万计，这可能远远超过他一辈子在面授课堂上所教学生的总数。对于学校来说，它们的名字有可能传到全世界任何一个角落，也有机会基于慕课平台在更广泛的范围内选择到更优秀的学生。

除上述两点之外，学习倒逼慕课内容改革，更广泛地解决课容量限制的问题；可以为教学评价提供新的有效方法；可以通过海量数据的学习评估深入教学研究，并更好地为用人单位推荐人才……

二、关注，照本宣科的课程将被取消

在学生群体中，基础教育的学生更倾向于使用PC和平板电脑进行学习。下面是针对"如果可以，您希望孩子使用哪些设备进行在线学习？"的问卷调查结果统计（见图6-5）。

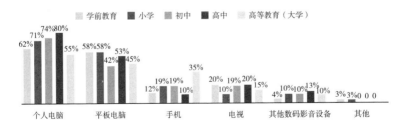

图6-5　基础教育学生更倾向于使用PC和平板电脑进行学习

数据来源：2013—2014中国在线教育趋势研究

学习者对慕课各要素的关注度如图6-6所示。

项目	关注度
教学内容	54.3%
可以跟踪学习进度	35.4%
可以与其他学习者和教师互动	24.2%
趣味性	24.1%
语音功能	20.3%
图形界面	10.9%
产品互动性	10.7%
产品发布运营商值得信赖	10.3%

K-12在线教育的美洲点

图6-6 学习者对慕课各要素的关注度

数据来源：2013—2014中国在线教育趋势研究

"慕课"在快速发展，大致有六大趋势（郭英剑，2014）。

第一，规模将进一步扩大。慕课及其类似机构正在迅猛发展，如可汗学院、点对点大学、人人学院等。它们都是与慕课相类似的组织。可汗学院每月登录的学生超过1000万，而其课时数已经超过3亿，数目相当可观。成立于2009年的点对点大学的鲜明特点是：任何人都可以开设一门课程，即任何人只要对这门课感兴趣，就可以学习这门课程。建于2010年的人人学院的特色体现在教师可以在网上出售自己的课程，课程主创者可以获得收益的70%~85%，还可以保留个人知识产权。

　　第二，新型慕课将走向独立。更加新颖的慕课正在出现，新型的慕课强调的是关联主义的教育理念。所谓关联慕课，即遵循关联主义教学法的慕课，强调聚合体，保证学习内容可通过通信设备或网页让学习者随时接触。关联慕课的主要特点是：重组性，讲究课程内部人员间分享各种学习资源；重新定位，梳理与重组各种不同的学习资源，以适应不同学习者的个性需求；正向输送，将重新定位、重组过的学习资源与其他人员分享，并传递给世界上所有感兴趣的人。专家认为，关联慕课最有助于合作对话与知识建构。它将战胜传统慕课而独占鳌头。

　　第三，教师教育理念与方法将产生巨变。慕课无疑将会改变教师，而这种改变是从云技术改变教学方法开始的。教育者可以从观众的角度反省自己的教学全程及其全部效果。而将个人课堂教学改为解答问题，进行课堂讨论，完成集体项目将更有效，也颇受学生欢迎，因为这有助于学生对所学内容与主题的理解，更有助于提高学生的综合能力。

　　第四，学习者的学习方法将大为改观。慕课对学习者如何优质高效地学习产生重大影响。过去的课堂教学，学生从头至尾倾耳静听，而现在他们可以跳过自己已掌握的内容，重复播放难懂或还没有掌握的部分。学习者会不断地产生更多基于网络的学习方法，比如微课学习、混合学习，翻转课堂的种种学习方法。

　　第五，云技术将推动教育的巨大变革。云技术对教育的影响将会进一步加大，必定会推动整个教育的巨大变革。慕课元老特龙教授曾表示，慕课课程所带来的是挑战，而不仅仅是课程的变化。他说，这种方法打破在人们头脑中挥之不去的教师效能与学生成果评价的教学神话，而代之以基于证据的、现代的、数据驱动的教育方法论，这种变化会带来教育的根本性变革。慕课所具有的艺术乃至动漫效果，已经远远超越传统教科书所能带给读者的愉悦感。

第六，教育体制将深受冲击。慕课浪潮席卷全球，将会影响教育生态系统，自然影响学校管理，慕课的一揽子全方位服务将给教育带来破坏性创新。一旦慕课不仅可以使学生获得学分，还可以授予学位，那么，这将对高校带来巨大的冲击，而且是不可逆转的，而这种变革已在逐渐发生。

如上所述，慕课掀起"学"对"授"的挑战。慕课的革命性在于强调"学"，这样便肯定了学生的学习自主权，决定了由传统的"授"到后现代的"学"的转变。慕课强调学习者对学习的体验和互动，其中体验强调学习者对学习的独立认知、感受和领悟；互动强调学习者对学习的诠释和交流。这决定了慕课的制作必须紧扣"学"。

由于有了慕课的支撑，以学习者为本的课程设计对照本宣科的决裂成为现实。慕课的本质要求教育者必须从教坛的神龛走下来躬身面对学习者，课程内容必须满足与符合学习者的需要和兴趣。教育者更要了解学习者，将学习者的需要和兴趣有机地融会到教学过程中；在锤炼教学内容的同时，教育者还需要改革教学的形式，以"微信"的形式与学习者交谈。

第一，慕课在知识传递上比传统的实体课堂更加符合教育规律和学习规律，因而学习者的学习会更加有效。根据心理学的研究，人的高效专注时间长度在15～20分钟，慕课课程内容通常按照这个时长编排视频，方便学习者利用碎片时间进行高效学习；学生如有疑问，可反复观看视频直到理解为止，这在面授课堂上几乎是不可能的；在线观看视频时，经常会有插入的随堂测试题检验学习者的理解程度，而课后的在线测试可以及时对学习者的答题情况进行反馈，这是符合学习理论中反馈律的要求的。当然，这种充分自由的学习方式，要求学习者有更强的自主性和自我控制能力。这对于在应试教育中习惯于被动式学习的学习者来说，慕课学习不啻破天荒的变革。

第二，慕课对教学设计提供变革。教育者可将在线视频作为教学的线上环节，要求学习者在课堂外先"听课"，在课堂内则侧重深入的分享、探讨和问题解决——这种"翻转课堂"模式有助于促进教师角色的转变，从一个讲授者、讲解者真正变为学习的激励者、启发者。复旦大学副校长陆昉认为，当前高等教育要解决两个问题，第一是资源共享；第二是学习模式。教育者利用"慕课"的平台，可以把全球的优质课程拿过来，实现更大范围的资源共享。而大学如何运用这一模式，改变教学方法，提高教学质量，则需要更多的思考和实践。线上线下相结合的"混合式教学"，成为几所国内名校不约而同的探索方向。上海交通大学副校长黄震告诉记者，"慕课"不同于网络公开课，互动性更强，"慕课"的出现，为教学设计提供了一种改革的可能——教师可以将在线视频作为教学的线上环节，要求学生在课堂外先"听课"，课堂内则侧重深入的分享、探讨和问题解决，真正实现"翻转课堂"。把两者充分结合起来，在此基础上才能促进高等教育质量的提高。黄震还说："一个最显著的变化将是，翻转课堂，从以教师为中心真正转变为以学生为中心。"当学生能在网上找到内容相同、上课时间灵活并且费用同样低廉乃至免费的课程的时候，教师的教学水平就成为学生选择的重要指标，包括内容是否有用、丰富，讲解是否清晰、生动，课程节奏是否合理等。如果有一天学生可以用"脚"投票，没有人选择教学水平低的教师，这将迫使教师认真准备课程。即便是现在还没有出现这种情况，学生也可能预先或同时在线上学习一门同样的课程，这也是对现实课堂上教师的无形压力。这种评价是公开而透明的。以高校为例，当今高等教育最令人苦恼的问题是什么？一是教育质量，毋庸讳言，即便顶尖的大学也在被人诟病，有人认为即使最好的大学可能也在某种程度上用"水"课挥霍着学生的青春；二是教育公平，不同大学之间课程与教学质量的巨大差异，使得大部分教育资源薄弱学校的学生无法享受到优质的大学教育；三是学生创造力培养的欠缺，当今大学毕业生在创造力上的表现远远不能满足雇主的需求。上述问题源于优质教育资源的短缺、创新体制的僵化以及大学质量评估和管理问题本身的复杂性。

也许在未来的某一天，大学里许多基础性的、不需要师生点对点互动的课程将会被取代，甚至很多低水平的、照本宣科式的课程也将消失。当然，这对于很多得过且过的教师来说是一场灾难，但对于高校教学和学生来说，无疑是极为有利的。

第三，学生家长的选择。中学生家长更倾向于云教育。子女处在不同阶段的家长在教育方式的选择上有所区别。选择"给孩子报网上课堂，进行在线教育"的主要是子女在接受初中以上教育的家长，因此，以初高中和大学生群体为目标用户的在线教育产品，更容易被家长所接受。

慕课风云激荡，正在淘汰为工业文明服务的陈旧观念，为培养后工业社会即生态文明新时代所需求的新型人才展现广阔的前景。

第四，质量监控、课程认证和学分认可。对慕课的质量监控，特别是教育工具价值导向，令课程认证和学分认可成为学习者关注的热点。慕课质量监控和认证方面的不足，可能给其持续发展带来障碍（王颖等，2013）。在一些学术研讨会上已经能听到关注慕课质量监控的声音；对慕课认证和学分认可的探讨，也现端倪。中国学者李明华（2013）从经济学角度分析对慕课认证的设想，他认为，目前对慕课的认证都是基于平台的、非正式的，但是非正式认证的效果往往并不差，有助于让人们看淡慕课的来源学校，转而关注提供平台，但对慕课的学分认可也面临各方面的压力。尽管如此，慕课的质量监控、课程认证和学分认可等将影响慕课的可持续发展，因此，这既是将来实践者探索的重要内容，也必将是研究者关心的重要主题。

对慕课学习的质量、完成率与评价的研究是当务之急。毫无疑问，只有能让学习者确实有收获的学习项目才能有更好的发展前景。而要保证学习的质量和学习过程的完整（学习完成率高），对慕课的教师、课程平台和学习者本身都有着与以往不一样的要求。如何提高慕课的学习质量，如何评价这一学习质量，如何确定学习完成率在学习评价中的地位，将是实践者和研究者共同关心的问题。

慕课在本质上是普及的教育，而其初级阶段是一种大众化的教育。所以，慕课所面临的最大问题在于接受度，在于对慕课的正式认证，American Council on Education正在做这方面的尝试，但还需要更大规模的、跨越更多国家的全球性机构来着手做这件事情；同时也需要建立一个适合各个国家的标准来评判慕课。预见未来的发展，有效的、高质量的认证可能使慕课能够得到更广泛的接受。如何科学合理地探索设计慕课的认证机制，是保证慕课运行、管理的质量与认证有效性的关键一环。

对慕课研究和实践的热点源自其可持续发展的需求和现阶段所存在的问题，解决问题的过程也即推动MOOC可持续发展。

第五，运行与管理。由于慕课的超大规模以及组织机构的相对松散，其运行、管理所遇到的挑战是空前的。它已从最初的规模发展转向当前和未来的质量提升。而质量提升在于对管理体制与运行机制的变革及提升效率。

关于MOOC的商业运营模式和市场潜力是慕课建设者关心的焦点之一。李青等（2013）分析了10门慕课的运行模式，并以Coursera、Udacity、edX和P2PU为典型范例，从主要合作伙伴、主要活动、价值主张、客户关系、客户群体、核心资源、渠道、成本构成、收入来源角度详细分析了其运营模式；李明华（2013）探讨了慕课的市场潜力和市场分割，认为目前最有潜力的是外国慕课品牌课程（英文版），而这种英文版慕课的中文本地化版本在未来将颇具吸引力。

从实践上看，企业介入（如Google、Blackboard等）给慕课开辟新的发展前景，而对慕课的相关研究任重而道远。

如何在企业运转的同时保持其作为支撑学习的非功利性，决定慕课的可持续发展，对此不可小觑。

焦建利（2013）给中国大学提出五点建议：把开放教育资源和MOOC纳入大学发展战略中；帮助教师和学生掌握在线参与式学习方法；积极探索和深化大学课程与教学模式的创新；引导教师将开放教育资源引入自己的课堂教学之中；加强研究，有计划、分步骤地尝试和探索。这不但对大学，对基础教育也同样适用。彩虹总是出现在风雨后，慕课美好的愿景必将成为现实。

风腾慕课

风腾慕课除了具有云教育的共性特点之外，还有自己的鲜明特色：

· 最优质的教师得到最大化地利用；

· 每一个学习者最细微的要求得到满足；

· 教学方式由系统化向生理心理化发展；

· 教学管理系统向扁平化发展。

风腾慕课有自身最优越的条件和宽广的发展思路。它依照如下条件而得到充实：

（1）优秀的教师团队。荟萃国内及外埠优秀的学科教师。

（2）云计算平台（简称"云平台"）。具备计算和数据存储处理能力的综合，兼有对课程的设计，连接、节点、分布，交互互动，数据处理与反馈，数据的挖掘与安全等多项功能。

（3）市场营销。价格适中，方便实用，操作简捷，或者第三方付费。

（4）生态条件。慕课启动的地区，需要有教师的认同，教学秩序的重新确定，教育价值的认同，教学方式的改变等因素。

（5）管理素质。管理者素质优秀，识大局，看方向，把住脉，懂教育。风腾课程针对中学阶段基础教育。开课范围覆盖从初中一年级一直到高中三年级相关学科，涵盖数学、语文、外语、物理、化学、政治、历史、生物、地理等。

风腾在对传统教学的扬弃中创新。风腾慕课认真观察分析传统教学体制和机制以及线上教学存在的问题，不断地探索创新，进行实际的改进。思路如图6-7所示。

1. 中学生存在诸多学业和生活方面的问题

当下中学生存在如下困难和问题：部分科目短板、自主能力差、升学后的适应问题、名师资源有限、学生主体偏离、普遍存在的课外辅导。

2. 学生对教师风格、学习资料的偏好

学生更喜欢风趣、有个性、教学效果好的老师，数学等理科目的补习需求较大，多科目补习的现象较为普遍，答案详细、能详细阐述解题方法的教辅更受学生欢迎。

3. 学生对在线学习认知度低，利用率低

在线学习的优势：获取优质资源便利；省时。在线学习的劣势：互动性差；对学生自制力要求高；视频观看便利性差。

4. 家长对于线上教育的态度

家长对于线上教育的态度与学生的自制力密切相关，对自制力强的孩子，家长的态度就宽松一些。家长普遍对于孩子在线学习存在担忧。

图6-7 风腾中学教育探索创新思路

风腾慕课具有核心竞争优势，与用户需求相匹配（见图6-8）。

图6-8 风腾中学教育慕课与学习者需求相匹配

风腾慕课以崭新的云教育理念打造中学生慕课平台，如图6-9所示。

图6-9　风腾慕课云教育平台

风"起"云涌，风腾慕课平台为如下内容服务。

（1）知识的丰富细化。针对不同年级学生需求，视频播放的人性化设计，可帮助实现依据不同个性特点进行差异教学，如图6-10所示。

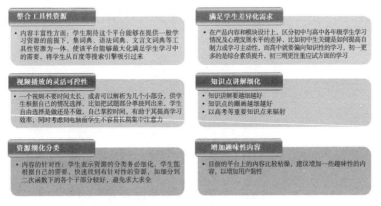

图6-10　风腾慕课对知识的丰富细化

（2）积极主动。提升产品的易用性和方便性，以及适当的学习奖励，能提高学生使用平台的积极性和主动性，如图

6-11所示。

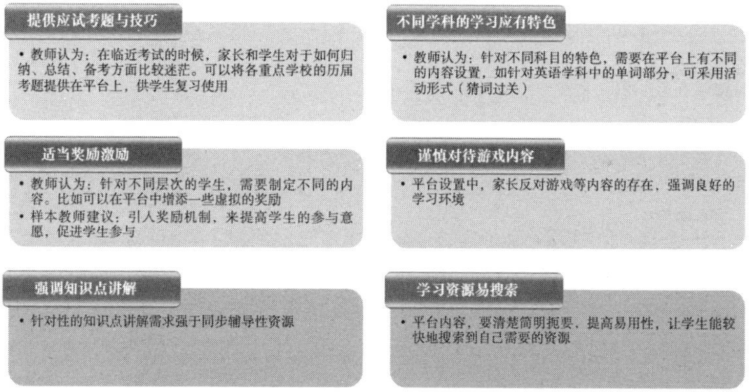

图6-11　风腾慕课调动学习者学习的积极主动性

（3）寓教于乐。权威老师通过寓教于乐的教学方式满足学习者的个别需求，如图6-12所示。

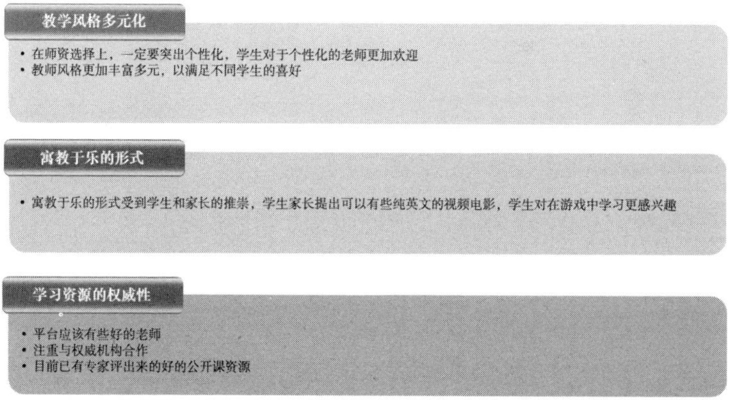

图6-12　风腾慕课教学风格满足学习者的个别需求

（4）增加互动。对于部分高端价值用户（价格不敏感），可有针对性地进行因材施教以及线下活动，如图6-13所示。

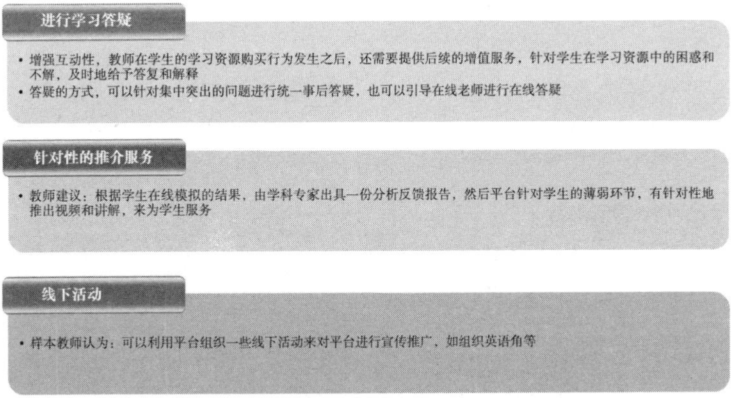

进行学习答疑

- 增强互动性，教师在学生的学习资源购买行为发生之后，还需要提供后续的增值服务，针对学生在学习资源中的困惑和不解，及时地给予答复和解释
- 答疑的方式，可以针对集中突出的问题进行统一事后答疑，也可以引导在线老师进行在线答疑

针对性的推介服务

- 教师建议：根据学生在线模拟的结果，由学科专家出具一份分析反馈报告，然后平台针对学生的薄弱环节，有针对性地推出视频和讲解，来为学生服务

线下活动

- 样本教师认为：可以利用平台组织一些线下活动来对平台进行宣传推广，如组织英语角等

图6-13　风腾慕课针对学习者特点因材施教

（5）家长板块。除了知识点之外，可增加有关孩子教育的方法与理念的内容，并激发家长互动交流，提高家长对平台使用的黏性，如图6-14所示。

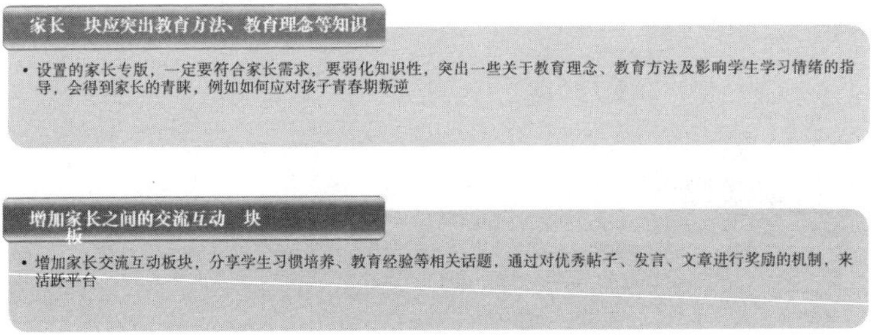

家长　块应突出教育方法、教育理念等知识

- 设置的家长专版，一定要符合家长需求，要弱化知识性，突出一些关于教育理念、教育方法及影响学生学习情绪的指导，会得到家长的青睐，例如如何应对孩子青春期叛逆

增加家长之间的交流互动　块

- 增加家长交流互动板块，分享学生习惯培养、教育经验等相关话题，通过对优秀帖子、发言、文章进行奖励的机制，来活跃平台

图6-14　风腾慕课的家长板块

综上所述，风腾慕课根据每一位学习者的具体需求打造云学习的优越环境，促进学习者成为大数据时代的创新人才。

风腾慕课教育一扫在线课程留在人们脑海中的那种画面粗糙、制作简陋的印象，以先进的教育理念、精湛的技术研制出优质课程。而制作一门MOOC课程需要的整体素质、体制与运行机制及流程步骤如何？这是需要认真探讨的。

（1）创作团队。录制MOOC是在摄影师、灯光师、导演等多个人的配合下共同完成的，制作团队如图6-15所示。

图6-15　风腾慕课创作团队

（2）创作过程。慕课不是将传统的课堂搬到线上，而是由优秀教师和专业团队共同为在线学习重新设计课堂，如图6-16所示。

（3）职员。风腾慕课的录制职员包括摄像师、剪辑师和助教。

摄像师在整个录制过程中，应始终不离开摄像机的显示屏，对屏幕上的画面要求也很严，哪怕是背景上的一个小污点，也要弄干净才可开拍。摄像师最大的挑战就是和老师沟通，如果老师讲课时眼神游离，摄像师就要用一些小手势提醒，或以其他画面代替。但是有的老师比较强势，摄像师就

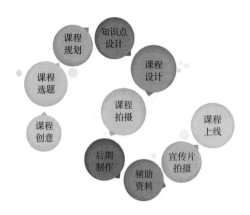

图6-16　风腾慕课创作过程

要一遍遍地说服他们。

剪辑师和摄像师的工作是由一个人在做，一方面节约成本；另一方面摄像师在录制过程中就能考虑到剪辑中出现的问题，这也是很普遍的一种现象。摄像师在拍摄和剪辑的过程中，除了剪辑视频，还要加特效，丰富画面，MOOC需要把课程做得特别精细，以及片段化。剪辑时有中断的地方，需要加一些小动画，连接起来比较通顺。

相比以前的其他在线学习形式，助教在线上MOOC的接受度会高一些，比如平常上课总有些因素会干扰听课，可能注意力不够集中，上课很容易走神儿，但是看慕课时精力比较集中，因为是花了时间专门去做这个事。从效果上说，MOOC的课程比较简单，没有什么学习压力。

（4）6分钟准则。基于edX数据的统计，无论视频多长，用户实际观看时长的中位数都不超过6分钟。而且6～9分钟长的视频是个拐点，更长的视频实际观看中位数反倒会下降。

比如长度超过12分钟的视频，实际观看中位数只有3分钟。所以，"短视频到底多短最合适"这个问题就有了标准答案：6分钟。这个数字是挺难让人接受的，因为按多数老师的习惯，6分钟根本讲不了什么东西，15分钟还算勉强。但若和下一个结论联合分析，其实未必真做不到。

2013年6月一项面向我国中小学首届微课大赛参赛视频的数据分析表明：3~7分钟为最佳时长，太长效果不好，太短则讲不清或对视频编辑技术要求高。研究表明，87%以上的微课教学视频长度都小于10分钟。其中75%的视频时长在5~8分钟之间，小于3分钟的也不到6%，超过10分钟的不到13%。可以看出，中小学微课视频长度最长不宜超过10分钟，5~8分钟最为适宜。不同学科、不同学习对象略有不同。

（5）教师语速。虽然统计数据表明语速和视频吸引力并不完全成正比，但当语速达到每分钟300字时，无论视频多长，都比低语速能获得更多注意力。原因很好理解，快语速常常伴随着激情，激情富有感染力，感染力可以让学生更专注。所以，教师越热情，甚至是激情洋溢，就越能吸引学生。

语速加快，讲同样内容所需时间就会缩短，这样产出的视频就可以接近甚至达到6分钟的建议长度了。录课前做好规划，让内容更紧凑，节奏更快，不说废话，不机械重复（学生可以自己重复看），剪掉"嗯""啊"等口头语，短小精悍的视频就产生了。

这就是微课视频制作要求老师必须具备"语言观"。微课视频大多数摆脱了嘈杂的课堂教学情景中摄制的方式，而采用一个人、一台电脑、一个话筒、一个PPT课件的一对一辅导的录制方式，只录教师讲授的内容及操作，而教师讲课时的头像和肢体动作不录进微课视频中。这就要求老师必须声音清晰、发音标准、语速适当（甚至可以偏快，因为学生看视频时对于偏快偏难的地方可以暂停或重复观看）、富有感染力，能吸引学生的注意力。

（6）教师头像。对于大于6分钟的视频，有教师讲课头像的录屏和纯PPT、软件操作等录屏相比，前者收获的关注更多。这大概是因为头像总在动，比时常处于静止画面的单调录屏更吸引人。笔者确实比较喜欢那种头像嵌入视频一角的形式，但前提是PPT把那一角特意留出来，头像不会遮挡该看到的课件内容。

教师的头像在某种教学情景下也是一种重要的学习资源，况且中国的学生受传统的班级教学影响深刻，没有头像的课教师自己也上得不习惯、不自然，学生就更会觉得没有老师的"现场感"和亲切感与监督作用，学生的自主学习能力会减弱，学习一段时间后估计也容易分神。因此，微课视频可以走"折中"路线——教师头像在片头片尾可以出现、中间偶尔出现、重要内容时可以出现、小结时可以出现，甚至教师头像的画面位置和大小都可以自由设置。

（7）1对1的感觉。教师都习惯教室气氛，如黑板/大屏幕，站在讲台上，走来走去，甚至安排一些学生假装听众来提起讲课的兴致。但数据分析表明，这种在教室/演播室，配置昂贵设备录制的视频，在吸引力上其实不如更低成本的私人录制方式。教师坐着，面对镜头，背景就是办公室，像做单独辅导一样地讲课，效果是最好的。这样很容易产生一种亲切感，而且和坐在电脑前的学生所处学习环境最契合。

这里的关键点，就是让学生有一对一的感觉。坐下来直面镜头，就基本创造出这种感觉。语言上再多用"你"而不是"你们"，用"咱们"而不是"大家"，气氛就有了。很多不谙此道的老师在课程开头的第一句话总是"同学们，大家好"，通常在那一刻就"出戏"了。

微课就是为学生的自主学习，一对一高效式学习而设计制作的（是给学生看的而不是给老师看的）。一对一学习里蕴藏着最扁平化的学习（学生直接与学习内容或过程交互，没有多余的、无关的甚至是无效的中间教学环节，如传统课堂教学中的与同学讨论、分享、交流、回答，即使有，也是学生在心里、一个人的思考与活动）。容易的内容可以跳着看，不懂的地方可以反复看或暂停着去查相关资料弄明白相关基础知识后接着看，看的时候可以线上做练习，做笔记。100%的掌握后才看下一个微课。这样的学习效率就特别高，且不会遗留下空白，差生就再也不会产生。

（8）选课时宜。在课程正式开始前半个月，到课程第一次作业截止这段时间里选课的学生，其中的活跃者比例远高于其他时间选课者。所以，MOOC课程宣传的最佳时机，就是开课前后这个时间窗口，能获取更优质的学员。

另外，60%的学生是在课程开始前选课的，所以足够长的预告期还是有必要的。

（9）学生思维活跃。基本上，学生的最终成绩和他看视频、做测验、交作业和读论坛的次数是成正比的，这也应了那句"一分耕耘一分收获"的老话。但"读论坛"这项活动有个独特现象，即在80~100分这个区间会变成反比，也就是分数越高，论坛看得越少。这说明学霸对论坛的依赖性不高，论坛主要服务于非学霸。但不要以为学霸对论坛就没有贡献，事实上他们很重要。统计数据表明，占据论坛沙发的学生论坛活跃度都很高（侧面说明人数少），而且他们的平均成绩也在80分以上。

（10）最大的杀手是做题。统计表明，并没有任何视频成为明显的学习终结者，但确实有些作业题目成为障碍，大量的学生被挂在上面，然后就没有下文了。这说明学习中止的很大原因是遇到困难，而非单纯的懒惰。教师如果能在解题过程中多提供一些帮助，可以帮学生走得更远。

（11）虚荣心可用。在论坛里引入游戏中常用的勋章系统，论坛的活跃度将会提升不少。而且，勋章的展现越显著（比如紧贴着用户姓名显示），越能提升活跃度。

（12）教师先洗脑。一定不要照搬课堂讲课的习惯与模式到在线课程。授课是一项以对象和目标为导向的活动，再加上学习工具与环境的剧烈变化，可想而知，照搬课堂授课的效果会有多差。现在越来越多的老师开始涉足在线教育。教师应先摒弃陈旧的教学习惯与观念，用良好的心态重新学习如何在线授课，这才是扎实的第一步。所以，教师先洗脑，才能做好在线课程。

7 "知识"扩展
——"知识"概念的重构

道，可道，非常道；名，可名，非常名。无，名天地之始；有，名万物之母。故常无，欲以观其妙；常有，欲以观其徼。此两者，同出而异名，同谓之玄，玄之又玄，众妙之门。

——《道德经·第一章》

知识的类别
数据—信息—知识
知识文明与知识生产

知识的类别

笔者在此试着对老子上述一段话进行翻译：道是可以表述的，但我们所说的道并非终极的本原。范畴是可以表达的，但我们所表达的范畴并非是事物的终极范畴。"无"，是宇宙的本原；"有"，是万物的本原。所以，人们常常存在对"无"思考的欲望，通过思考"无"，去探讨宇宙生成的奥妙；人们常常存在对"有"思考的欲望，通过思考"有"，去探讨新事物产生的线索。"无"和"有"在思维方式上都是一样的，只是在叫法上不同。它们都是形而上的，从"无"到"有"，再从"有"到"无"，如此循环往复是无穷尽的，越往上说越抽象，这乃是取得一切知识的总的门径。

老子的这段话可以说是东方世界最早的知识论（本原论、存在论或本体论），它包括"道""名"知识本身和对"道""名"知识进行探讨的过程及对"道""名"知识认知的反思。显然，"道""名"知识本身、对"道""名"知识进行探讨的过程、对"道""名"知识认知的反思在性质上是不同的。而在人类的认识史上，总是对"道""名"知识的认同，而对"道""名"探讨的"过程"和对"道""名"知识的实存和思考过程的反省认知是不理会的。所以，一提起知识，就是实体性的"道""名"方面的知识。设想不让一个人吃饭，只是注入营养物质，他非但感到没意思，而且很快就要死去。同理，如果光注重实体性知识而忽略过程和反思，实体性知识也是学不到的。有人会说，我不理会对实体性知识探讨的"过程"，也不反思知识是怎样学到的，而我不也学到知识了吗？这只是不自觉地运用探索过程和反思的经验罢了，而不是离开探索过程和反思。

其实，探索知识的过程和反省认知也属于不同于实体性知识的知识范畴，布卢姆在分类学中将知识分为四类：事实性知识、概念性知识、程序性知识和反省认知性知识。

事实性知识是学科中的最基本元素，它通常是一些与具体事物相联系的符号或"符号串"，它们传递重要的信息。它有三个特点：第一，对于学科来讲，事实性知识总是经久耐用的，把它们从一种情境运用于另一种情境很少或完全不需要变化；第二，如果学生要知晓某个学科或解决其中的任何问题，他们必须知道这些基本元素，即这些事实性知识是学科的关键元素；大多数事实性知识以相对较低的抽象水平出现。它包括术语知识如字母表知识与具体细节和元素知识。

概念性知识涉及类目、分类和它们两者或多者之间的关系——较为复杂的和有组织的知识形式。比如，为什么会出现四季变化，这些不只是有关地球和太阳的简单孤立的事实，而且具有关于它们之间的关系和它们怎样与季节变化相关联的观念。它包括图式、心理模型或者在不同心理学模型中或明或暗的理论。概念性知识包括三个亚类知识：分类和类目的知识；原理和概括的知识；理论、模型和结构的基础。

程序性知识是有关如何做"事"的知识。这里的"事"范围广泛，从完成相当固定程序的练习到解决新的问题。程序性知识通常以一系列要遵循的步骤的形式出现，它包括技能、算法、技术和方法的知识，在总体上是我们所知的程序。

反省认知性知识一般指关于认知的知识，也指个人对自身的意识和知识。它包括：学生对学习和思维的一般策略（策略性知识）和他们对认知任务以及何时与为何运用这些不同策略的知识（关于任务的知识）。此外，认知和动机两方面的自我的知识（自我知识）也被纳入反省认知性知识范畴，因为认知和动机这两个方面的自我变量都影响着学生的行为表现。

OECD在《以知识为基础的经济》中根据"知道"（Know）所涉及的不同方面，将知识分为知道是什么的知识（Know‐what），知道为什么的知识（Know‐why），知道怎么做的知识（Know‐how），知道是谁的知识（Know‐who），简称为"4W"。

布卢姆所划分的四类知识，事实性知识属于"是什么"和"怎么样"的知识，概念性知识属于"为什么"的知识，过程性知识属于"怎么做"的知识，反省认知性知识属于"是谁（包括自己）"的知识。

同世界上一切事物一样，知识也是处在不断地新陈代谢之中。而知识代谢是旧知识解构，并作为新知识的活性基，与新信息进行重构的过程。比柏拉图早一百多年的老子在《道德经·第四十二章》中写道："道生一，一生二，二生三，三生万物。"老子站在客观唯心主义立场上，宣告宇宙万物的本原是"道"。在《道德经·第十四章》中，老子对道进行描述："是谓无状之状，无物之象，是谓惚恍。迎之不见其首，随之不见其后。"老子在《道德经·第四十章》中写道："天下之物生于有，有生于无。……万物负阴而抱阳，冲气以为和。"回过头来分析老子的"道，可道，非常道；名，可名，非常名……众妙之门"的一段话，"道，可道，非常道；名，可名，非常名"是揭示"有""无"的概念；"无，名天地之始；有，名万物之母。故常无，欲以观其妙；常有，欲以观其徼"是判断；"此两者，同出而异名，同谓之玄，玄之又玄，众妙之门"是推理。可以说，这是世界上最早的存在论和逻辑学。而真正的存在论即是活的辩证法，而不是僵死的形而上学。当然，我们不能用今天的思维方法揣度上古时代老子的思想。老子以直观朴素的辩证法猜测宇宙及其万物的来源。总体上看，老子是通过喻体找本体，而喻体是"天下之物生于有，有生于无。万物负阴而抱阳，冲气以为和"。如国学家李学勤所论：老子是母系氏族文化的倡导者，诸如老子所云"谷神不死"等引申万物，引申天地宇宙。后经老子的形而上处理，"无""有"成为知识的两种形态："无"是只可意会不可言传的隐含经验类知识；"有"是可以言传的编码化知识。学习者的任务就是将隐含经验类知识转化为可编码知识，可编码知识再转化为新的隐含经验类知识。第一种转化是从"无"到"有"，第二种转化是由"有"变"无"，但是，"无"的知识自身不能变成"有"的知识，"有"的知识自身不能变成"无"的知识，首先需要对概念进行确立，然后用概念进行判断和推理，这个过程是往复无穷的，每一次转化都使人的认识达到新的高度。

根据知识可否进行数据编码（表述和转移）分为显性知识（Explicit Knowledge）和隐性知识（Tacit Knowledge）（迈克尔·波兰尼，1958）。波兰尼认为："人类的知识有两种。通常被描述为知识的，即以书面文字、图表和数学公式加以表述的，只是一种类型的知识。而未被表述的知识，像我们在做某事的行动中所拥有的知识，是另一种知识。"他把前者称为显性知识，而将后者称为隐性知识，按照波兰尼的理解，显性知识是可以用规范化和系统化的语言进行传播的可文本化的知识，能够被人类以一定符码系统（最典型的是语言，也包括数学公式、各类图表、盲文、手势语、旗语等诸种符号形式）加以完整表述的知识。隐性知识是指那种我们知道但难以言说的知识，包括信仰、隐喻、直觉、思维模式和所谓的"诀窍"。如果把知识视为一个连续体，"完全内隐的（主观的、经验的）和完全外显的（客观的、理性的）知识分别处于连续体的两极，而大多数知识存在两极之间"。

大数据是知识爆炸的技术表征，大数据时代就是知识时代。而知识时代是从形态上否定工业时代从而走进生态时代，所以，"云"自然就成为知识本体的生境。

如上所述，数据经过有序编排产生意义，成为信息，成为知识。而这是一个复杂的感知和思维过程。

大数据正以改变一切的力量，在全球范围掀起一场影响人类所有层面的深刻变革，人类正处在一个新的时代到来的前夜。大数据给人类经济、政治、文化、社会、人性等各个方面产生强烈而持久的冲击，引发深层变革，对人类社会产生极其深远的影响。

数据—信息—知识

知识是人们在认识世界、利用世界中所获得的认知，是积累的经验的总和。知识是大脑思维对大量来自感性的数据和信息进行加工的过程和产物。

与数据有直接关系的是信息（Information）。人有人言，兽有兽语。动物通过它的眼、耳、鼻、舌、身收发信息，维护生命和繁衍。一位生物学家独自一人去野兽出没的深山老林中，在出发之前他特意去动物园让管理人员帮助他接了一桶虎尿带上。到晚上生物学家将虎尿洒在帐篷周围，其他凶猛动物就不敢近前了。不但如此，好多动物有第六感觉，通过分泌系统分泌"信息素"来传递和接收信息，麝香、鼬臭为人所共知，雄树蛙因分泌特有的化学物质而受到雌树蛙的青睐。生命遗传全靠基因（DNA）传递信息。而紫外线对生物生长繁殖活动有决定性的作用，不少飞禽走兽当发生日全食的时候即进入栖息状态。动物之间的鸣叫呼应起着传递信息的作用。但逻辑思维和语言是人类所特有的，它出现在人类社会形成之后。从简单的叫唤逐渐发展为成音节的语言。最早的语言便这样产生了。与此同时，人类的发音器官也在不断地发育和完备。语言是人类交际的重要工具，是人们进行沟通交流的各种表达符号。加之文字的发明，使人类有了固定的语言载体。

信息是已经排列成有意义的形式的数据。信息又是数据与知识之间的过渡形态。关于信息，有人描述说：

睁开眼睛，信息从眼前流过；

伸开双手，信息从手上传来；

张开嘴巴，信息脱口而出；

恍惚神情，信息失之交臂。

关于信息的界定有多种标准。

•《辞源》："①音讯；消息。②通信系统传输和处理的对象，泛指消息和信号的具体内容和意义，通常须通过处理和分析来提取。"

•《辞海》："信息是指对消息接受者来说预先不知道的报道。"例如，杜甫《春望》句："烽火连三月，家书抵万金。"对处在安史之乱中的人来说收到家书是多么令人兴奋啊！

• 美国《韦氏字典》："信息是用以通信的事实,是在观察中得到的数据、新闻和知识。"

• 1928年哈特莱在《贝尔系统电话》杂志上发表《信息传输》的论文,提出"信息是指有新内容、新知识的消息""信息是代码、符号、序列所承载的内容"。

• 控制论奠基人维纳(1948)指出:"信息就是信息,不是物质,也不是能量",指出信息是自然界三大资源之一。

• 信息论的奠基人之一香农(1948)认为:"信息是不确定量的减少""信息是用来消除随机不确定性的东西"。香农在《贝尔系统杂志》上发表题为《通信的数学理论》的论文,提出信息量的概念和信息熵的计算方法。他对信息的系统论述,标志着信息论的创立。

• 我国国家标准GB489885《情报与文献工作词汇基本术语》关于"信息"的解释:"信息是物质存在的一种方式、形态或运动状态,也是事物的一种普遍属性,一般指数据、消息中所包含的意义,可以使消息中所描述事件的不确定性减少。"意思是,数据有序排列构成信息。而数据的全部价值在于有序排列,构成有意义的信息,否则,就是噪声。所谓信息,就是指数据不确定性的消除。就是说,随意无序的、混淆的数据都是无意义的,只有当数据或数据群以一定的方式有序组合,才产生意义,能够用来描述事物,这就形成有逻辑的数据流——信息。可见,信息能够用语言、文字或其他信号来表达,它是经过加工处理的有一定含义的数据。用公式表示为:

信息＝数据＋有序排列

数据是在整体中发现的。大自然万千气象，变化无穷，白云苍狗即人的思维对自然景观排序，形成意象，这种意象就构成一定的意义，形成信息。

如几滴墨迹涂在纸上就是几滴墨迹，但若以一定的笔调有序运作，表达确定的意象，就形成艺术品。

信息传递系统分为信源、信道和信宿三个要素，信息以数据（信号）的形式从信源通过信道传递到信宿。经过接收者（信宿）的编码、译码建构成信息。信息的传递方式沿着如下路线运行：

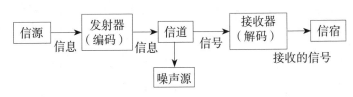

图7-1　信息的传递

生命遗传信息就是以数据的形式在细胞内的有序排列，通过DNA或RNA编译成遗传信息识别，再根据识别的结果负责细胞成分的组装，决定细胞的基本结构和代谢形式，指导着细胞代谢及其调节（如酶的催化反应及变构调节）。在细胞间交流时，细胞表面糖被结构决定同种细胞的粘连（adhesion）、聚集（aggregation）及性细胞的融合等。而核酸的结构信号是亲代细胞向子代细胞传递遗传信息，并决定子代生长发育的基本模式。

电信号是生物体最重要的物理信号。它主要指细胞膜静息电位改变时引起动作电位的定向传播。它在外界刺激——细胞反应耦联中起重要作用。生物体内的某些化学物质，它们的主要功能是在细胞间和细胞内传递信息。可以分为细胞间通讯的信号分子和细胞内通讯的信号分子。两者在功能上是密切合作的：多细胞生物受到刺激后，通常先产生胞间化学信号，到达靶细胞后与表面或胞内受体结合，然后通过胞内信号分子将信息传递到胞内或细胞核内的特定位置，完成整个通讯过程。

信息源于外部世界，但当人的头脑中有了一定的信息储存的时候，就分为主观信息与人工编码信息。二者的意义相近又有严格区别。主观信息主要是从本体上考虑，人工编码信息主要是从技术上考虑。主观信息在范畴上包括知、情、意、需要、兴趣、动机、态度、信念、理想、世界观、气质、能力、性格等主观能动的所有方面。人工编码信息是信息与符号关系的结合，用符号代替具体对象，用符号作为中介沟通信源、信道和信宿。人工编码是在自然编码基础上形成的二级编码，是信息之上的信息。一般情况下，符号层次的信息及关系表达往往比较简单，可以确定化、形式化、符号化、量化、可量度、可计算，传递和处理它们非常容易。但符号所指、所代表的对象的语义信息不一定可以完整表述，一个简单的符号如字母A可以代表一个简单的分子，可以代表一个复杂的人、一个社会系统甚至一个宇宙的存在，符号代表的语义往往要靠信宿自身对符号的学习与解释来确定，符号与语义的关系是约定俗成的。信宿对符号的解释要靠信宿以往的学习来决定，信宿的学习过程实际上是建立对象信息与符号信息的对应与捆绑关系。在学习的基础上，已经掌握符号体系的人使用符号信息时，这种符号对语义的对应解释过程在人脑中自动完成，看似不费什么气力，实际涉及非常复杂的信息处理，特别是要由信宿主体自身拥有的信息系统的内容来决定。在现有的理论和实践中，人们往往忽略了解决符号与语义关系问题的复杂性。如果要用机器来完成符号的语义理解太困难了，除非机器与人一样具有学习能力。科学正在朝着这个方向努力并取得初步成果。霍金称，人类大脑的工作方式类似于计算机程序，因此理论上可以将大脑复制到计算机上。

使数码用分离（即不连续的）价值（0或1）代表信息，用以输入、处理、传输、存储等。相对的非数码系统使用一个个连续的范围代表信息。虽然数码的表示方法是分离的，但其代表的信息可以是分离的（如数字、字母等），也可以是连续的（如声音、图像和连续系统的其他测量等）。数码产品表示法通常用于计算机科学和电子学，特别是真实世界的信息被转换成二进制数字形式，如数字式音频和数字照片。

数据相对于信息而言也称资料。通过数据可以组合成信息，通过信息可以组合成陈述性知识。而程序性知识和反省认知性知识可以通过对数据、信息的加工构成陈述性知识。

知识文明与知识生产

知识文明与知识生产是当代社会实践的首要现象和普遍行动。大数据时代的教育实践主要是为知识文明和知识生产服务，为此，应对知识文明、知识生产的内涵，特别是对知识范畴的扩展有一个清晰的思想认识。

大数据时代就是知识文明时代。所谓知识文明时代，是指人类对知识的共享。以往由于信息的无法沟通而造成民族间的隔离，如今，"云"可以飘到地球的每一个角落，将大数据带到世界的任何地方。

当今科学技术日新月异，新知识、新成果层出不穷。据联合国教科文组织的统计，人类近30年来所积累的科学知识，占有史以来积累的科学知识总量的90%，而在此之前的几千年中所积累的科学知识只占10%。英国技术预测专家詹姆斯·马丁的测算结果也表明同样的趋势：人类的知识在19世纪是每50年翻一番，20世纪初是每10年翻一番，20世纪70年代是每5年翻一番，而近10年大约每3年翻一番。国内也有专家认为，不仅知识的量在飞速增长，而且知识更新的速度也越来越快，知识倍增的周期越来越短。20世纪60年代，知识倍增的周期是8年，20世纪70年代减少为6年，20世纪80年代缩短成3年，进入20世纪90年代以后，更是1年就增长1倍。如今，人类一天产生的数据超过历史上五千年数据的总和。

2010年6月10日，全国人大常务委员会副委员长、中国科学院院长路甬祥说，展望人类文明发展进程，人类社会将创造继农业文明和工业文明之后的新的文明——"一个崭新的人类文明形态——知识文明时代即将到来"。不同的文明时代，社会发展的主要资源也不同。农业文明的主要资源是土地、水、生物、气候等自然资源。工业文明的主要资源是化石能源、矿产资源和生物质资源等自然资源，以及资金、厂房、设备等要素资源。知识文明是知识资源成为引领发展引擎的主要因素，知识创新成为发展的核心要素，知识创新与应用成为经济增长、社会进步与可持续发展乃至人的全面发展的主要方式。知识作为新的资源，与传统物质资源相比，具有共享普惠、无限增值的本质特征，克服了传统物质资源排他性和消耗性的固有缺陷，并能引导物质资源的可持续利用。同样的知识资源能够为不同的人群同时使用，而且使用的人越多、使用的面越宽，知识就能实现越大的价值，知识的增长也越快，并将为人类社会发展提供永不枯竭、可持续发展的资源保障。

知识生产是知识文明的本质特征。知识生产是指人们在物质生产的过程中发明、发现、创造各种为物质运动的转化提供条件与能量来源的思想、观点、方法、技巧等的过程。其目的与物质生产相同，都是认识自然、改造自然；两者同是人类分工合作的社会活动，而且同是在一定的社会关系中进行的生产活动，都要借助一定的物质条件和资料，遵循生产过程的自然规律和社会规律。但知识生产与物质生产相比是更高层次的生产力，前者具有信息性、探索性、创造性与非重复性、低可比性和继承性。知识生产的产品具有扩散性、延续性和累积性特征。（见王绍平等，《图书情报词典》）知识生产方式是个性化创造和全球规模化组织有机结合成的主要的生产方式。科学技术作为生产力中最具革命性的要素，不断创造新的生产工具，不断拓展劳动对象，不断提升人的能力，进而引发社会生产方式的变革。技术革命和工业革命，使社会生产方式发生重大变革，从农业文明时代主要以个体劳动及其简单集合为主的生产方式，跃变为工业文明时代以规模化大生产为主的生产方式，其主要特征是生产的工厂化、标准化、程序化。20世纪90年代以来，信息技术和网络技术的广泛应用，推动规模化大生产方式向全球制造、柔性制造、绿色制造、网络制造发展。计算和网络能力的跨越式提升、新的知识为基础的服务业、文化产业和智能产业的快速发展，为个性化创造提供了广阔的发展空间，使得人们随时、随地、随心所欲地创造知识产品成为可能，以人的知识创造为中心的生产与工业文明时代以机器为基础的规模化生产相结合，将创造新的生产方式。学科交叉融合，科学技术相互作用，知识、技术、人才转移转化应用的速率加快，科技创新突破与产业革命将导致社会生产方式的根本性变革（路甬祥，2010）。

8 大脑连"云"

——与"云""共在"的主体思维

互联网就像一个神经系统，身体的某一细胞，可以立即感知周围细胞的情况，全球脑确实存在，但并非是一个大脑，而是一个庞大的人类与机器的连接体。

——特斯拉首席执行官埃隆·马斯克

我们父辈生活在世界不同地区，那就意味着他们生活在非常不同的世界里，但我们的孩子却生活在同一世界，不管他们生活在世界的哪个角落，因为互联网将他们都连接在一起，我们都生活在同一个信息空间里，所以我们当然会改变人类文化。

——美国计算机科学家丹尼尔·希利斯

量子思维
大脑连"云"港
大脑思维与"云"的信息环路
人与"云""主体间性"的平等对话
学习者"云"人格的建构

量子思维

以人为本是社会主义的根本特征，是大数据时代人类进步的发展方向。因此，对人自身的科学，即思维的本质我们应有一个透彻的了解。

大脑是人的思维器官。"云"是一种计算模型。大脑思维和"云计算"二者是迥异的存在者，但二者都是以网络的形式出现，在结构上是相同的。这可以从"云计算"的根——计算机说起。如同工具，机器是人的手、眼、耳等的延伸，计算机则是人脑的延伸，而人的手、眼、耳等感官都要经过人的大脑思维发挥作用，所以，计算带有总括的性质。

通常所说的大数据，实际上是"大量数据"，而真正的"大数据"是相对论和量子力学结合带来的。

量子理论认为，只有波函数才包含客体的全部信息，而宇观数字与微观数字有惊人的共性之处。

量子信息是量子力学与信息科学结合的产物。广义上说，量子计量是利用各种量子资源或者量子效应，实现对某些物理量超越经典的精密测量。在牛顿物理学中，永恒不变的时空是万物的绝对的存在形式，在物理量中是没有任何普适常数的。然而，由于爱因斯坦相对论对光速极限c的发现和量子力学中的普朗克常数h被发现，使得科学从此对不同尺度的对象要用不同的眼光来审视，所以，"大数据时代"的到来是双重的变革，巧合的是，它们是同时到来的，至于其中有什么内部联系尚有待探讨。

云计算使任何数据存储和传输成为可能。而整个世界可以轻易地装在数字的"宝瓶"之中。美国苹果公司联合创办人乔布斯先后领导和推出麦金塔计算机、iMac、iPod、iPhone、iPad等风靡全球的电子产品，深刻地改变了现代通讯、娱乐乃至生活的方式。他是一位改变世界的天才，他凭敏锐的触觉和过人的智慧，勇于变革，不断创新，引领全球资讯科技和电子产品的潮流，开创了一代新兴伟业。比尔·盖茨让微电脑摆在每一个办公桌上，而手机成为阅览器则是微电子领域的又一波技术革命，不用存储，直接成为数据语言音像。

量子思维在佛陀文化中早已出现，随着佛陀文化传到中国，这在中国的计数中有所反映。请看我国古代的十进位计数。

大数：一、十、百、千、万、亿、兆、京、垓、秭、穰、沟、涧、正、载、极、恒河沙、阿僧祇、那由他、不可思议、无量大数。

小数：分、厘、毛、丝、忽、微、纤、沙、尘、埃、渺、漠、模糊、逡巡、须臾、瞬息、弹指、刹那、六德、虚空、清净、阿赖耶、阿摩罗、涅槃寂静。

位于两极的是无量大数和涅槃寂静。涅槃寂静即是"空"，但"云空未必空"，物质呈现量子态。

元代朱世杰的《算学启蒙》首度记载无量大数，是不可思议（10^{120}）的万万倍，即 10^{128}；佛教涅槃寂静是 10^{-24}；阿基米德的大数据是 10^{100}。

量子思维的产生是对传统思维的巨大突破。如果将量子力学以前的思维划为传统思维范畴，在传统思维中也有思维的变革。其中显著的成就是近代科学思想的产生。近代科学开始于16世纪哥白尼的"太阳中心说"。他的观点被开普勒、伽利略和17世纪的牛顿等人加以发展和完善。而牛顿1687年的《自然哲学之数学原理》一书揭示了近代第一次科学革命的成果。牛顿以数学公式为依据解释天体运动，形成一幅"世界体系"图景。笛卡儿甚至把全部自然知识等同于数学知识。由于经典物理学的巨大成功，牛顿与笛卡儿的观点逐渐被泛化为一种统治西方人思想的牛顿—笛卡儿世界观。世界像一个巨大机器匀速、线性地运动着，部件（部分）之间相互分立，只有机械联系。这个"世界体系"的思想核心，是客观、精确、机械的数学模式。这种思想方法在19世纪麦克斯韦的研究理论中达到巅峰。到19世纪末，经典物理学似乎已经发展到相当完善的阶段，所有的物理学现象可以通过牛顿力学和麦克斯韦电磁波理论加以描述。科学家甚至认为，绝大多数自然界的基本规律已经被发现，并且绝大多数的自然现象遵循这些规律。

在整个物理学界，正当人们为使物理学到达"光辉顶峰"的经典物理学欢庆的时候，突然"天空中飘来了一片乌云"。法国物理学家普朗克在解释一种叫作"黑体辐射"的物理现象时，石破天惊地提出：黑体所辐射的能量不是连续的，而是一份一份的。每一份能量都是基本能量的整数倍，即量子假说。1909年卢瑟福发现原子的结构：中间是一个极小的原子核，外面是电子。如果按照牛顿力学与经典的电磁理论，这些原子核外的电子应该会发射电磁波而失去能量。但实际上，原子是稳定的；进一步的实验表明，原子层次的现象无法用经典的牛顿理论解释。很快，物理学家提出一套称为量子理论的方案，它可以计算出氢原子发出的光的频率，并且与实验非常吻合。量子理论认为：粒子不只是像一个小球，同时它也有波的性质，它的波长是 h/mv（其中h是一个常数——称为普朗克常数，m是粒子质量，v是粒子的速度），这叫作物质波。紧接着一大批杰出的理论物理学家涌现出来，他们得出量子理论的数学方程。量子理论非常成功，其计算的结果与实验完全吻合。以普朗克为代表的量子论诞生了。

丹麦理论物理学家尼尔斯·玻尔（Niels Bohr, 1885—1962）提出量子力学的非决定论思想，量子运动具有随机性，即不可精确预期性。德国物理学家海森伯于1927年提出量子力学的"不确定性原理"。该原理说，人们永远不可能同时准确地测量一颗粒子的位置和速度，即你对其中一个量测量得越精确，对另一个量则测量得越不精确，永远存在一种不确定性或概率的因素。海森伯对量子世界的不确定性关系的诠释表明，测量活动本身会对被测量对象产生干扰，观测仪器与测量对象间的互动使两者不可分割，即我们只能在特定的情境、视域和视角下，通过对现象的作用去把握现象，我们的参与影响现象本身。

终结"牛顿—笛卡儿"世界观的是由爱因斯坦创建的相对论和由一大批杰出的科学家共同创建的量子理论。量子理论作为在经典物理学城堡中发生的"科学爆破"，石破天惊般地掀起了第二次科学革命。

丹麦的玻尔，德国的海森伯，英国的狄拉克，奥地利的薛定锷，法国的德布罗意等一批科学巨匠，通过对"波粒二象性""测不准原理""几率波""电子自旋""非局部作用"，以及关于"能量场""全息场"等方面的研究，使与牛顿经典物理学相对立的量子物理学，从个别人的奇思怪想变成深刻影响人们的思想，并且成为广为人们接受的科学体系，揭示了微观物质世界运动的本质与规律。而经典物理学仅仅成为在低速宏观物质世界运动的特例。由于量子物理学研究对象和内容远远超出物理学这门学科的范围，它实际上已经成为一种带有世界观性质的普遍理论和思维方式。

实真空有均匀性，而虚真空受物质分布影响却产生相位，这个相位可以受外界影响发生变相，相位有记忆性，使干涉发生，包括光和其他粒子。人脑的信息处理模式也许就是这样。由于相位的记忆性和步进性，因此它可以作为多进制信息处理模式，构成人脑模式量子计算机。

人脑的记忆信息储存于全身经络而信息处理在大脑。由于人脑神经思维主动性，可以影响神经组合相位。人脑的记忆与思维原理就在于人体神经的多种组合产生相位，相位受外界信息和神经刺激共同影响。而相位对信息传递有选择性，如对光行进线路的选择，相位有量子波函数饱和周期和不饱和相位，遵循量子路径积分，由此产生人脑对数据—信息的处理。

量子理论渗透到人们的意识中，形成量子思维，并形成许多新的特点。

• 世界在基本结构上是相互联结的，应该从整体上看待世界，整体产生并决定部分，同时部分也包含整体的信息。

• 世界是“复数”的，存在多样性、多种选择性，在我们决定之前，选择是无限的和变化的，直到我们最终选择了，其他所有的可能性才崩塌。同时，这个选择为我们下一次选择又提供了无穷多的选项。

• 微观世界的发展存在跳跃性、不连续性。

• 事物之间的因果联系是异常复杂的。

• 事物发展的前景是不可精确预测的。

• 微观物理现象不可能在未被干扰的情况下被测量和观察到。

新的科学成就打破了世界的"秩序"和原有规范，一切都处在偶然和不确定之中。作为"亲在"的人，再也不能翻阅过去的老皇历，接受新理念的结果就是如何重构自己的知识，包括事实性知识、概念性知识、过程性知识和反思性知识。

综合智力网络是思维有机体，是滋育人的精神生命的系统，所以，相对于精神生命而言，综合智力网络也称为综合智力网络生态系统。综合智力网络是形成综合智力、自控综合智力行为的一个复杂系统，包括综合智力网络中枢及中枢外周神经网络两大部分：综合智力网络中枢是形成综合智力，并自控综合智力行为的多维网络动态中枢结构。中枢外周神经网络是综合智力网络中枢输入或输出信息的延伸部分，它包括人脑以外的神经系统对应的信息输入、输出通道束及感觉器，即周围神经系统。其功能在于完成人的个体与环境之间的物质、能量交换和信息交流。环境对不同感受器的不同刺激是以声、光、电、热、磁等不同信息形式传递的。

人的每一个具体行为都是由综合智力网络中枢调控的，涉及大脑中多种综合性活动。

在综合智力网络中，同质信息氛是精神代谢重要的动态构成部分。每个脑区包含各种神经核团，是网络结点具有相同本质属性的信息存储、复制、组合、更新的信息质点的集合。

同质信息氛的"同质"，体现了神经系统中神经细胞、神经元树突、树突棘、突触等各要素内部存在非常复杂的多样性；各种神经细胞必须有其精确的位置，不可以错乱；神经细胞之间有特定的连接、有特定的通路和神经网络的功能特性；各种复杂的信息有选择地进入不同脑区部位进行信息处理，以及人体神经系统有极强的自控特性的含义。

同质信息氛的"氛"，一定程度上既体现了脑细胞外蛋白形成脑细胞的微环境，共同对脑神经突触的可塑性做出贡献，同时也体现了神经元树突分支拓展的含义。同质信息氛中质点数与信息量成正相关，质点越多，说明信息量越丰富，该信息氛的直径就越大，与相邻类质信息氛（属性相似的相邻信息氛）越易重叠，形成大口径信息通道，便于整合。这是神经联系的一大特点。同质信息氛存在两种状态：处于休眠状态的休眠信息，能量较低，处在该信息氛的内层区域；更新的、处于活化状态的信息，称为"活化信息"，能量较高，处在外层区域。

大脑全部区域可以根据同质信息氛活跃程度的不同分为活化区、沉寂区和准活化区。脑活化区是在综合智力网络中枢中，众多大小不同、层次不同的同质信息氛及其构成的信息通道束所处的网络区域。脑沉寂区是没有形成同质信息氛的网络结点及其构成的未启动的信息通道束所处的网络区域。脑准活化区是处在两种状态之间过渡性的脑区。

在网络结点间构成的许许多多的信息通道束，是大量的信息传递通道，它们是由一类特优程度很高的神经元的树突和突触构成神经细胞间的相互联系形成的信息宽带通道。其功能是在综合智力网络中的各子系统或各要素间负责信息流的传输，是构成个体与环境间信息网络环路的重要通道，是综合智力网络构架的重要组成部分。人的大脑是最复杂的信息处理器，记录规模和速度达1000个信息比特单位/秒，可传递的神经冲动达40多亿次/秒。当相邻的同质信息氛A与同质信息氛B的重叠大到一定程度时，就分裂出具有交叉属性的新的同质信息氛C及相关联的网络支链。

人的大脑是一个开放的信息环路，它的作用是大脑能同时分析和综合收到的信息，并能同时运作整体和部分收到的信息。脑具有同时"见到"对象的整体与部分并能同时分解信息与汇集信息的独特功能。所以，分析与综合作为经常相互作用的重要思维过程共同发展。大量信息的刺激作用，诱发脑神经可塑性变化，促进新突触的形成或神经环路的修饰，使脑内神经元树突及其分支的形态得以形成和发展，需要广泛地吸取大量信息，开发和疏通各种信息通道，让各类信息畅通，并且"温故而知新"。

综合智力网络系统与脑神经系统中有两个非常重要的相互联系又相互对应的概念。以视觉为例，某人"看见"一棵树，在脑神经系统的作用下，在他的视网膜上形成树的物像，经过感光细胞的换能作用，转换为生物电信号产生神经冲动，经过信息通道束传递到脑内的相应同质信息氛。而综合智力网络中枢与大脑神经网络中的相关信息进行整合，产生感知觉。综合智力网络建构包括经验依赖性信息建构和经验期待性信息建构两部分，而这两部分都包括直接和间接、社会共有和个人特有的经验过程。综合智力网络生态系统建构的是复杂关系，所有运作的关键是智慧对信息的选择和处理。所以，基于存在论的信息定义如下："信息是事物及现象的存在方式之一，它是通过一定的媒介对事物及运动状态的一种显示、映射，它标志事物及现象的间接存在，能被感官所感知，并能够被人的思维建构成知识。"（洪昆辉，2001）

常识告知，世界是由物质、能量和信息构成的。没有质量、没有相位、没有大小、没有颜色和味道的信息构不成意义。李德毅院士说："在包括人类自身在内的自然环境里，物质、能量和信息是三大要素。没有物质什么都不存在，没有能量什么都不会发生，没有信息什么都没有意义！"J.惠勒（1990）认为："一切源于信息"，主张真实世界的一切可能最终都基于信息。而包含了全部信息的那个抽象的东西，就是量子态。

大脑连"云"港

量子思维的大脑同覆盖寰宇的"电子'云'"形成的脑"云"互联成为大数据时代的普遍现象。人的个性与共性的哲学精髓得到彰显，自然科学和人文社科修葺整合，呈现一派蓬勃发展的景象。

"云"与符号互动。20世纪70年代以来，符号相互作用论成为很有影响力的理论派别，它是从美国社会学家米德的论述中发展出来的，它把自我的表现当作一种社会交叉反应来看待，所以，符号相互作用论亦称"象征互动论"或"象征交互论"。符号相互作用论的公式是："刺激—符号的意义—反应"。符号相互作用论认为，人们的相互作用与动物的相互作用（自然界的相互作用）的最大区别在于间接性，即认为他人的行为、动作及语言是对个人的一种刺激，但个人对这种刺激并不直接产生反应，只有当个人理解他人的行为、动作及语言符号的意义时才做出反应。米德还认为，自我作用的过程，也运用语言符号。他还认为"我"是个人接受别人对自己的看法而产生的结果。

该理论认为，世界充满象征物；对于人类而言，所有对象带有人们赋予的解释意义，因而都是一种符号，即都具有象征性；人类的一切行为均可以看作是对象与意义的相互作用；由于人类对某种行为的反应是以他们对这一行为的理解为依据的，所以，人类的相互作用是以象征为媒介的，是通过解释或确定彼此行为的意义来进行的。符号作用论者认为，人生活在一个符号和物理的环境中；经由符号，个人有能力去刺激他人，这种方式与自我刺激是有区别的；经由符号沟通，个人从他人身上学习到大量有价值和有意义的东西，包括行为方式等；这些符号、意义、价值等并非单独存在，而是以一种群体的方式，大量复杂地存在着；思考是一个过程，人们通过这个过程抉择一个行为。

符号互动理论指出，个人社会行为是其所属群体中规范行为内化的结果。米德把社会相互作用视为联结个人与社会的"媒介过程"，个人行为具有相互性和社会性，这种相互作用是人格形成的外部条件。米德还强调意识和个人行为的相互关系。他认为，由于意识的存在和相互作用，才使人们通过别人对自己的态度看到自己、知道自己。他的相互作用论特别体现在他的自我论上：他认为，人的特点是有自我，就是人在客观地对待社会环境的同时，也客观地对待自己，把自己置于环境当中某一确定的位置上加以客观化。而自我的客观化，又与自我的结构和功能分不开。米德认为，自我通过他人的眼睛或者说社会这个一般的眼睛，把他人对自己的态度予以组织化，并内化为己有，从而产生客我。米德那里的客我，是人在与他人交互作用的过程中把自己对象化，并加以主观规定的产物，客我以客体的面貌出现，是受社会制约的。米德极力阐述个人社会化的问题，把个人行为置于社会结构中去考虑，因此，"角色"概念是他的社会相互作用论中的一个关键概念。角色是个人在社会互动中，一方面得到社会期待（角色期待），另一方面，通过遵照他人角色或社会规范等获得。

符号互动论有一个核心论点，那就是：自我并不能先于他人产生，只有当他人的存在进入自我的经验时，自我才能产生自己的经验，自我只有在与他人的交流中才能产生社会的意义。这样的"他人"，并不是说有一个"他人"这样的主体，而是用来形容社会性人得以产生的前提。米德又称之为"泛化的他人"，实际上就是指一种决定自我与他人存在的社会共同体。这一观点，支持了海德格尔的"共同此在"观点。

人"云"互动的主要意义是以用户为考量，而不是从设计者的概念模型去切入，如何让用户能控制系统的顺序、速度，怎么注意信息，这些都是人"云"互动所关心的。人"云"互动的关键在于用户了解"云"能替我们做些什么及如何处理信息，我们就可将大部分时间放在自身，而不是技术领域。所以，在云计算中，大量技术问题将得到简化。这样，用户就可以轻松地满足自己的需求，有效率地进行工作，让云计算发挥更大的功能。

科学家预期在2045年，人们用1000美元将可以买到具有10亿人脑运算能力的电脑。届时，电脑将拥有所谓的"强人工智能"，并能代替人类思考。但电脑也不是万应万灵的，更复杂的决策是云计算无法完成的。

大数据虽然孕育于信息通信技术的日渐普遍和成熟，但它对社会经济生活产生的影响远远超出技术层面，就其本质而言，大数据通过信息技术的创新以及数据的全面感知、收集、分析、共享，为人们提供了一种全新的看待世界的方法，即预测和决策将更多地基于事实与数据做出。大数据的信息通信技术发展积累至今，按照自身技术发展逻辑，从提高生产效率向更高级智能阶段的自然生长。无处不在的信息感知和采集终端为我们采集了海量的数据，而以云计算为代表的计算技术的不断进步，为我们提供强大的计算能力，这就围绕个人以及组织的行为构建起一个与物质世界相平行的数字世界。我们的大脑和"云"都以物质性存在着，二者以特殊传媒联系在一起，腾云者的大脑以独特方式构成连"云"港。

总之，云计算将越来越方便和简化人们对大数据的收集获取、分析处理、概念的重构创新，真正走向万马奔腾的新时代。

思维与"云"缘在。"云"作为知识的生境，存在于个人的视域之中。就是说，只有在人所能理解的"云"的范畴内才是我的"云"。打个比方说，亚洲人对发生于美洲的大洪水的云层是没有识别体验的。

对我而言，"云"只是与我共在才有意义，如同云中的树一样。树与云是相互依赖的关系。这就昭示，我与"云"之间的共在以及我与云对于客观对象的工作论的认同，而这是借助我将云作为"工具的使用"的"整体因缘"而完成的。"云"，只有熟悉的才是。听过费翔《故乡的云》的人对开头两句难以忘怀："天边飘过故乡的云，它不停地向我召唤。当身边的微风轻轻吹起，有个声音在对我呼唤。"这也许唱出了我与"云"的关系。只有我与"云"作为一个共同的集体的时候，即我是"云"的一个"水滴"的时候，"云"对我才有意义。

同世界处于"我和你"关系之中一样，我与"云"也是"我和你"的关系。就是说，我与"云"并不是因果关系，而是一种非决定论的平等关系。

大脑思维与"云"的信息环路

概念需要与时俱进。所谓善于思考，随机应变，就是学会认识到旧概念已成谬误，视被"颠覆"情况的不同，对知识的拥有会来自能够产生丰富结果的危机或深层的不连续性。为了学习，人们必须建立一种不协调，它至少要瞄准处于"健康稳定状态的信念的'硬核心'"（安德烈·焦尔当、裴新宁，2010）而制造一种紧张，打破由学习者的心智结构建立起来的平衡。而这样一来，学习者的概念首先在语义结构上发生变化，而导致学习者的概念的整体功能发生连锁反应。从而说明，新概念范型通过新概念系统的结构重建而得到建构。

1995年，日本的野中郁次郎（Ikujiro Nonaka）和竹内弘高（Hirotaka Takeuchi）在《创新求胜》（*The Knowledge-Creating Company*）一书中提出"SECI模型"，并对知识创新的知识场所（Ba）以及知识创新的结果与支撑进行了全面论述，对知识创造和知识管理提出了一个新颖的认识。OECD在《以知识为基础的经济》（1996）中指出："学习的一个基本方面是将隐含经验类知识转化为编码化的知识并应用于实践，进而又发展出新的隐含经验类知识。"隐性知识和显性知识二者之间相互转化的过程就是知识创新的过程。

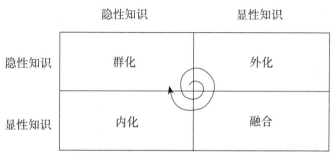

图8-1　SECI模型

　　SECI模型存在一个基本的前提，即不管是人的学习成长，还是知识的创新，都是处在社会交往的群体与情境中来实现和完成的。正是社会的存在，才有文化的传承活动，任何人的成长、任何思想的创新都不可能脱离社会的群体、集体的智慧。因此，关于"隐性知识"与"显性知识"相互转化的SECI模型完成一次螺旋上升的每一个阶段都有一个"场所"（Ba）存在。

　　对应上述知识转化四个过程阶段，知识转化前后经历四种"场所"（Ba），它们分别为"创始场所（Originating Ba）、对话场所（Interacting/Dialoguing Ba）、系统化场所（Cyber/Systemizing Ba）、练习场所（Exercising Ba）"。这是野中郁次郎和竹内弘高参照日本哲学家Kitaro Nishida与Shimizu所探究的场所的概念（the concept of "ba"），经精心研究后提出来的。每个场所分别提供一个基地，以利于进行某一特定阶段的知识转化程序。

　　——创始场所（Originating Ba）。创始场所是知识创造过程中的起点。学习主体间基于情感上的共鸣，排除自我与他人之间的障碍，彼此交互表露其感觉、情绪、经验与心态。因此，从创始场所展现出关怀、爱心、信任与承诺。创始场所代表群化阶段。个人之间面对面之接触经验对隐性知识的移转与转化十分重要。

　　——对话场所（Interacting Ba）。学习主体在对话场所也即互动场所彼此交换想法，同时也对自己的想法加以反省及分析。大家以开放的态度彼此充分对话，将隐性知识转变为显性知识，以创造新的知识。互动场所代表外化阶段，大家以开放的态度，彼此充分地对话，将隐性知识转变为显性知识，以便创造新知识及价值。这是知识创新的最关键的场所。

——系统化场所（Cyber Ba）。利用虚拟世界而非实际的时空互动。在组织内部将新的显性知识与现有的资讯与知识组合，再产生更新的显性知识，并使之系统化。利用网络资料库等资讯来强化此项知识的转化程序尤为有利。电脑场所代表组合阶段，利用虚拟世界进行互动。在组织内部将新的显性知识与现有的资讯与知识组合，以便再产生更新的显性知识，并使之系统化。利用"线上网路"、文件与资料库等资讯来强化这项知识的转化程序。

——练习场所（Exercising Ba）。练习场所代表内化阶段，以实际演练等方式不断地练习，能应用实际生活或模拟的显性知识，并持续将这些知识内化。

不同知识的创新是不同场所的产物。知识各个阶段转化依场所变化而变化。四种场所，依序产生四种知识转化的自我超越程序，显现出四个阶段的螺旋式演进的知识创造过程。

由于知识的创造是在一定的情境中进行的，野中郁次郎于1998年进一步以"场所"的概念来具体说明情境、场所与知识创造的相互关系。野中郁次郎将"场所"定义为知识被转移、分享、利用、创造时所处的情境，它们分别是物质空间、虚拟空间（赛博空间）和精神空间（共享的理念），或者是三者的任意组合。"场所"有四种类型，每一种场所支持一种类型的知识转化，即发起性"场所"（支持社会化）、对话性"场所"（支持外在化）、系统性"场所"（支持组合化）和演练性"场所"（支持内在化），并为知识螺旋上升过程的具体阶段提供平台。2000年，野中郁次郎等人在使用SECI模型与"场所"理论来解释知识创造过程的基础之上，又加入了知识资产与知识愿景的观念。迄今为止，野中郁次郎的SECI模型和"场所"理论是对知识创造过程进行分析的系统工具。

虽然SECI模型和"场所"理论对知识组织内部、组织之间的知识创新过程给出了一个系统性解释，是迄今为止最有影响力的知识创造过程模型，也是知识管理理论的重要基石之一。但是，它只是从知识客体的角度笼统地给出知识创新的过程，没有对知识转移与知识创新的主体——人和组织的知识创新行为进行深入的分析。而"场所"理论过度强调隐性知识与显性知识的区别，忽略了两者之间的联系，割裂了知识创新过程的整体性和连续性。教育者应根据学习者个人的实际，处理好外显的编码化知识与内隐的经验类知识的区别与联系，更好地开展知识创新。

迪尔克斯等（2001）在根据编码隐性知识与显性知识将知识划分为显性知识与隐性知识的基础上，又从性质和等级的角度对于联盟的合作者与合作成员之间所转移与创新的知识区分为技术级知识、系统级知识和战略级知识，每一类知识都包含显性知识与隐性知识，显性知识、隐性知识也可以是技术级知识、系统级知识和战略级知识中的任意一种。从性质和等级角度对知识的划分更具有现实意义，它对应于知识联盟中不同层次的合作与交流。

将上述原理与大数据结合起来，可以清晰地发现SECI模型暨"场所"的中心环节是对话场所和系统化场所。这两种场所对技术级知识、系统级知识和战略级知识通过显—隐性知识的处理也发挥关键作用。对话场所是学习者步入云端，与对话者交流，同时对自己的想法加以反省。交流者以主体间的关系展开充分对话，通过相互启发和讨论，将口悱悱的沉闷者变成发言者，将心愤愤的迷惑者变成合乎理性的思考者，在这里，新的隐性知识和显性知识交替涌现，新知识得以创建。而系统化场所即是所说的赛博空间（Cyber ba），学习者利用虚拟世界，在自由的时空互动。在组织内部将新的显性知识与现有的资讯重组，再产生更新的显性知识，这就是知识系统化。可以说，利用云的庞大信息库的丰富资讯来强化知识的转化程序这是得天独厚的优势。就是说，利用在线学习是将程序安上双翅，可谓"鲲鹏展翅九天里""阅尽人间春色"。

正是云端学习的交流对话和知识的系统化，成为显性知识和隐性知识两种知识创新的门径。

人与"云""主体间性"的平等对话

云计算的伦理要求是与云主体间的对话，大数据时代呼唤平等人格的建构，而平等人格需要主体的人在实践中进行打造。

从哲学形态上看，古代自然哲学是本体论哲学，属于前主体性哲学，人受制于天的意识形态，是原始文明、农业文明发展的产物；近代哲学是认识论哲学，建立在主客二分基础之上，属于主体性哲学，是工业文明发展的产物；随着时代的发展，主体性哲学的历史局限性日益凸显出来：第一，将人的生存活动界定为主体对客体的征服和改造，导致全球性的人口膨胀、资源匮乏、物种灭绝、生态危机；第二，忽视存在的本质方面——主体与主体之间的关系。正因为如此，人们在后工业社会扬弃主体性哲学而建立起主体间性哲学，孤立的单子性主体变为交互主体，存在是主体间性（Intersubjectivity，亦称"主体际性""交互主体性"）的存在。

主体间性涉及自我与他人、个体与社会的关系，否定了我—它（他）的关系，而转向为"我们""我—你"的主体间性的共在关系。这是西方哲学的"主体间性转向"。

主体间性概念的提出，使得社会科学在认识论方面出现了重大的转向，即从关注主体性和认知上的"主—客体"关系转向关注主体与主体之间的关系，进而把人类认知的对象世界，特别是精神现象不再看作客体，而是看作主体，并确认自我主体与对象主体间的共生性、平等性和交流关系。另外，主体间性改变了"存在"这一哲学范畴的基本内涵。它指出"存在"不是主体性的，也不是客体性的，而是主体间的共在。传统哲学的"存在"范畴或是客体性的或是主体性的，都不能摆脱主客对立的二元论。主体间性作为本体论的规定是对主客对立的现实的超越。

对话是日常用语，也是科学术语，与常识和科学知识有一定区分与不同，对话作为日常用语和科学术语是统一的。但需要在概念和发生机制上加以明确。

对话是两个或更多的人用语言交谈。对话（Dialogue）一词来自古希腊的dialogos。从语源学上讲，"对话是超越两人、两人之间和通过两个人的言语"（a speech across, between, through two people），是人与人相互之间一种具有张力的关系。对话也可以发生在人与各种文本等精神的载体之间，通过人对文本的理解展开：今人可以与古人对话；一个人可以与从未谋面的人对话，尤其在信息网络时代这种现象变得越来越普遍。海德格尔说："对话根本上不是一种具体的关于提问与反应的交流形式，它本质上是连接它的参与者的一种社会关系。"人是一种关系性存在。对话的本质在于自我与他者之间的关系。对话是人类存在的第一位的关系，是人类存在的中心，是人类生活的中心意图。它意味着发生在个体之间——而不仅仅是单一的自我内部——的人类存在的完全性。对话关系就是平等者之间共生的交往关系。对话关系的问题就是自我与他者主体身份的互补性。对话关系把所有的意义看作是共享的，把所有的语词看作有他人的一半。在对话关系的情境之外没有意义，即使人的存在本身也是对话的结果。对话是人的基本的生存方式或生活方式，人们在对话中"此在"，意义在对话中生成，对话就是目的。对话是完善自我或者对话式生存的本真含义。

主体间的对话是人的基本的生存方式，人的意识在对话中生成。存在者是以对话为标志的，对话就是目的。人是关系性存在，对话是社会交往中第一位的互济互补关系，是参与者的价值共享。人际交往是个人社会化的起点和必经之路。社会化即个人学习社会知识、生存技能和文化，从而取得社会生活的资格，发展自己的过程。如果没有与其他个体的合作，个人是无法完成这个过程的。人们在交往中彼此互相学习，共同提高。人一生的成长、发展、成功，无不与同他人的交往相联系。从人际关系中得到信息、机遇、扶助就可能助你走上一条成功之路。现代科学技术的发展使我们越来越依靠团队的力量，人与人之间的情感沟通和智力交往使某些工作出现质的飞跃，这种"团队效应"主要是在人际互动和交往中实现的。

主体间的对话是你—我之间最平常、最普通、最频繁、最高级的言语交流。对话，是自我与他者本体差异的延伸，你—我差异存在于能够实现它的范畴和例子之间。对话关注是本体之间的差异转向自我与他者之间的"同一"。对话打破了人与人之间的边界，是"交叉生成"新知的过程，是心灵的共鸣。对话，忽而揭开元认知的面纱，又疾驰于生命旅程，如少儿通过对话创生一个广袤的童话世界。由于对话，人才有沉思。对话是心灵的联结，是增知蓄智的渊源，是"花未全开月未圆"的新知重组，是海阔天空的豁然开朗，是茅塞顿开的恍然大悟。萧伯纳曾经说过："倘若你有一个苹果，我也有一个苹果，而我们彼此交换这些苹果，那么你和我仍然是各有一个苹果。但是，倘若你有一种思想，我也有一种思想，而我们彼此交换这些思想，那么，我们每人将有两种思想。"对话是我们共同不断地开拓新世界的征程，是你—我殊途同归的相遇；是行程中同新的他人的邂逅，同新的自我相逢，"也就不断同新的世界对话，同新的他人对话，同新的自我对话"（王向华，2010）。主体间的对话无处不在，无时不有。

人的大脑为什么这样发达？人类为什么会成为世界之灵？人为什么成其为人？这首先归功于对话。对话是"我们"或"你—我"之间最平常、最普通也是最频繁、最高级的现象。两个还不会走路的婴儿到一起，有说不尽的咿呀之语；启蒙时节的少儿共同创造一个童话的世界，两位中的任何一位在对方离开之后模仿着在一起的情景而自问自答，那富有童真童趣的童年是人们永远向往的人生黄金时期；一对年轻的恋人通过对话成为眷属，并终生对话，一直到撒手人寰；谈判桌上的对话使连天的战火烟消云散，顷刻之间化干戈为玉帛。由于对话，才产生了孔子和苏格拉底的对话教学，才产生了老子的《道德经》、孔子的《论语》和柏拉图的《对话集》，才产生了伟大的巨著——《资本论》。由于对话，才产生了欧几里得几何学、阿基米德的浮力定律、牛顿的"三大定律"、爱因斯坦的广义相对论和狭义相对论、量子科学家的量子理论、霍金的"上帝掷骰子"。由于对话，才有沉思，而沉思是人生的最大幸福，沉思也是一门艺术。对话是超越一人的脑际思维结构，对话是神经网络的联网，是意识的"云"。马兰哈约曾赞美说，对话的答案就是真理与公正的辩证法本质，答案与所有的论点相遇，从中把好的观点挑选出来，意识最终决定对与错、真与假、公正与不公正。然而这正是孔子、苏格拉底和柏拉图所追求的 "至善"。

在人的一生中，我们不断同新的世界相遇，同新的他人相遇，同新的自我相遇，也就不断同新的世界对话，同新的他人对话，同新的自我对话。知识是随着对话的继续，通过神经元联结而被不停地生产出来。要想变得富有知识，就必须在对话关系中占据平等主体的位置。

由于对话，使大脑基因突变，语言也就此产生，造成大脑神经网络的大脑中枢语言区，以致整个大脑发达。大脑神经网络有其物理性，即生物的物理运动。脑际互联网是你—我—他大脑神经网络的无线互联。无疑地，互联网是信息的超级联络，是纯粹的物理运动，但其功能已成为脑际互联网的标准模式。人类在互联网技术方面迅速前进，"云计算" —大数据乃是其发展的成果。

对话是由多种因素决定的，包括住所、本体、语言和意义。无论是描述性的，还是理想性的，都是这样。

作为描述的对话，就像两个平等个体之间的交往，个体有共同的社会文化传统背景和直接的利益，是新意识的住所建构。人们通过共同的语言交谈，有时交谈是预先假定的，在另外一些时候，除了预先假定之外，还旨在达到对意义的一致理解，在意识之舍中住着公正。

作为理想的对话，主体的身份是在他表达自己时被揭露的，因此，不能像在描述性对话中假定的那样先于对话，住所自身是在建造过程中的结果，语言是非常广泛的定义的表达模式，离开幸福和满足就不能理解意义。

对话具有描述性和理想性的二重特点，其描述性是对现实的描述，通过生活的展开完成的；其理想性是对话只能在地平线上期待（contemplated on the horizon），二者统一于对话的生成。

适合对话的条件，是对话主体的对称平等的参与，是双方共怀善良的意志，对话意义的完整性。前两者是必要条件，是"你—我"出于善良之心的共同参与和平等交往，"它应使所有个体化的踪迹黯淡"；"自我和他者通过对话，把好的论点提炼出来，并使其流行，从而促进真理与公正"（王向华，2010）。对话是对他者说话的邀请，它似乎在否定自我，但从倾听的角度来看，却展现了对话者的"此在"。

如果对"云"进行形式的抽象，其最简单的原理是1：1的平等对话。推而广之，知识、智能乃至智慧都是社会的产物。

人们的人格主体间性转向是大数据时代的需求。"云"以双向型、去中心化，以"相互理解"和"移情"为契机，在交往过程中形成政治平等、道德同情、精神沟通。通过主体间的交流互动，对各个主体产生影响，实现价值。因此，在享有交流互动权利的同时，维护云计算的秩序，履行应尽的义务是大数据时代的起码道德。

"云"的公共性要求网民必须遵循"云"的公共规则，具备公共理性，遵循主体间性的"游戏规则"意识，进而把康德的"无规则即是无理性"和哈贝马斯的"没有主体间性就没有规则"的观点综合起来，用规则理性自觉地约束自己。承认云文化的多元性、差异主体之间的平等，在坚持自我人格独立的基础上，尊重他人的生存方式。

学习者"云"人格的建构

自觉遵守"云"的"游戏规则"，是贯通古今的伦理道德工程。需要从如下渠道疏通。

一、树立仁爱的伦理思想

注重对他人心灵的领悟，主要表现为"恕"的形式。《说文解字》云："恕，仁也。"孟子也曾云："强恕而行，求仁莫近焉。"积极的"恕"表现为"己欲立而立人，己欲达而达人"；消极的"恕"表现为"己所不欲，勿施于人"。程颢《识仁篇》说："仁者，浑然与物同体，义、礼、智、信皆仁也。"孟子曰："仁者爱人，有礼者敬人。爱人者，人恒爱之。"仁是对真、善、美的自我本心的守护与向往，而达于"仁"则需要由己之心推及他人之心，实现主体间心心相契和相通。

二、树立社会主义核心价值观

在全社会逐步确立起以社会主义核心价值观为内核的主

导价值体系，建构公共理性。

人格范型及其价值的平等和多元，必须确立这样一个前提：自由人格和多元价值之间，有着一种为各方共同接纳和信奉的一元价值标准，这就是作为底线道德的制度认同与法治精神。公共理性的建构，需要在全体公民中形成价值认同，从而能够使对公共善的追求与自身行为有机统一起来。党的十八大明确提出："倡导富强、民主、文明、和谐，倡导自由、平等、公正、法治，倡导爱国、敬业、诚信、友善，积极培育和践行社会主义核心价值观。牢牢掌握意识形态工作领导权和主导权，坚持正确导向，提高引导能力，壮大主流思想舆论。"由于社会转型期也是矛盾凸显期，公民的思想观念和利益诉求日益多样化，这些现实诉求被投射到网络虚拟社会中，往往会引起价值信仰的迷茫，甚至会形成公众对主流价值导向的反叛心理。因此亟须确立社会主义核心价值观在网络社会中的主导地位，用社会主义核心价值体系引领网络社会思潮。

三、建立平等的对话机制

为个人主体间性精神的生成和公共理性的培育，提供良好的制度环境，架构起虚拟社会和现实社会之间的"桥梁"。不完善的制度会阻碍现代公民的主体间性人格的生成和发展。

要不断协调主体之间的合作关系，拓宽和完善沟通渠道，通过沟通媒介进行信息的输入输出，实现主客体之间信息交换的良性运作，形成规范化、制度化的沟通机制。

9 云腾致雨

——思维创新与知识生成

数字化使得存储成本垂直下降，信息提取简便，以及全球性访问数字记忆成为可能。在人类历史上，这是我们第一次能够使记住比遗忘更便宜更容易，也是第一次逆转了遗忘已久的默认状态。

——维克托·迈尔-舍恩伯格《删除》

知识气象
增知提智
霹雳删除

知识气象

可以将知识作为一种气象——思维创新与知识生成的气象。用水的生态循环来比喻"云"恰如其分，而用气象万千来比喻知识的解构重构则切实生动。这是因为，在地球上有很多的水库的水蒸发成为云，云腾致雨，雨水下到地面，渗入土壤和流淌到江河湖海，再蒸发为水蒸气。例如，"Google"数据中心如同盛满巨量水的水库实时蒸发水分，这就是服务，而服务的过程又是蒸汽聚合的过程。云中的水滴可大可小，当有用户需求时，水滴宛如甘霖沐浴土地，又流入水库。云计算为大众提供了一个个虚拟的、丰富的、按需即取的数据存储池、软件下载和维护池、计算能力池、多媒体信息资源池、客户服务池，提供了一个人与人沟通的便利点。而内中最活跃的即社会的人或群体。《汉书·沟洫志》载："举畚为云，决渠为雨。"大数据应"云"而生，而用"翻云覆雨"来形容大数据的运作则再恰当不过。

数据与信息及知识相互转化，是云计算最常见的。对此可以用大自然中的云的运动作类比。

云是最常见的自然现象，由大气对流形成，产生对流雨。其形成机制是近地面层空气受热或高层空气强烈降温，促使低层空

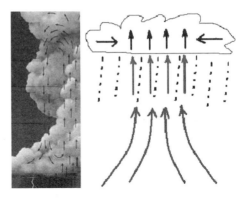

图9-1 云的循环

气上升，水汽冷却凝结。对流雨来临常伴有大风。

对流雨主要产生在积雨云中，积雨云内冰晶和水滴共存，云的垂直厚度和水汽含量特别大，气流升降都十分强烈，云中带有电荷。（见图9-1）

将其用于类比数据、信息和知识，如图9-2所示。

图9-2 数据与信息及知识的相互转化

数据是信息的结点，信息是知识的结点。0,1是最基本的数字，但能够组合成整个宇宙面貌；中国古代阴、阳也是如此。简单的神经细胞（神经元）可以组合成最复杂的神经

网络，表达思想。

从上文可知，概念是变化的，如同云的变化。思维活动主要表现为对输入信息与原有信息加工处理、组合，进而产生新概念的过程。

在云计算的背景下，云端与终端构成大数据的两端，学习是两端连接所产生的效应。所谓云端学习，是通过云计算进行的学习活动，它主要采用自主合作、探究的方式进行。建构主义认为，知识不是通过教师传授得到的，而是学习者在一定的情境即社会历史文化背景下，借助他人的帮助，利用必要的学习资料，通过意义建构的方式而获得的。学习者在大数据背景下的学习充分体现了建构主义学习理论。相对于传统学习活动，云学习有以下三个特点：一是共享丰富的云资源。二是以个体的自主学习、合作学习和探究学习为主要形式。三是突破了传统学习的时空限制。具体而言，在大数据背景下的学习具有传统学习无可比拟的优势。

第一，当学习者面对"云"时，就确立起学习过程中的主体地位，学习者可以培养较强的独立思考能力和怀疑批判能力；学习者可根据自身的特点采取不同的学习方法和策略，掌握学习的主动权。

第二，大数据背景下的学习体现了循序渐进。学习者有对信息选择的自由，学习不受文化程度、年龄的限制。

第三，学习者可以避免时间和空间的限制，并且可以进行实时学习。所以，大数据环境对学习者来说是时空的解放。

第四，大数据背景下的学习是一种多向的信息交流活动，学习者在获取不同的信息资源时可以进行比较，集思广益，取长补短，开展对新知识的意义建构，进行最优化的学习。

第五，大数据背景下，学习者可以自由地进行交互活动，学习者与云端的信息资源、学习者与指导者、学习者与学习者、学习者与专家等之间的交互活动，可以培养学习者发现问题和解决问题的能力，收集、分析和利用信息的能力，培养学习者与人分享及合作的能力，有利于学习者创新精神和实践能力的培养。学习是以人为本的活动，为了全面地了解云端学习，先需了解终端人的大脑的结构与功能。

显然，数据、信息和知识的解构与重构是化整为零与集零为整的双向可逆过程。

新概念是知识解构—重构的过程。概念产生于信息，信息产生于数据。感觉从混沌的噪声中分拣出数据——加工成信息——与原有概念的信息重构成为新概念。

学习不是一个累加式的知识堆积与逐次拼排的过程，也不是被同化的过程，新知识的生成是问题与所调用的概念进行对质的结果。而新概念的生成只能以一种悖论的方式——否定旧概念又依赖旧概念，最后替代旧概念。在学习者头脑中发生的主要变化，并不是新旧信息的直接更替，而是生成问题解答——新概念的新图式，这个新概念的新图式从内涵和结构上都对原有概念图式进行改变，其中结构上的改变更为突出，因为这种形式上的改变直接带来内涵的改变。

因为学习是以问题的疑云出现的，所以，需要拨"云"

而成"雨"。新概念的形成是原有概念解构成原有信息再解构成原有数据，与新信息解构成新数据，新旧数据建构成新信息，构成新概念，即生成新知识。整个过程可用图9-3表示。

图9-3 云计算的问题解决过程

其简单形式如本章大标题衬的"?"图表现了云腾致雨的景观。从"?"到"。"是一个思维创新与知识生成的复杂过程，打通了这个过程，就是心理学上所说的"问题解决"。但问题解决需要闪电的清理。

增知提智

对中小学生改进教学与辅导，要杜绝"放羊"、灌输的做法，应从如下几个方面做起。

英国诗人艾略特提醒人们要不断地反思："我们在信息中失去的知识是什么，我们在知识中失去的智慧是什么?"

知智统筹，以智增知，转识成智，这是一个良性循环的过程，也是大数据教育的一个实用的律条。因为知识和智慧（含智能）是相统一的，如同新知识的一体两面。

　　人面对大数据的策略是智慧。有智慧则是巨大的财富，无智慧则是无边的垃圾。大数据生态下的语法结构，主语是人的智慧，谓语是创新，宾语是知识，即智慧创新知识。

　　大脑神经语言中枢是一个复杂网络，具有自适应性、联想性、一定的容错性和抗干扰性，自动地处理高级认知活动。也许人们认为，数据转化为信息、转化为知识，只要用人工智能就可以生产知识。但情况并没有那么简单。这是因为，由数据建构成信息，由信息建构成知识是极其复杂的过程，智能模拟并不是什么问题都可以解决的。数据转化为信息、转化为知识是依靠人的智慧解决的，不是机器所能胜任的。计算永远要由人的本体来操控。通过数据、信息、知识的组合过程能够发展智力、培养智慧。

　　如同一流的厨师会把各种配料有趣地组合起来，诗人特别善于词语的排列，这种排列所产生的富有感染力的含义使人折服。人们每天都在千百次地锤炼出新的表达方式，把词和手势加以重组以传达新的信息。正如美国著名理论神经科学家威廉·卡尔文所说：每当你想说一句你以前从未说过的句子时，你所面临的创造性问题正如厨师和诗人所面临的一样——在你将它说出之前的最后一刻，你还在大脑中反复思忖。当水到渠成时，到了"非说不可"的时候，你就发表自己的思想。

　　由上文可知，智慧是根本性的。大数据不等于大智慧，如果没有智慧，大数据反而成为大噪声，造成更大的麻烦。而智慧，是步入崭新的大数据时代的许可证。

智慧是建立在数据、信息、知识和智力（智能）基础上，并对其进行沟通整合的精神力量。智慧是由智力体系、知识体系、方法与技能体系、非智力体系、观念与思想体系、审美与评价体系等多个（复合）子系统构成的思维活动的复杂系统或思维体系。智慧是意向与认识、情感与理性、道德与美感、智力与非智力、显意识与潜意识等众多要素的总和。哈佛大学心理学家加德纳（2000）认为，智慧是"一种处理信息的生理心理潜能，这种潜能在某种文化环境之下，会被引发去解决问题或是创作该文化所重视的作品"。智慧是梵语"般若"（bo-re）的意译，佛教谓超越世俗虚幻的认识，达到把握真理的能力。《大智度论》卷四三："般若者，一切诸智慧中最为第一，无上无比无等，更无胜者，穷尽到边。"

从"慧"字的造字会意结构看，它由上、中、下三部分构成。该字是用《易经》八卦原理会意而成的。其上部是两个"丰"字，《易经》中"丰卦"象征丰盛、丰满、阳光普照、万物竞生，自然和谐之意，此二"丰"字就象征着喜庆丰收之意。中间是一个横"山"字，是《易经》中"艮卦"的象征，表示一种无为无不为的境界，强调适当时机就采取行动之意。最下面是一"心"字，表明智慧的产生要靠心理活动打基础。人在自学、治学与做学问过程中，无论是学习知识、开发智力、培养识力，都离不开实践中用心去理解、去探究、去体验、去感悟；更离不开用心去寻找目标，探索方向，指点路径。

《智慧说》：智，法用也；慧，明道也。天下智者莫出法用，天下慧根尽在道中。智者明法，慧者通道。道生法，慧生智。慧足千百智，道足万法生。智慧，道法也。智慧是随机应变的能力，是自由自如的一种境界。

智慧是对事物能够迅速、灵活、正确地理解和解决的能力。智慧是基于神经器官的一种高级的综合能力，包含感知、知识、记忆、理解、联想、情感、逻辑、辨别、计算、分析、判断、文化、中庸、包容、决定等多种能力。智慧让人可以深刻地理解人、事、物、社会、宇宙、现状、过去、将来，拥有思考、分析、探求真理的能力。智慧表示智力器官的终极功能，使我们做出导致成功的决策。

卡尔文指出：一个人富有智慧，则是这个人的"创造性能力，凭借这种能力你会迅即想出新的主意，各种答案在你的大脑中接踵而至，一些比另一些更好"。

被誉为西方孔子的爱默生说："智慧的可靠标志就是能够在平凡中发现奇迹。"

智慧是人生的反观。知识看到一块石头就是一块石头，智慧却能在一块石头里看到风景。17世纪法国古典作家德·拉罗什富科说，最大的智慧存在于对事物价值的彻底了解之中。

有人喟叹道：给我一双慧眼。但正如德国物理学家斯特恩所说，一盎司自己的智慧抵得上一吨别人的智慧。别人给的智慧是无法武装自己的灵魂的。慧眼完全在于自我修炼，它是内在的。西班牙谚语说："使人发光的不是衣服上的珠宝，而是心灵深处的智慧。"人一旦注意了内在的智慧，也就开拓出了人生的广阔境界。

人类依靠智慧，为收集、加工、传播、应用信息和知识，激活并创新数据、信息、知识，进一步促进人类知识的交融，只要一个宽带、一台电脑或一部手机就可以知晓天下事。纵观科学发展历程，第一次科技革命中科学的启蒙为未来的机械革命等奠定理论基础；第二次科技革命开始了以工厂大生产方式为特征的工业革命；第三次科技革命拓展了新兴市场，开拓了现代化的工业时代；第四次科技革命推进了20世纪绝大部分的科技文明；第五次科技革命促进了经济全球化；第六次科技革命将在物质科学、生命科学等学科及其交叉领域开辟更广阔的空间，对大脑思维和信息处理的机理及其数字化模拟和仿真的研究，将可能导致人脑与电脑之间实现信息直接转换。量子通信将引发一场通信领域的变革；新型网络技术将继续深刻改变人际交流和共享信息的基本模式，触发经济、社会、文化领域的变迁；纳米仿生材料、仿生器官的设计和制造等，将可能使人类获得新的生存形式和手段，如此等等。第六次科学技术革命的背景是知识爆炸。知识爆炸是指人类创造的知识，主要是自然科学知识在短时期内以空前的速度激增。与科学技术或计算机科学有关的新科学不断出现；传统学科知识边界不断扩展。云计算/大数据将迎来一个光辉灿烂的崭新时代。

知识生成—创新过程是知识的生态循环过程，而大数据是丰厚的知识资源。但是，大数据本身并不能成为知识，相反，还可能成为噪声，数据只有经过有序的处理，形成信息，再对信息处理，方完成知识创新的过程。

思维活动主要表现对输入信息进行加工处理，当思想作为动词时，就是信息从庞杂无序到分类有序。如果无序，就是乱码，就是通常所说的胡思乱想。在这种情况下，信息就成为噪声。从信息的管理过程来看，知识有五种演进层次，即根据选择特点，感觉从混沌的噪声中分拣出数据→转化为信息→升级为知识→升华为智慧。

通过重构新知识，提升智能，增长智慧。反之，依靠智能和智慧，从原有概念拆解为信息，信息拆解为数据；有一部分无用数据以噪声的形式销声匿迹，而筛选出来的有用数据与新信息、新数据整合炼制成新的概念，同时提升智能，增长智慧。

数据（Data）、信息（Information）、知识（Knowledge）、智能（Intelligence）、智慧（Wisdom）是相互联结的，构成金字塔形的层次体系。图9-4表示智能、智慧与数据、信息、知识之间的转换关系。智能和智慧融于各阶段转换之中。

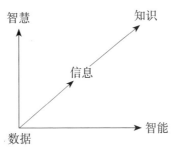

图9-4　数据、信息、知识、智能、智慧的相互联结

智能、智慧贯穿在数据—信息—知识和知识运用的全过程。智慧是非结构信息的灵魂，人工编码信息是智慧的展现。而从知识到信息到数据到混沌的衰变过程同样需要智能和智慧，因为这种衰变过程并不是毫无意义的，如同摄入蛋白质，到体内变成氨基酸再变成蛋白质的过程一样，知识只有变成信息，变成数据，才能重构新信息、新知识。根据以上正反一系列变化可以写成：

$$
\text{智慧（含智能）}\begin{cases} \text{数据} = \text{噪声} + \text{处理} \\[2mm] \text{信息} = \text{数据} + \text{处理} \\[2mm] \text{知识} = \text{信息} + \text{处理} \end{cases}
$$

也可以简写成：

$$
\overset{\text{智慧（含智能）}}{\text{数据}} \text{————} \overset{\text{智慧（含智能）}}{\text{信息}} \text{————} \text{知识}
$$

该表达式从右到左是解构过程，从左到右是重构过程，从外部输入数据、信息，对自己头脑中的概念首先起着"变构酶"的作用，将原有概念解构拆解，变成欲重构新概念活化的概念基。

在实践中建构综合智力网络依赖高超的智慧。对智慧冠以高超的定语并非耸人听闻，而是数据、信息、知识相互变换的实情。R. 阿克奥夫认为，知识是与过去有关的，是对过去的认识，只有智慧是与未来有关的，因为它融入了想象与设计。拥有智慧，人们就能够创造未来，而不是仅仅掌握过去和现在。智慧是一种推断和非确定、非或然的过程。武壬斯说，真正的智慧不仅在于能明察眼前，而且还能预见未来。这也就是远见卓识的本来之意。智慧是调动大脑所有的意识，尤其是人所具有的特殊的意识，如道德和伦理规范等。它使人们理解以前未曾理解的东西，以此来达到超越理解本身的目的。与数据、信息、知识不同，智慧回答原本没有答案或者不能轻易得出答案的问题。因此，智慧是通过人们的观察，判断是非、真假、好坏的过程。计算机不具备这种功能，也将永远不会拥有这种功能。智慧是人类独有的能力。智慧驾驭数据、信息、知识和智力持续地开拓创新，转识成智。

霍金承认，机器人和其他的人工智能设备也许会给人类带来巨大的好处。如果那些设备的设计非常成功，就能给人类带来巨大的好处，他说那将是人类历史上最大的事件。然而他同时也提醒说，人工智能也有可能是人类历史上最后的事件。他说："人工智能技术发展到极致程度时，我们将面临人类历史上的最好或者最坏的事情。"

霹雳删除

云计算背景下的教学是扬弃传统的阴霾密布的记忆教学，在引导学习者理解记忆的同时学会删除。

图9-5　记忆的晕圈

背，似乎成为教学的不成文规定。背书、背题，甚至背作文，这些东西背好了，就是"高智商"，就是"知识人"。因为学习只是为了考试。要命的是，一个学习者为了取得高分数，成为老师和家长眼中的好学生和好孩子，从根本上丧失了选择权，无论喜欢与否，只要是老师布置的，就下功夫背熟。

在应试教育、竞争激烈之背景下，受功利驱使，各学科教师恨不得学生把所有时间用来学习本学科知识，而标准是能回答出来，背出来。学习者的多种感觉器官几乎处于窒息状态，大脑中的神经元像嫩叶生了蚜虫一样卷曲枯萎。

课堂教学以"重分数、轻能力，重结果、轻过程，重知识、轻人品，重个人、轻团体"为主要追求目标的培养方式，弱化了学生的心理品质与道德素质培养，存在学生知识技能与个人修养的不协调，教师人格示范与学生人品塑造不协调等问题。（盛阳荣、刘金虎，2009）

本来，假期应成为中小学生"云游"的黄金时节，但从惯例上成为"第三学期"。为了"不让孩子输在起跑线上"，家长将给孩子补课作为假期一项重要计划。

把书本知识当珠宝，贪婪知识，崇拜分数，看重考试，学生学得痛苦，脑袋昏昏沉沉，遇事如何做，不知所措。"记诵知识教条，'虽千篇以上，鹦鹉能言之类'的苦学者，往往视为平庸之人。"（乔炳臣，2010）几十年来，高考状元数以百计，又有几人能成为创新型人才呢？

正是携带着云样的包袱步入大数据时代，每每打开个人的数据库，信息浩繁的文件夹（里面还有文件夹，文件夹里又有各种转发来的大量文件）不堪目睹。可以应用马克思《资本论》第一句话的句式，大数据时代的个人数据库里，表现为"庞大的'数据'堆积"。所带来的后果，不外乎是精神危机。解除这种危机梦魇的缠绕又是什么呢？

当然，大数据时代不是蒸下的责成的馒头，而正如托夫勒所说，来自信息过载所带来的"信道危机"。在单一的信息来源情况下，比如高考的分数、固定的复习资料，教育最好的办法是重复吸收那些经过筛选的编码信息。在大数据时代，如何搜索、阅读、辨别信息成为一个巨大的难题。

不过，在人的能动性面前，难题总是可以解决的。苏迦特的一个观点很具有代表性："你能够想象和确认，你所教的和考核的东西，在今后20年学生们走向工作岗位还管用吗？"为此，苏迦特分析，只有三种最基本的东西在今后的大数据时代是学生用得到和必须学的东西："第一是阅读，第二是搜索，第三是辨别真伪"，谈到数学，苏迦特说："也许数学，将成为一种体育运动"。基本能力加每个孩子特长的"体育运动"，构成苏迦特心目中的未来教育，这种体育运动也许是数学，也许是领导力，是音乐、美术和篮球。数学也许是每个孩子的体育运动，也许是一部分专业运动员的体育运动，但大数据时代的数学，将不会是教育的基本标准和指向。

但新的问题又来了，在这场教育的变革中，最严重的问题已经不是教育资源的缺乏，而是毫无天分的教师在错误的方向上还在"勤奋地工作"。教育者必须改变传统教育理念，师生将走向操纵大数据的训练场，教育者将成为腾"云"的教练。

记忆的实质是理解，缺少理解的记忆无异于空中楼阁。而理解是知识代谢的过程，如同大海塑造着海滩，遗忘侵蚀着记忆。所以，学习的重要环节是学会删除。

教育者按照传统教育的范型训练学习者，形成与大数据时代背道而驰的最大隐忧。它使学习者单纯地记住知识，如牛负重，不堪忍受，造成这个时代的精神饥馑。而有人为了解除这种饥馑，反倒再强行吞下无法盛装的数据。这无异于往饱胀的轮胎中再注入更多的气体。试想，在大数据时代，如果真的要求记住一切，不仅令人发狂，而且让人孤独绝望，直至死亡。而唯一的解救方法，是舍得将原有数据库中绝大部分没有用的数据彻底删除！

托起"云"的是数据、技术与思维，或者说，"云"是数据、技术与思维的有机结合体。数据之于云是积蓄，技术之于云是风，思维之于云是化雨。

中国科学院理论物理研究所研究员李淼说："网络现已成为人类社会共有的大脑。"与人类大脑不同的是，人类可以选择性地将不喜欢的东西放在难以提取的角落，而网络则不会。所以网络已经成为塑造我们生活方式的双刃剑。风可帮助化雨，也可起到对思维的阻滞作用。而如何记忆和遗忘则是构成人类思维生态平衡的两个基本条件。

遗忘是人类的天性，是心理常态，而记忆才是例外。据脑电波显示，我们睡眠时做大量的梦，而记住的寥寥无几。还有日常总是有大量的数据袭入我们的感觉器官，而我们任凭大量无关的数据转瞬即逝。而知性教学将记忆作为考试的法宝，为此在知性教学中，加强记忆训练，将遗忘看作最大的失误，遗忘被当作惩罚的理由。当然，不单指应试教育，在生活中，人不排除有选择的记忆。问题是，记忆以颠扑不破的常态迁移到大数据时代。传统教学与云计算正在瓦解我们的记忆。而数字化记忆存在着两大威胁——信息权力与时间，巨量的数据进入思维，就会造成头脑中巨量的无法查杀的"病毒"，思维就成为无用信息的垃圾场，整体上导致意识的崩溃，因此，让数据主宰一切是云时代最大的风险与隐忧。

大数据体量巨大、类型繁多、价值密度低，这说明，对大数据的处理如同沙里淘金，去除大量没有价值的沙子，而留下极少数的金子，所以，在大数据时代，重要的不是记忆，而是检索、筛选，过滤掉"垃圾"，因此，遗忘才是大数据时代学习与教育难能可贵的。而"云"的功能就是海量的数字化记忆，记忆不仅触手可得，甚至比选择性删除所耗费的时间成本更低。所以，大数据时代是一个使人几乎失去遗忘动机的时代。而数字技术赋予我们前所未有的权利的同时，也产生了意想不到的可怕后果，数字化记忆给人带来的是一个没有安全感与时间感的未来。被誉为"大数据时代的预言家"维克托·迈尔-舍恩伯格说："在信息权力与时间的交汇处，永久的记忆创造了空间和时间圆形监狱的幽灵。广泛的数字记忆摧毁了历史，损害了我们的判断和我们即时行为的能力，让我们无助地徘徊在两个同样让人不安的选择之间：是选择永久的过去，还是忽略现在……"麻省理工学院计算机科学实验室高级研究员、教授大卫·克拉克解释说，如果说信息的收集、存储与加工将所有人置于数字圆形监狱的中央，那么，遗忘能力的丧失就是圆形监狱形成的原因。设想谁能把云装在自己的脑袋里呢？事实上适得其反：一个人记忆的信息越多，精神反倒越贫乏；如果放下记忆的包袱，反倒会成为知识富有者。恰如"授人以鱼，不如授人以渔""给人一个苹果，不如教人栽苹果树"。对大数据的记忆，远不如对大数据的遗忘。

当今世界，正在演练一场"互联网遗忘"的删除运动，数字化记忆仿佛是一个诅咒，人类对它愈发强烈的依赖阻碍了我们从中学习、成长和发展的能力。面对堆积如山的大数据，重要的是实施诸如数字化节制、调整人类的现有认知、打造良性的信息生态等策略。而应对数字化记忆与信息安全的关键对策是给信息设定存储期限。存储期限并不是强制性的遗忘，不是让我们被迫去选择，而是通过存储期限让我们能对信息的寿命做出应对。它将成为我们日常生活的一部分，让我们深刻意识到一个人类已经无意识地默认上千年的道理：数量不等于质量，"好"信息不等于"滥"信息。删除不是用技术删除，而是让遗忘复活，回归常态，这样，才能

　　走向大数据时代数字化记忆的未来，在知识创新上对数据"取之不尽，用之不竭"，否则，就会"出师未捷身先死"。一个众所周知的常识是，云变成雨，云就自然消失了。所以，掌控大数据时代的取舍之道，念念不忘"被遗忘的权利"。中国社科院信息化研究中心秘书长、《互联网周刊》主编姜奇平谈道："大数据因有意义而变得智慧。删除的最高境界，就是不删除，也就是知道你需要保留的东西。"大数据取舍之道，就是把能够进行意义建构的数据留下来，把无意义的删除。只有理解需要的是什么，以及如何判断这种需要，才能大刀阔斧地去掉那些累赘，学会删除是大数据时代的准入证。

　　大浪淘沙，意义建构，是大数据时代学习的特点，也是教育的特点。而"云"与智慧的生态平衡，乃是时代的首要课题。

10

白云生处
—— 大数据时代教育的实践

一　个人的知识，不外直接经验的和间接经验的两部分。而且在我为间接经验者，在人则仍为直接经验。

—— 毛泽东《实践论》

对"数"的崇拜
从"无所不悦"到"云"云亦云
树的根，云的根
实践出真知
云教育生态系统

对"数"的崇拜

大数据是人的思维创新的雄厚的生态资源。但处在无序状态的数据会令人产生烦闷与无所适从感。人在大数据面前如同过蜀道，虽是风光无限，却也处在危险的边缘。

同任何事物一样，云计算有它积极的一面，也有它消极的一面，如同暗流和旋涡，充满误区，必须时时警惕，才能够达到理想的境界。有关误区，最典型的就是数的崇拜。

毛泽东在《实践论》中谈道："一个人的知识，不外直接经验的和间接经验的两部分。而且在我为间接经验者，在人则仍为直接经验。"可是，自古以来，却有哲学家将"数"作为本原，在当今大数据时代大有卷土重来之势。

一、数字魔笛

在现实生活中，不少人沉迷于虚拟世界，将"数"作为生活的替代品。结果是退回到古希腊客观唯心主义的窠臼，人神不分和真假难辨。

毕达哥拉斯学派认为"数是万物的本质"，是"存在由之构成的原则"，整个宇宙就是按一定的数的比例有秩序地组成。对上文的话，读者理解起来并不困难，因为本质在存在之后，原则是在定理之后产生的，数的比例的说法是先有数，后有比例，本质、属性、原则、比例都是形式，未涉及内容。但毕达哥拉斯学派又宣称数是宇宙万物的本原，说数是众神之母，是普遍的始原，"万物皆数"。这就使人感到困惑，是毕达哥拉斯没有厘清形式和内容的区别吗？不是的。毕达哥拉斯学派是将内容和形式分开来的，认为，"1"是万物之母，也是智慧；"2"是对立和否定的原则；"3"是万物的形体和形式；"4"是正义，是宇宙创造者的象征；"5"是奇数和偶数、雄性与雌性的结合；"6"是神的生命，是灵魂；"7"是机会；"8"是和谐；"9"是理性和强大；"10"包容了一切数目，是完满和美好。他用1～10表述知识，并说："你能通过学习从别人那里获得知识，但教授你的人却不会因此失去知识。"毕达哥拉斯对数学的研究产生了柏拉图的理念论（相论）和宗教神学思想。

一切知识是"此在"（即人"在……之中"的存在者）的存在中生成的，即离不开人的实践。但是自互联网出现以来，就出现"解决方案主义""网络中心主义""技术结构主义"等形而上思想。这是毕达哥拉斯数本原的变种，在丧失自我中导致沉沦。现实中，不少年轻人沉迷于虚幻的精神世界。例如，不少人不会对信息删除，得了"信息肥胖症"，如牛负重，痛苦难当；戴上谷歌眼镜，量化自我，活在电子表格中，成为处处依赖数字的教条主义者；成为智能手机的附庸，意志力随之消退，退回动物状态；懒惰的大脑，低下的智能，如此等等。

再者，把图灵机的纸带设计成一个可计算的模型，这是一种误解，因为图灵明明说并不是所有的数据问题是可解的，只是有一些问题在图灵机上是有解的，把图灵当成万应万灵的祖师爷是一种盲目崇拜的天真幻想，图灵要是活着也会感到愤慨的。同样，把云计算当作解决方案的智囊，还有数据恋癖及数字算命、数字臆想亢进与叙事想象力的丧失，诸如"嗜新狂"、沉浸在自己的幻觉中，如此等等，都是错误的。

还有不识万物云障目。早在两千多年前柏拉图就说，有了太阳才有人的眼睛。事实证明，在人的全部感性认识中，视感受器占90%以上。一个人从小到大，要通过视觉认识外界事物，眼睛是认识的主要来源。但是，一个人从小到大，如果成天总是瞅着光屏而与万象隔绝，那么，他的认识就成大问题。

二、假作真时真亦假

《红楼梦》第五回中，贾宝玉神游太虚幻境，见到一副对联："假作真时真亦假，无为有处有还无。"人类自有文明开始已经幻想出神仙、幽灵、妖怪等，经过口耳相传，以至于编纂成书。宗教也将一些人物神化。这些在现实中是不存在的。虚拟世界最初的设想是在20世纪80年代，在科幻小说的赛博朋克流派中提出的一个由互联网计算机模拟的虚拟空间，用户可以通过自己的虚拟形象（化身）栖息其中，并可以与其他虚拟形象展开互动、交往。这种栖居通常是通过二维或是三维图形体现出来的。

这种心态与教育有关，正如叔本华认为的，现实中的教育反其道而行，小孩们往往先被灌输许多不曾接触过的概念，只有在他们成年后才能接触到直观知识，这导致人的判断力的晚熟。他认为孩子最先只听到那些美好的故事，对真实生活的痛苦却一无所知。这种现象导致人们的知识没有随着年纪的增长而增长，而只是通过直观知识来排除已有的和正在不断形成的错误概念。而正确的学习则应该遵循直观知识先于概念知识的顺序。

现行知识论只关注知识，而不关注人同知识的关联，结果造成教育没有价值主体的知识论，就是说，腾云者只是对数的发现，却遮蔽了对实践的发现。所以，对学习者人文化培养，关键是教育方法论的转变，将教育建立在以学习者为本和"终极关怀"的基础之上。为此，要实现从知识教育到文化教育的转变，在知识教育的同时更加关注人的心灵世界，并将前者建立在后者的基础之上。通过知识教育，让学生在相对短暂的时间内最大限度地学习和领略到整个人类文化的主要成就。如果说，对知识的追求代表着世界的发现，那么，对人的心灵世界的关注则代表着人的发现。

人的发现和心灵世界的成长，最终将进一步深化世界的发现和对知识的追求。这是因为正义的事业总是伴随着更大的创新。

在教育内容论层面，最根本的问题在于，专业掩盖了文化，知识遮蔽了人性。不仅科学教育内容缺乏人文性，而且人文教育内容也缺乏人文性，缺乏鲜活的人文精神。于是，人文精神不仅呼唤教育方法论的转变，而且还呼唤教育内容论的转变。

在大数据背景下，要通过人文体会做人的价值与态度，实践做人之道，做一个"完整的人"。云计算为学习者打开了选择学习资源的自由之门，使得他们享受到有史以来最大的学习自主权，能够得心应手地选择他们所喜爱的信息资源。可是，现实的问题接踵而至：获得极大选择自由权的学习者应该选择什么资源和怎样运用资源，这是必须预测的。

谨防教育误区，不是不要科学。恰恰相反，要做到科学的人文化和提倡新人文主义，用科学克服迷信。首先要用科学精神武装。科学活动的特征是"理性地处理感性材料"，其根本方向和目的在于"实事求是"。科学之于人类的伟大意义，不仅在于不断地提供我们所需要的关于世界各个领域的丰富知识和真理，更在于它代表和倡导着一种健康积极的人类理性精神。"实事求是"是全部科学和科学精神的核心与实质。

毋庸讳言，缺少科学理性的现象在我国仍普遍存在。所以，长期坚定地倡导科学精神是现代化建设的头等大事。

要准确把握科学精神的核心。科学精神作为科学活动和人类进步的精神动力，其内涵十分丰富，从一般的意义上讲，科学精神就其实质而言，就是求实精神和批判精神，是求实精神与批判精神的有机结合。

求实精神是科学的实践基础。科学知识的真理性，是否正确反映客观世界的本来面目，必须经过科学实验（包括科学观察）来检验。经过科学实验，科学假说得到证实，确立为科学概念，错误的则被证伪，就像电脑垃圾一样被删除掉。

科学认识是求是、求真、求美的过程，在这个过程中，贯穿着批判思维和创新思维的交互作用。它要求人们善于独立思考，有理有据地发现问题，提出问题，大胆提出符合理性的问题解决的假设，并付诸严格规范的实验检验。而在这个求索的过程中，原来的概念呈现明显的局限性，但不失为新概念创生的基础，所以，原有概念不应成为束缚甚或禁锢思想的教条，而应作为新概念产生的基因。科学的这种内在的批判精神，正是促使科学创新发展的不竭动力。当代科学小至基本粒子、大至浩瀚宇宙，以致基因重组和生态，都越来越成为对人类智力的挑战。

批判精神是对已有成果的反思精神和超越精神。知识要随着实践的发展而不断更新，而批判精神是创新精神的灵魂，没有对原有概念的扬弃，便没有新的概念的产生。熵和开放是呈相反方向的两种力量，所以，保守和改革是对待知识的两种截然相反的态度。

批判精神和求实精神，用一句通俗的话来说，就是"解放思想，实事求是"。解放思想便是批判精神，是对原有思想的反思和超越；实事求是便是求实精神，一切从实际出发，以实践作为衡量是非成败的标准。

毫无疑问，增强科学素质的基础在于学习和掌握科学知识，但科学知识在一定的历史条件下又是有限的，只有用贯通于科学知识之中的科学精神武装，才能识别"云"中的善恶真假美丑。所以，掌握科学知识，重要的是用其灵魂——科学精神和科学世界观充实头脑，这是每一位"云"游者的中心任务。

"归来吧，归来哟！'云'迹天涯的游子。"面对虚拟世界，要使自己的心灵回到真实世界中来，足踏在地上，过着现实的真生活。

从"无所不悦"到"云"云亦云

如今，大数据像潮水一般涌来。面对这滔滔洪流，人们应练就一双慧眼，富有批判精神，果断地分辨真假，即善于发现有用的数据，善于删除无用的数据。但是，我国单纯的知性教学，仍旧是沿用几千年来的知识记诵的套路，令不少人在囧途而不知所措。

早在两千多年前，孔子就曾批评"于吾言无所不说（悦）"

（《论语·先进》），"终日不违，如愚"（《论语·为政》）。在当今历史条件下，"云"云亦云同两千年前的无所不悦和终日不违没有什么两样。

课堂教学追求形式化的东西多而缺乏实质内容、手段烦琐而缺乏内涵、花样繁多而缺乏价值。追求教学程式化，课堂缺乏生气和乐趣，缺乏对智慧的挑战和求知欲的激发（盛阳莱、刘金虎，2009）。

合作学习，不管是语文课、数学课、英语课、物理课，不管是什么教学内容、教学情境，不管学生的身心发展在哪一个阶段，教师们都会千篇一律地将学生分为小组，然后让学生自己去讨论、总结，最后汇报各小组情况，这样的课堂教学看起来很热闹，好像学生们都参与到教学中来了（张红，2008）。

教师霸权控制着教学环境。教师通过命令、威胁、责罚，表现自己的霸权，通过批评学生的行为、提出硬性的要求和做出主观的评价，把自己的观点强加予学生（余嘉云、顾建梅，2006）。

曾有人把中国教育培养出来的学生比作"移动硬盘"，其中存放的是一些死的知识，还有老师反复叮嘱的应试技巧和高分秘诀。学习者不需要有自己独立的思维和个性，一切只需按照标准答案操作即可。整齐划一的学习任务偏离了学习者的兴趣、爱好，遮蔽了自主性和个性差异。

教育者设计题库给出答案，然后把它拿给学生，让他们死记硬背。把人家做好的答案再答一遍，只是活在答案中。

重知识轻能力，学问变成"学答"，把人的思维中仅有的一点思考潜能阉割掉。

在风起云涌的大数据时代，陈旧的教育思想观念成为教育的最大障碍。谁说"云"/大数据没有用途？那上面有好多好多模拟试题为你提供考试经验；还有照搬照抄的知识剽窃，巧取豪夺，无不是为了个人功利而不择手段。这也许是触电的唯一动因吧。

树的根，云的根

上好大数据时代的第一课，似乎要回到小学时代。唐代诗人杜牧《山行》第二句"白云生处有人家"活现出自然人文景观，"白云生处有人家"充满哲理，道出了云有它的根柢，云的生成与"人"又是一种共在关系，在这种共在关系中，唯有人是"此在"，即人作为"在……之中"的存在者。

人将云比喻成花朵，将花朵比喻成云朵。这是凭直觉的感受。理性地说，如果说花朵是树上结的云，那么，它的根就是树。

土地上花开似海，其实是点上开花。山岳秀美，离不开树木覆盖。从这个意义上说，森林是土地上的花海，树则是其中的一个花朵。把绿色带给地球的是树。从热带到寒带，原来的一粒种子，在艰难困苦的环境中，顽强地生根发芽，破土出苗，沐浴风雨，顶着万钧雷霆，最终长成参天大树。

俗话说，树大根深，根深叶茂。树的生命在根。古人将祖宗称为根柢，柢也是根。叶子吸收来自根的水分和无机盐，进行光合作用，制造大量养料，蒸发水汽。树叶将大量水分蒸发，形成水蒸气，升腾时遇到上方的冷空气形成云朵，形成云团，形成漫天乌云。因此，树和云有一种特殊的连带关系。晋代张协《杂诗》之十："云根临八极，雨足洒四溟。"仇兆鳌注："五岳之云触石出者，云之根也。"2004的《世界文学》杂志，韩国诗人姜恩乔："所有的云都有根。根伸展着抚摸大地，大地行走至今却不知有云根，大地只管行走。"杜甫《题忠州龙兴寺所居院壁》诗："忠州三峡内，井邑聚云根。"而"白云生处有人家"描绘出天人合一与"此在"的景观。

知识、行为到底孰先孰后，这是哲学认识论的基本问题。这个问题似乎早已解决，但事实上与人们估计的相差甚远。关于知行孰先孰后的问题在大数据时代重新摆下了规模更大、厮拼更激烈的战场。从"种豆得豆种瓜得瓜"的庄户田园到卜筮算卦的街头巷尾，参加战事的远远超出成年人，初谙世事的童稚和久于世故的耄耋也都卷入了这场论战。

人工模拟是哲学早已讨论的问题，只有到大数据时代，云计算对"意识活动"的模拟才成为现实。而关于信息与意识关系在神经科学看来主要体现在以下三个方面：

（1）大脑神经元有储存数据的功能，数据来自外部的物理世界，神经元依据感性而自由联结形成信息的虚拟图像，意识活动中的逻辑图像受神经生理"自然规律"的约束。

（2）意识活动所创造的新信息的数据是储存在神经元上的，新信息经由数据的联结而产生。

（3）只有人脑神经元结点存储了信息，才会产生意识。

物质和意识的关系即思维和存在的关系，也即认识和实践的关系，在大数据背景下可以解释为数据与实践的关系。认识源于实践，同理，数据源于实践。

只有通过实践，才能接触事物的现象和外部联系，获得感性认识并最终通过实践把握事物的本质，由此深入事物内部，掌握事物的规律。因此，要认识某一对象的本质和规律，只有亲身参加变革现实的实践，除此之外别无他途。

实践具有肉体性、历史性、语言性和自由性的特点，实践是客观的感性物质活动，具有客观物质性；实践是人类有目的、有意识的活动，具有自觉能动性；实践是历史发展着的社会活动，具有社会历史性；是主观见之于客观的活动，具有直接现实性等特点。

实践出真知

辩证唯物主义科学地揭示了数据对实践的依赖关系，指出实践是数据获得的基础。

（1）实践是数据的来源。我们怎么认识自然、认识社会甚至人自身，都是由于我们去做某事，才使我们获得数据，没有实践就没有数据。

（2）实践是大数据发展的动力。实践当中发现矛盾，需要去认识和解决，而这种认识和解决的成果就是数据。

（3）实践是检验数据真伪的唯一标准。

（4）实践是数据得以生存的最终目的，实践中不需要的数据就会自行消灭。

当然，上升为理性的数据对实践具有指导作用。就知识的功能和作用而言，是以正确的认识和理论指导实践。毛泽东说："理论的基础是实践，又转过来为实践服务。"认识对实践的能动反作用，充分体现在作为认识的高级形式的理论对实践的巨大指导作用上。理论是对事物本质和规律的认识，它可以而且应该走在实践的前头，指导实践活动的进程；科学理论能预见未来，端正实践的方向；科学理论作为一种精神力量，能推动人们在实践中创新。

本己的直接经验是认识之源。通过践履取得直接经验，即亲身参加变革现实的实践而获得感性知识。认识来源于实践。

春秋时的发明家鲁班是得到解放的奴隶工匠，他发明了伐木的锯、木工使用的曲尺（矩）、墨斗、刨子、钻子，以及凿子、铲子等工具。据《世本》记载，石磨也是鲁班发明的。据说他发明锯是受到自然界中一种草叶的启发。他带领一群木工到山上伐木，用的是斧头，又累效率又低。一次，他的手不小心被划破一个口子，鲜血直流。他仔细观察，发现一根细细的茅草，叶上长着齿。于是，他反复思忖，就以茅草的齿做原型，回到家中画出图样，让铁匠造出了锯。

中国造纸术的改进，功绩应归于东汉的蔡伦。在蔡伦之前，有一种纸叫灞桥纸，粗糙得不能书写。皇帝让他改进造纸技术，他就到灞桥这个地方考察造纸工艺，果然技术简陋。他几次来到灞桥，想不出改进工艺的办法。一天，他正在灞桥街市上买食物，偶然间发现一位老太婆在那里烙春饼卖，饥肠辘辘的蔡伦就走到近前。到跟前一看他却全然忘记了饥饿。他发现灞桥春饼又薄又韧又大，于是上前向老太婆询问，老太婆把浆面火候等有关制作工艺告诉他。他从中受到启发，以树皮、破渔网、麻头、破布为原料，在淘洗、碎切、泡沤等传统工艺的基础上，使用石灰对原料进行碱液烹煮，大大提高了纸的质量。这种纸造价低、原料分布广、易于普及，天下咸称"蔡侯纸"。纸很快被应用推广，经阿拉伯传到欧洲，对世界文化发展起到不可估量的作用。从6世纪开始，造纸术逐渐传往朝鲜、日本，以后又经阿拉伯、埃及、西班牙传到欧洲的希腊、意大利等地。在纸张发明以前，人们书面交流思想，传播知识信息，只能采用各种原始粗重的材料，如苏美尔人用泥板，迦勒底人用砖刻，罗马人用铜板、泥板，印度人用白树皮和棕榈叶（我国通称贝叶），欧洲人用羊皮，朝鲜人、日本人用简和帛等，只有埃及人用纸，但制作工艺无法普及。这些书写材料，或失之不坚，或失之昂贵，都不是理想的书写佳品。据说，欧洲写一部《圣经》要用300张羊皮。因此这些书写材料都不适于大量使用，文化信息的传播因材料的限制范围极其狭小。我国造纸术传播出去以后，大大促进了世界文化教育的普及，推动了世界科学文化的传播和交流，深刻地影响着世界历史的进程。美国学者德克卜德评价说："纸对后来西方文明整个进程的影响无论怎样估计都不会过分。"

中国历史上最著名的医学家、药学家和博物学家李时珍著《本草纲目》是本草学集大成者。他在行医救人期间，发现古代的本草书籍，"品数既烦，名称多杂，或一物析为二三，或二物混为一品"，特别是许多毒性药品，竟被认为可以"久服延年"，结果遗祸无穷。李时珍亲自对中国历代有关药物学的著作进行了整理。最使李时珍头痛的就是由于药名混杂，往往弄不清药物的形状和生长的情况。过去的本草书，虽然做了反复的解释，但是由于没有深入实际进行调查研究，只是在书本上抄来抄去在"纸上猜度"。于是，他从35岁起，在徒弟庞宪、儿子建元的伴随下，远涉深山旷野，观察和收集药物标本。除了不辞劳苦到各地采药及以自身试药，他还遍访名医，并到处访问平民以搜集民间验方。他走访了河南、江西、江苏、安徽等很多地方，"远穷僻壤之产，险探仙麓之华"。他用27年的实践，写成药物学巨著《本草纲目》。他对脉学、经络等也有研究。

郦道元是中国北魏时的地理学家。自幼好学，博览群书，并且爱好游览，足迹遍及河南、山东、山西、河北、安徽、江苏、内蒙古等地，每到一地，他都留心勘察水流地势，探溯源头。他在实际考察的基础上，写下了地理巨著《水经注》。记述了1252条河流的发源地点、流经地区、支渠分布、古河道变迁等，同时还记载了大量农田水利建设工程资料，以及城郭、风俗、土产、人物等。

建成于公元前256年的都江堰是伟大的水利学家、秦蜀郡太守李冰父子带领民工开凿的岷江水利工程，是世界迄今为止年代最久、唯一留存、以无坝引水为特征的宏大水利系统工程。它体现了中华民族借自然力以谋福祉的"天人合一"思想、独特的整体思维和系统工程方法论。都江堰当时能灌溉土地三百万亩，现在进一步扩大。《史记》说："都江堰建成，使成都平原'水旱从人，不知饥馑，时无荒年，天下谓之"天府"也'"。李冰总结前人治水的经验，在渠首工程的选点上做了深刻的科学研究。精心地选择成都平原顶点的岷江上游出山口处作为工程地点，采用因势利导、因时制宜的治水方略，修建了都江堰水利工程：无坝引水的鱼嘴分水堤，泄洪排沙的溢洪道，保证成都平原引足春水和控制洪水的咽喉工程——宝瓶口。使鱼嘴分水堤、宝瓶口、飞沙堰溢洪道三大主体工程各成系统，各有其独特功用，可谓巧夺天工。它们之间相互依存，相互制约，形成布局合理的系统工程，联合发挥分流分沙、泄洪排沙、引水输沙的重大作用。都江堰保证了流区千万亩农田和城市用水的需要，使其枯水不缺、洪水不淹、泥沙少淤、水旱从人，堪称"天然佳构"。都江堰在水利史上立下了千古奇勋。这是人类迄今为止也难以设计的水利系统工程的杰作。

明代的徐霞客22岁起放弃科举业，不畏葬身丘壑之险，风餐露宿，遍游华北、华东、华南、西南山水，考察自然地貌、水文气候、植被动物、风俗习惯、经济状况等，前后30多年。三次遇盗，四次断粮，而志不变，气不馁，写游记不辍。《徐霞客游记》为地理学重要著作。他以宁洋之溪，悬溜迅急，十倍建溪，得出程愈迫，则流愈急的结论，并说明流程、流速和侵蚀力三者之间的关系。他提出流程短者流速大的原理，这一原理在欧洲直到19世纪才得到认识。

"徐霞客以其《游记》，生动传神地描绘了涉及今天大半个中国（21个省、直辖市、自治区）的众多山水名胜、奇观异景乃至风俗民情、社会生活等，给后人留下了极为宝贵的文化财富，在旅游学、地学、文学、文化、经济乃至动植物、生态、政治、社会、宗教等方面都具有重要的价值。无怪乎人称《徐霞客游记》是'明末社会的百科全书'。"（陈仲梅，2012）

1590年，意大利物理学家、天文学家和哲学家伽利略发现了自由落体定律，推翻了此前亚里士多德认为的重的物体会先到达地面，落体的速度同它的质量成正比的观点。1609年，伽利略创制了天文望远镜（后被称为伽利略望远镜），并用来观测天体，他发现了月球表面的凹凸不平，并亲手绘制了第一幅月面图。1610年1月7日，伽利略发现了木星的四颗卫星，为哥白尼学说找到了确凿的证据，标志着哥白尼学说开始走向胜利。借助望远镜，伽利略还先后发现了土星光环、太阳黑子、太阳的自转、金星和水星的盈亏现象、月球的周日和周月天平动，以及银河是由无数恒星组成的，等等。这些发现开辟了天文学的新时代。为了纪念伽利略的功绩，人们把木卫一、木卫二、木卫三和木卫四命名为伽利略卫星。人们争相传颂："哥伦布发现了新大陆，伽利略发现了新宇宙。"

第一次科学革命的领军人——牛顿一人在家中的苹果园中，无意间发现一个苹果从树上落下来，引发他的思考：为什么苹果会落到地上，而不是飘上天空？他对这个最简单的现象进行仔细研究，提出了万有引力定律。

著名化学家诺贝尔经过长期的实验研究，于1887年制成无烟火药，广泛地应用于工业、国防方面。随后，他研究引燃炸药的信管，又制成一触即发的汞雷酸盐导火管，即常说的雷管。诺贝尔一生献身科学，孜孜不倦，共取得355项发明制造的专利权。一次，诺贝尔正潜心研究他的新型炸药，突然"轰"的一声，碎瓦如雨，烟尘腾空，他的新建实验室飞上了天。烟尘过后，家人跑出来一看，诺贝尔不见了，家人个个顿足捶胸痛哭流涕。忽然诺贝尔从瓦砾里钻出来，满身灰尘，血迹斑斑。

美国大发明家爱迪生15岁后就当了电报员。业余不断研究实验。1879年，他改进制造了碳丝白热电灯。他在50多年的辛勤实践（实验）中，著名的发明有电报自动记录器、扩音器、活动电影机、留声机等，对科学做出了极大的贡献。爱迪生说："我的人生哲学是工作，我要揭示大自然的秘密，并以此为人类造福。我们在世的短暂一生中，我不知道还有什么比这种服务更好的了。"的确，爱迪生的一生就是把"为人类造福"作为自己的应尽义务，并为之奋斗的一生。爱迪生只上过三个月的学，完全是靠自学成才的。他差不多每天工作十六七个小时，他30岁时，发明了留声机，32岁时，发明了"世界之光"——电灯。爱迪生每发明一件东西，都要经过艰苦奋斗。就拿发明电灯来说，他差不多花了两年时间，每天工作20小时，有时甚至连续26小时工作，累了便在实验室里躺一会儿。制造电灯的关键，是要找到一种适合的材料，爱迪生先后试了一千六百多种材料，最后才选定用竹子烧成的碳丝作灯丝。爱迪生把毕生的精力都贡献给了科学，他一生有一千多项发明。

大凡诺贝尔奖得主，无不是经过实践获得的成果。实践出真知，这是一条永远颠扑不破的真理。

关于直接经验和间接经验，笔者认为，人的生命的有限性决定了完全通过直接经验取得知识是不可能的，必须大量地借助他人的直接经验，取得间接经验。间接经验是从书本或别人的实践中取得的经验，作为本人的间接经验。

拨"云"是取得间接经验的捷径。学术界倡导"放舟学海，行之有术"，在大数据背景下，应是行之有"数"，因为根据数据与信息和知识的关系，"术"包含在数据运作的程序之内。而数的获得通过亲躬和"充电"实现。

认识是在实践发展中不断深化的。认识过程的反复性和无限性原理是知识创新的哲学基础。人类的实践和认识是永无止境的过程，要求我们不断地解放思想，与时俱进，在实践的基础上不断创新。认识过程的反复性是由于客观事物的复杂性，人的认识往往要经过由感性认识到理性认识，再由理性认识到实践的多次反复才能完成。认识发展的无限性是由于客观世界是无限发展的，因而人类认识的发展也是永无止境的。在形式上是循环往复，在实质上是前进上升。认识运动的反复性和无限性决定了认识和实践是具体的历史的统一。只有参加实践才能获得真正的知识，但一个人不可能也不必要事事都亲自去实践，一个人大量的知识是从间接经验、书本知识中得来的，所以一个人不仅要实践，并且要学习书本知识，接受人类文明的优秀成果，创生新知识。

云教育生态系统

德国动物学家海克尔于1865年提出"生态"一词。"生态"一词源于希腊文"Oikos"，表示有生命存在的居住地、隐蔽所、住所、家庭或环境。生命所赖以生存的环境（ecological environment）谓之生境。生命是生态本体，相对于本体的居住地、隐蔽所、住所、家庭或环境，又称栖息地。

生态就是生态系统（阿瑟·乔治·坦斯利，1935）。生态系统是由生物和非生物因子综合形成的，是指一定地域（或空间）内生存的所有生物与环境相互作用的具有能量转换、物质循环代谢和信息传递功能的统一体。

从生态系统论的大视角观之，教育也是一种生态系统。近年来兴起的教育生态学是探讨人的成长与教育生境交互作用的研究取向。这是以美国康奈尔大学的布朗芬布伦纳提出的社会生态系统理论（1979）为基础的。而布朗芬布伦纳是苏联社会文化历史理论创立者——维果茨基的学生，所以，归根到底，教育生态学是以维果茨基的社会历史文化建构主义为基础的，当然不止于维果茨基一人，还有他的后继者列昂节夫和鲁利亚等人构成的社会文化历史理论学派（维列鲁学派），与维果茨基同龄的皮亚杰（日内瓦学派）及美国的布鲁纳等人从个体认知出发形成的结构主义也做出了同样的贡献。建构主义源自儿童认知发展的理论，扩展为人类学习过程的认知规律，即说明学习如何发生、意义如何建构、概念如何形成以及理想的学习环境应包含哪些主要因素等。

社会生态系统理论提出，在人与环境的交互作用的过程中，个人的行为不仅受社会环境中的生活事件的直接影响，而且也受发生在更大范围如社区、国家、世界中的事件的间接影响。布朗芬布伦纳把个体的社会生态系统划分为五个子系统。

——微系统，指与个体直接的、面对面水平上的交流系统。

——中系统，是几个微系统之间的交互作用关系。

——外系统，是指两个或更多的环境之间的连接与关系，其中一个环境中不包含这个个体。

——大系统，是指与个人有关的所有微系统、中系统及外系统的交互作用关系。这是一个有文化特色的系统。大系统的特色则反映在不同系统之间的交互作用。用布朗芬布伦纳的话来说，大系统是一种特殊文化、亚文化或其他更广阔的社会环境的社会蓝图。

——长期系统，是指在个体发展过程中所有的社会生态系统随着时间的变化而发生的变化。

布朗芬布伦纳的社会生态系统理论有助于我们理解社会环境对个体心理与行为的制约作用。首先，从空间上来看，人的行为不仅受直接的、面对面水平上的微系统的社会因素的影响，而且还受微系统与微系统的交互作用，微系统与中系统、外系统、大系统（特殊文化和亚文化）交互作用的影响。其次，人的行为不仅受传统文化的制约，而且受时代变迁的制约。

将社会生态系统理论与大数据环境结合起来，形成"云"与人的发展的函数关系：

$$D=f\left(P\cdot E\right)$$

其中D代表人的发展，P代表人，E代表生境，包括直接经验和"云"暨大数据的间接经验。

教育是一个有机体，因而也是一个生态系统。教育以人为本，即以学习者为本，因为大数据时代就是学习社会，学生已泛化为学习者。在以学习者为本的教育生态系统中，教育生境由教育实践、教育者和"云"三个要素构成。

大数据时代教育生态系统 { 教育本体：学习者 / 教育生境 { 直接经验 { 教育实践 / 教育者 / "云" } }

　　从上述图式可以看出，原有的囿于学校的教育向更大范围扩展。大数据时代的教育，所有的教育要素是围绕着学习者这一教育本体而组织安排的，教育过程、教育质量也是从学习者身上体现出来的。学习者是大数据时代教育实践的出发点和归宿。学习者以自身的智慧、情感、意志、行为发展水平，知识、经验的积累水平与结构，对事、对人、对己的倾向性态度等为"云"提供资源。因为学习者总是与时俱进的，所以，学习者为"云"提供资源是动态的、持续的。学习者理应为生态文明建设提供一朵"云"，这是个人的荣耀，更是个人的神圣义务。

11

开创新风

——学校管理从科学主义到新人文主义

仁者爱人。

——《论语·颜渊》

我欲仁，斯仁至矣。

——《论语·述而》

有教无类。

——《论语·卫灵公》

后生可畏，焉知来者之不如今也？

——《论语·子罕》

天地之大德曰生，生生之谓易。

——《易传》

清斯濯缨，浊斯濯足矣，自取之也。

——孔子69岁时与众弟子在小邾国沧浪渊边听

《沧浪歌》勉励弟子语

革除传统教育管理的弊端
对泰勒科学管理的批判
对韦伯科层论的批判
对法约尔经营管理理论的批判
对福特流水线管理的批判
对学习者实施关心教育
对学习者的多元评价

革除传统教育管理的弊端

随着工业管理体制与运行机制的变革，教育必须适应新时代的要求，要从管理体制上和运行机制上进行一番改革创新。所以，教育经历工业时代走向大数据时代，正处在一个教育变革期。为此，我们正处在教育弃旧图新的深化改革年代，承担着教育改革的光荣重任。

知识生成是大脑网络结构借助云计算对数据的搜索重构的功能，但传统学校学习，只是授—受现成的知识，这如同捕捞到鱼而忘记捕鱼的渔具。下文将对传统教育管理中存在的弊端做一分析。

一、标准化

学习，在传统教育观中一直被理解为上学校接受知识。而在大数据背景下，学习被泛化为实时自主活动与行为，学习成为一个人全部社会生活的基本活动、基本行为和基本状态。

学习，就亲子教育和学校教育来讲，只是初级形式，而在大数据条件下，开启人的智力和智慧，使学习真正步入高级阶段。

人在满足生存的物质需求之后，最大的需求不外乎精神需求，即面对现实时产生心灵矛盾与冲突，在电脑前拨动键盘，寻寻觅觅，使思维开阔、内心宁静、意志自由。通过云端学习，靠自己去发现和领悟，不断地达到豁然开朗的新境界。它靠的是自己救自己，再不是老师和教科书灌输的粗浅知识，而是人类精神财富的强烈吸引，是整个世界的排忧解惑的巨大魅力。

学习，可以进学校，也可以不进学校；可以通过"云"游认识生活，也可以通过旅游来体验景观，学习是形式多样的。拨云读万卷书，上车行万里路，互济互补，了解"此在"的世界，回归自然，深入社会，预测未来。但是，在传统的学校秧田式的教室中，传统的教学却与学习的本质需求背道而驰。就理科而言，数理化均系实践性很强的学科，但实践与做题的比例可以说是1：99，实际上，数理化学习只是为得到标准化答案及通过标准化考试，而对于学生创造力培养却无从谈起。就文科而言，似乎更给教育者和学习者提供了背的理由，学历史只是背史事，根本就不用唯物史观进行分析；学地理只是背地名，根本就不想"理"（严格说地理属于理科）在何处；语文咬文嚼字，成为"没有人"的科目；英语从根本上说是一门语言学科，但烦琐至极，××语法、解题大全、习题堆积如山，似乎英语不是交流的工具，而是要培养不会说、不会听的"语言专家"，好比以特殊符号培养英语"聋哑人"；政治更是背，弄得一门学科支离破碎。不管是文科理科，所有做题，只是用标准答案核对一下算完事大吉。结果，标准答案将头脑禁锢起来，独立思考被窒息了，创新能力根本无法培养；人的意志本来是自由的，但记诵做题的学习方式却把意志力也给消磨了，而缺少意志力人又成为什么呢？

麦可思高校咨询顾问刘超在回答咨询时谈到他在德国3年留学生活中的小故事。刘超讲的第一个故事是"语言不是考过的"。当初他刚学会发音就飞往法兰克福。经过3个月的努力后，他终于能说些复杂句式。又过了两个月，进入高级班。可他发现，高级班教学对于参加DSH考试（相当于雅思）帮助并不明显。因为德国的老师不像国内的老师那样花很大工夫培训学生的应试技巧。大约两周后，他开始按照自己的步骤，每天做从国内带来的DSH模拟题，悉心摸索题型的规律，很快就逼近了DSH的分数线。于是他跃跃欲试地准备报名DSH考试。可是，老师并不理解，认为他的德语水平还不能很好地适应德国的学习和生活。老师反而苦口婆心地劝他："如果你说不好德语，通过了考试又怎样呢？"

他讲的第二个故事是"追求学校还是追求学习"。相比较而言，德国追求的是学习，我们追求的是学校。

第三个故事是他听一位经济系的中国留学生讲述的"一个学生的课堂"。一位资深的经济学教授，他所教的这门课只有3个学生。其中两位同学很少同时来上课。这天，课堂上只有一个人，教授平静地从背包里掏出讲义，一对一讲了两个小时，板书密密麻麻地写满了两块黑板后，又擦了再写。听课者在讲完这段故事后，感叹地说："打从娘胎里出来，我们什么时候受过这种待遇？"

二、绝对化

传统学习也不能说完全丢弃了意志，教育者的意志还是蛮有威力的。学习者必须毕恭毕敬地依赖教育者的意志，这里充分体现"人的依赖性"，教育者的霸权犹在。因为衡量一个名师、权威教师的标准就是其所教的科目能有多少高分学生，谓之口碑。而唯遵从名师、权威教师的意志才是"一步登天"的路径。名师、权威教师在学习者的心目中宛如奥林匹斯山上的宙斯，他们说的话就是绝对正确，特别是在押题上，他们"一句顶一万句"。而不少教育者的窍门和专法是往前赶，"三步并作两步走"，初一、初二时就完成初中三年的全部课程，到初三则是复习强化、模拟摸底，用这种水大泡倒墙、凭工夫轱辘的办法确实灵验，有的学校对"小科"（除中考之外的科目都在此列）干脆完全封杀砍掉。早在1972年，联合国教科文组织就发布了一份名为《学会生存》的报告。在21世纪，"学会生存"就要把学习当作一种生活方式，树立终身学习的观念。当学习成为一种生活方式时，另一个关键问题出现——"如何学习"成为头等课题。所以,"学会学习"就成为"学会生存"的必要前提。而用这种应付中考高考的方法何谈培养大数据条件下的生存能力呢?再看1979年罗马俱乐部在《回答未来的挑战》的研究报告中指出,学习有两种类型:维持性学习和创新性学习。显然,大数据时代所需要的是创新性学习。而上述如"水大泡倒墙"等做法又如何能帮助学生迎接大数据时代的挑战呢?

三、片面性

运用生成论可以分析当前学校学习中存在的学习现象,师生夜以继日,战战兢兢地为一张试卷得高分而疲于奔命。这种极端的追求求同思维扼杀了大量求异思维的创新的萌芽。究竟一张试卷体现的高分数有多少创造的价值?除了传授解题技巧外我们教学还剩下什么?只是照着别人走过的路再走一遍,不想开拓寸分。

创造力是什么?它不是对"是"这些现成的题的标准答案的演练,而是对"非"这种存在的独辟蹊径,开拓出新的其他的"是"——将大量的未知变成新的已知。美国出了几十位诺贝尔奖得主,光芝加哥大学一所大学就占了其中一半以上,斯坦福大学涌现出多位计算机顶级专家。中国有13亿多人口却只有一个获得自然科学奖的科学家。传统学习方法是扼杀创新人才的"刽子手"。

问题是,我们明明知道一些所学的东西毫无用处却还是乐此不疲地学着,为什么?不为前途,只为仕途、钱途。

　　什么是学习？学习的本质是将新的数据信息纳入原有知识结构中从而形成新知识的过程。

　　当然，机器的发达和人口的增长，使就业竞争异常激烈，造成学习竞争激烈。但是，竞争与成功却不是一回事。如果抛弃实质性的创新而单纯地将考试作为升学筛选的方式，那么，在世界这场没有硝烟的大数据高新科技的战争中，最惨的输家将是买椟还珠的人。显而易见，光靠分数排名是难以应对千变万化、纷繁复杂的云计算的。残酷的考试排名造就了一些小有成功者，同时也造就了无数的失败者，更要命的是，这些小有成功者永远不能成为杰出人才。换言之，这种游戏化的从科举到单纯考试的选拔措施在某种程度上成为科学技术发展的障碍，尤其成为大数据/云计算时代教育发展的严重障碍。

　　就本质来讲，学习竞争一方面是与他人的竞争，但更重要的是同自己的竞争，是今天的自己同昨天的自己的竞争。但传统教育模式下今天的自己无法战胜明天的自己，或者说今天的自己打败的是明天的自己，是用今天的胜利预示明天的失败。从另一个角度看，学习成绩是衡量学习者学习进步的一个重要指标，但它只是一个相对指标，并非绝对指标。

　　当借助押题高手将题押正，说明应考者在没有掌握更多的知识时却得了高分，而当一个学习者掌握更多的知识时，分数也未必是高的，这就是为什么一些优秀生一出考场就抱怨说题出偏了。还有一个不得不承认的因素，出题者的思想导向不一定就是明天的人才发展趋势，其知识范围与大数据时代的要求也不是没有局限性的。

大数据给教育管理带来颠覆性的变革，这些变革是针对工业文明管理理论的，它们是：泰勒的科学管理理论，以动作的时间为研究对象，使学校一切受制于时间的支配；马克斯·韦伯以科层组织管理为研究方向，是我们现在学校的层次管理；法约尔的一般管理理论，注重的是内部职能的平衡，讲的是内部封闭地做一件事，为学校管理所效仿；加之福特的生产流水线，对教育的全面渗透，教育成为"生产"产品的流水线。三大管理理论及流水线生产模式从经济全面渗透到教育。而在后现代大数据条件下，这些代表工业文明的管理理论成为大数据时代教育发展的严重障碍。正如马克思所说："辩证法在对现存的事物的肯定理解中包含对现存事物的否定的理解，即对现存事物的必然灭亡的理解；辩证法对每一种既成的形式都是从不断的运动中，因而也是从它的暂时性方面去理解；辩证法不崇拜任何东西，按其本质来说，它是批判的和革命的。"在大数据时代背景下，教育应对三大管理思想及流水线管理模式进行彻底的扬弃，实行一番思想变革。

对泰勒科学管理的批判

工业文明，科学主义即科学论占据绝对优势，采用的是科学管理的方式，人成为细密分工中生产零部件的机器的附庸，成为"单向度的人"。在科学管理理念上最具代表性的是泰勒的科学管理理论。在泰勒科学管理理论的影响下，教育也物化为"标准件"的生产。所以，大数据时代的教育，在管理思想上首先要对泰勒科学管理理论进行全面的批判。

泰勒（Frederick Winslow Taylor，1856—1915）是美国古典管理学家、科学管理的创始人，被管理界誉为"科学管理之父"。在米德维尔工厂，他从一名学徒工一步一步地被提拔为车间管理员、技师、小组长、工长、设计室主任和总工程师。在这家工厂里，普遍怠工和缺乏有效的管理手段成为提高生产率的严重障碍。为此，泰勒开始探索科学的管理方法和理论。他从"车床前的工人"开始，重点研究提升企业内部具体工作的效率。在他的管理生涯中，不断地在工厂进行实地试验，系统地研究和分析工人的操作方法和动作所花费的时间，逐渐地形成其科学管理体系。泰勒在他的主要著作——《科学管理原理》中系统阐述了科学管理理论，使人们认识到管理是一门建立在明确的法规、条文和原则之上的科学。

泰勒科学管理的根本目的是谋求最高劳动生产率。其实现的重要手段是用科学化、标准化的管理方法代替经验管理。正是在这个思想基础上，泰勒提出任务管理法。他写道，广义地讲，对通常所采用的最佳管理模式可以这样下定义：在这种管理体制下，工人们发挥最大程度的积极性；作为回报，则从他们的雇主那里取得某些特殊的刺激。这种管理模式将被称为"积极性加刺激性"的管理。

他对任务管理法提出了具体的管理任务：第一，对工人操作的每个动作进行科学研究，用以替代单凭经验的老办法。第二，科学地挑选工人，并进行培训和教育，使之成长；而在过去，则是由工人任意挑选工作，并根据各自的可能进行自我培训。第三，与工人亲密协作，以保证一切工作按已发展起来的科学原则进行。第四，资方和工人之间在工作和职责上几乎是均分的，资方把自己比工人更胜任的那部分工作承揽下来；而在过去，绝大多数的工作和大部分的职责都被推到了工人们的身上。

泰勒将科学管理看作是思想革命。他在美国国会听证会上的证词中说，科学管理的实质是一切企业或机构中的工人们的一次完全的思想革命——也就是这些工人，在对待他们的工作责任，对待他们的同事，对待他们的雇主态度的一次完全的思想革命。同时，也是管理方面的工长、厂长、雇主、董事会，在对他们的同事、他们的工人和对所有的日常工作问题责任上的一次完全的思想革命。没有工人与管理人员双方在思想上的一次完全的革命，科学管理就不会存在。泰勒提出，诸种要素——不是个别要素的结合的系统原理。他对科学管理理论的思想精要概括为：第一，科学，不是单凭经验的方法。第二，协调，不是不和别人合作，不是个人主义。第三，最高的产量，取代有限的产量。第四，发挥每个人最高的效率。泰勒科学管理理论的影响深远，直到今天，他的许多思想和做法仍被许多国家采用。

泰勒科学管理理论提出了一系列原理。

（1）工作定额原理。为提高劳动生产率，改善工作表现，他提出：

· 企业要设立一个专门制定定额的部门或机构，这样的机构不但在管理上是必要的，而且在经济上也是合算的。

· 要制定出有科学依据的工人的"合理日工作量"，就必须通过各种试验和测量，进行劳动动作研究和工作研究。其方法是选择合适且技术熟练的工人；研究这些人在工作中使用的基本操作或动作的精确序列，以及每个人所使用的工具；用秒表记录每一基本动作所需时间，加上必要的休息时间和延误时间，找出做每一步工作的最快方法；消除所有错误动作、缓慢动作和无效动作；将最快、最好的动作和最佳工具组合在一起，成为一个序列，从而确定工人"合理的日工作量"，即劳动定额。

· 根据定额完成情况，实行差别计件工资制，使工人的贡献大小与工资高低紧密挂钩。在制定工作定额时，以"第一流的工人在不损害其健康的情况下，维护较长年限的速度"为标准，这种速度不是以突击活动或持续紧张为基础的，而是以工人能长期维持的正常速度为基础。通过对个人作业的详细检查，在确定做某件事的每一步操作和行动之后，能够确定出完成某项工作的最佳时间。有了这种信息，管理者就可以判断出工人是否干得很出色。

（2）挑选头等工人。为了提高劳动生产率，管理者必须挑选头等工人。泰勒指出，健全的人事管理的基本原则是使工人的能力同工作相适应，企业管理层的责任在于为雇员找到最合适的工作，培训他们成为第一流的工人，激励他们尽最大的力量来工作。为了挖掘人的最大潜力，管理者还必须做到人尽其才。因为每个人都具有不同的才能，不是每个人都适合做任何一项工作的，这和人的性格特点、个人特长有着密切的关系。为了最大限度地提高生产率，对某一项工作，管理者必须找出最适宜干这项工作的人，同时还要最大限度地挖掘其潜力，才有可能达到最高效率。因此对任何一项工作必须要挑选出"第一流的工人"即头等工人。然后再对第一流的人利用作业原理和时间原理进行动作优化，以使其达到最高效率。泰勒指出："管理人员的责任是细致地研究每一个工人的性格、脾气和工作表现，找出他们的能力；另一方面，更重要的是发现每一个工人向前发展的可能性，并且逐步地、系统地训练、帮助和指导每个工人，为他们提供上进的机会。这样，使工人在雇用他的公司里，能担任最高层次、最感兴趣、最有利、最适合他们能力的工作。这种科学地选择与培训工人并不是一次性的行动，而是每年都要进行的，是管理人员要不断加以探讨的课题。"

（3）标准化原理。泰勒把工人多年积累的经验知识和传统的技巧归纳整理并结合起来，然后进行分析比较，从中找出其具有共性和规律性的东西，再利用上述原理将其标准化，这样就形成科学的方法。用这一方法对工人的操作方法、使用的工具、劳动和休息的时间进行合理搭配，同时对机器安排、环境因素等进行改进，消除种种不合理的因素，把最好的因素结合起来，这样就形成一种最好的方法。泰勒还进一步指出，管理人员的首要责任，就是把过去工人自己通过长期实践积累的大量的传统知识、技能和诀窍集中起来，并主动把这些传统的经验收集起来、记录下来，编成表格，然后将它们概括为规律和守则，有些甚至概括为数学公式，最后将这些规律、守则、公式在全厂实行。泰勒认为，在科学管理的情况下，要想用科学知识代替个人经验，一个很重要的措施就是实行工具标准化、操作标准化、劳动动作标准化、劳动环境标准化等标准化管理。这是因为，只有实行标准化管理，才能使工人使用更有效的工具，采用更有效的工作方法，从而达到提高劳动生产率的目的；只有实现标准化管理，才能使工人在标准设备、标准条件下工作，才能对其工作成绩进行公正合理的衡量。要让每个人都用正确的方法作业，对工人操作的每一个动作进行科学研究，用以代替传统的经验方法。为此，管理者应把每次操作分解成许多动作，继而把动作细分为动素，即动作是由哪几个动作要素组成的，然后再研究每项动作的必要性和合理性，去掉那些不合理的动作要素，并对保留下来的必要成分依据经济合理的原则加以改进和合并，以形成标准的作业方法。在动作分解与作业分析的基础上进一步观察和分析工人完成每项动作所需要的时间，考虑到满足一些生理需要的时间和因不可避免的情况而耽误的时间，为标准作业的方法制定标准的作业时间，以便确定工人的劳动定额，即一天合理的工作量。泰勒为标准化的制定进行了积极的试验。例如，他在长达26年的金属切削试验中，得出影响切割速度的12个变数及其反映它们之间相关关系的数学公式等，为工作标准化、工具标准化和操作标准化的制定提供了科学的依据。

（4）计件工资制。在差别计件工资制提出之前，泰勒详细研究了当时资本主义企业中所推行的工资制度后提出，现行工资制度所存在的共同缺陷，就是不能充分调动职工的积极性，不能满足效率最高的原则。例如，实行日工资制，工资实际是按职务或岗位发放，这样在同一职务和岗位上的人不免产生平均主义。在这种情况下，"就算最有进取心的工人，不久也会发现努力工作对他没有好处，最好的办法是尽量减少做工而仍能保持他的地位"。这就不可避免地将大家的工作拖到中等以下的水平。又如在传统的计件工资制中，虽然工人在一定范围内可以多干多得，但超过一定范围，资本家为了分享迅速生产带来的利益，就要降低工资率。在这种情况下，尽管工人努力工作，也只能获得比原来计日工资略多一点的收入。这就容易导致这种情况：尽管管理者千方百计地使工人增加产量，工人也会控制工作速度，使他们的收入不超过某一个工资率。因为工人知道，一旦他们的工作速度超过这个数量，计件工资迟早会降低。于是，泰勒在1895年提出一种具有很大刺激性的报酬制度——"差别工资制"方案。其主要内容是：设立专门的制定定额部门；制定差别工资率；工资支付的对象是工人，而不是根据职位和工种。

（5）劳资合作。泰勒在《科学管理原理》一书中指出："资方和工人的紧密、组织和个人之间的合作，是现代科学或责任管理的精髓。"他认为，没有劳资双方的密切合作，任何科学管理的制度和方法都难以实施，难以发挥作用。那么，怎样才能实现劳资双方的密切合作呢？泰勒指出，必须使劳资双方实行"一次完全的思想革命"和"观念上的伟大转变"。泰勒进一步宣称："在科学管理中，劳资双方在思想上要发生的大革命就是：双方不再把注意力放在盈余分配上，不再把盈余分配看作是最重要的事情。他们将注意力转向增加盈余的数量上，使盈余增加到有关如何分配盈余的争论成为不必要。他们将会明白，当他们停止互相对抗，转为向一个方面并肩前进时，他们的共同努力所创造出来的盈利会大得惊人。他们会懂得，当他们用友谊合作、互相帮助来代替敌对情绪时，通过共同努力，就能创造出比过去大得多的盈余。"

（6）建立专门计划层。泰勒主张："由资方按科学规律去办事，要均分资方和工人之间的工作和职责"，要把计划职能与执行职能分开并在企业设立专门的计划机构。泰勒在《工厂管理》一书中为专门设立的计划部门规定了企业生产管理、设备管理等17项主要负责的工作。所以，泰勒所谓计划职能与执行职能分开，实际是把管理职能与执行职能分开，代之以按标准办事。要确保管理任务的完成，应由专门的计划部门来承担找出和制定标准的工作。

（7）职能工长制。泰勒不但提出将计划职能与执行职能分开，而且还提出必须废除当时企业中军队式的组织而代之以"职能式"的组织，实行"职能式的管理"。但事实证明，这种单纯"职能型"的组织结构容易形成多头领导，造成管理混乱，所以并未真正实行。

（8）例外原则。所谓例外原则，是指企业的高级管理人员把一般的日常事务授权给下级管理人员去负责处理，而自己只保留对例外事项、重要事项的决策和监督权，如重大的企业战略问题和重要的人员更替问题等。泰勒在《工厂管理》一书中指出："经理只接受有关超常规或标准的所有例外情况的、特别好和特别坏的例外情况、概括性的、压缩的及比较的报告，以便使他得以有时间考虑大政方针并研究他手下的重要人员的性格和合适性。"泰勒提出的这种以例外原则为依据的管理控制方式，后来发展为管理上授权原则、分权化原则和实行事业部制等管理体制。例外原则是科学管理的核心问题。

科学管理理论很明显是一个综合概念。其八个方面的原理可以由四个基本组成要素构成：形成一门真正的科学、科学地选择工人、对工人进行教育和培养、管理者与工人之间亲密友好地合作。这四个要素体现出的管理范式基本可以概括为三点：还原论的、自上而下的、基于分工而非协作的。

科学管理理论不仅是一种思想、一种观念，也是一种具体的操作规程，是对具体操作的指导。一百年来，科学管理思想发挥着巨大的作用。但必须看到，泰勒的科学管理理论把人看成"经济人"，在以人为本的幌子下，为资本家获取最大利润榨取工人的最后一滴血汗。在苏联古拉格苦役中也采取了这种方法，其泰勒式的人物也有所显现。

——对还原论的批判。所谓还原论（Reductionism）是主张把高级运动形式还原为低级运动形式的一种哲学观点。它认为现实生活中的每一种现象都可看成是更低级、更基本的现象的集合体或组成物，因而可以用低级运动形式的规律代替高级运动形式的规律。还原论派生出来的方法论手段就是对研究对象不断进行分析，恢复其最原始的状态，化复杂为简单。泰勒认为企业的整体的性质可以还原为部分的或低层次的性质。列宁曾对还原论进行四次批评。还有以德鲁克、查尔斯汉迪等为代表的管理学家从社会生态的视角来考察企业的本体及功能，对泰勒的还原论提出异议。

——对自上而下的管理模式的批判。其批判来自玛丽·帕克·福列特。福列特从整体的、系统的角度来看待组织："企业管理或者行业组织的第一项测试，应该看企业是否符合以下情况：它的所有部分相互协调，步调一致，紧密结合，各自的活动得到调整，从而互相锁定、互相关联，形成一个运转的整体——不是各个部分的简单堆积，而是一个功能整体或者整合的统一体。"进而，福列特提出："如果工人接到一项任务，并且得到允许，自行决定如何完成，他们就是在管理。如果工人不做一些管理工作，企业将很难运转下去。"如果说福列特是将管理工作的要素还给工人、让管理者与被管理者之间的区别减弱的话，泰勒则是试图在管理者与被管理者之间实现进一步的分工，将管理的职责完全赋予管理者。因此，泰勒在《科学管理原理》当中提出："作为每个工人各项动作基础的、适用于绝大多数机械工艺的科学，是如此重大、如此深奥，以至于难以对这一科学有深刻的理解。如果没有和他共事或领导他的人的指导和帮助，或者其本人缺乏教育或智力低下，那么，即使他最适合做这项工作，也不能深刻理解这一道理。"泰勒进一步推论："为按照科学规律办事，管理人员必须接手并完成那些本应由管理者来完成的工作。"

还有以梅奥、麦格雷戈、赫伯特西蒙等为代表的管理学家则从人际关系、组织决策的视角来考察企业中的权力分配与决策管理，对泰勒的自上而下的管理模式提出异议。

——对基于分工的批判。对基于分工的批判恰恰来自一般被认为是泰勒推动的流水线。一般认为泰勒的理论促进了福特"流水线"生产方式的诞生，然而，从直接证据来看，泰勒与生产流水线根本没有关联。而从出发点来看，两者之间更是存在根本性的差异，泰勒制是基于分工以及分工下劳动效率的最大化，而流水线则是基于人机之间的协作以及协作后生产效率的最大化，劳动的立足点是在于工人，而生产的立足点则是在于机器。这是一个管理理念的根本转变，而自此之后，泰勒的管理范式已经彻底被西方的管理实践所扬弃。

不同于泰勒的分工论，以戴明、迈克尔哈默等为代表的管理学家则从协作的、流程的视角来考察企业中的生产运营过程。

在教育上，泰勒的科学管理理论思想无所不在，以致学校根据校情制定的效益工资、评优条件等激励成为"应试教育"的有效工具。

　　"标准划一""效率至上""操作实务"是工业文明时代的主流价值，课程教学深深地打上了"工业化"的烙印，形成"类工业化"的人才培养模式。

　　我国在"洋务运动"时期引入了西方的教育模式。百年来，人才培养模式虽然随着社会的持续进步而不断地发生变化或变革，但基本上并未触及"工业化"这一先天"基因"。如今，人类已迈入大数据时代，全民普及教育，学校教育赖以存续的背景也发生了天翻地覆的变化，但教育的理念、内容、形式、方法似乎仍然未变，传统的人才培养模式仍执着于以不变应万变。基于工业文明而形成的人才培养模式有以下三个特点：

　　第一，框架凸显"分析性"。学校教育职能条分缕析，学校管理呈"分工化"，德、智、体、美、劳各育分而设之，形成各自相对独立的工作体系，各行其是。语、数、外等十多个学科各自十分完整，体系"严谨"，单独施教，学科之间以邻为壑，"风马牛不相及"。第八次课改将原来的物理、化学和生物三学科结合起来，设计了一门新课程——科学，但"分科"的裂痕依然存在，并没有达到"系统综合"的设计理念。例如，浙教版《科学》教材中共有各类实验302个，其中物理实验126个，化学实验83个，生物实验85个，而"综合性"的探索实验仅有8个，只占总实验数的2.6%。

　　课内外界限分明，课堂教学被视为"主渠道"，而课外活动无足轻重，曾出现的"第一课堂"和"第二课堂"又进一步强化了课堂内外的区分；原本是融为一体的学生认知过程和情感过程，在教育实践中被人为地割裂开来，感知、记忆、思维等认知活动得到无以复加的重视，而诸如兴趣、喜好、信心、自我实现等情感元素则异化为"认知"的仆从，抑或拒斥于学习之外。

第二，形式趋向"标准化"。高度的教学计划统一、内容统一、方法统一、进度统一、评价统一的状况仍未得到改进，整个教育过程严格地受制于特定的标准。诚然，教育必须有目的性、计划性和系统性，但工业化制约下的传统教育过分地强调规格、教学计划和教学安排的统一性和确定性，所提的要求过于具体且充满"刚性"，极大地忽视了学校教育和个体发展的多样化。

第三，机制聚焦"知识点"。教育在本质上是传承与创新的有机结合，一方面它要促成年青一代尽可能地传承人类文明的丰厚遗产，从而实现个体从自然人到社会人的转变；另一方面它要持续地开发个体潜能，使其拥有创新精神和实践能力。但传统知性教学的主要机制是授—受。因此，学科"知识点"是重中之重，逻辑分明。教学计划就是"知识点"均等地"分摊"，然后操纵老师逐一讲授、分析、巩固、考核，并据此考量教学任务完成与否。"千校一面、万教一法""知识点"循序渐进式地累加，构成课程—教学的全部。这样，培养出来的学生就是规格统一的"标准件产品"。学校教育普遍显现结果大于过程，规范高于创新，认知重于情感。教育培养的是知识的"容器"，是缺少情感与创新激情的平面人。

在教学过程中，教育者按照自己的主观意志与既定计划来"培养"莘莘学子，教什么、教多少、怎么教、如何评价，诸如此类的主导权在教师，教师成为知识的权威，成为教育的主宰，而学生则在教师的"主导"下按照预定的"设计图纸"和"施工方案""被学习"。教育理论中有一个虚假命题，即学生为主体，教师为主导。当教师对作为"主体"的学生进行"主导"时，学生的主体地位便荡然无存了。因此，这一命题的实质是真主宰，假主体。

在标准化的统率下，教学只是在"增量"的物理维度上理解知识，或者说只是在"加砖添瓦"的直观认知中窥探知识增长和人才培养之间可能存在的线性关联。而"灵魂工程师"仍然是最时髦的教育语词。学生处在"被决定""被教育"的境地。

以"劳动密集型"为特征的"题海战术"成为屡试不爽的教育"法宝"。

大数据条件下，教育者必须以生态视野将学习者看作是一个不断生成、不断建构/重构的成长体，是一个既具有认知品质又充满情感张力的生命个体。发展使"一切皆有可能"，因而教育的途径是多元的。生态化人才培养是一个动态的自组织系统，在这个系统中，学生是学习的主体，并且对学习过程发挥着主导作用。恰如对树苗绝不能拔苗助长，"园丁"的职责只是宜时顺应，并通过嫁接、修剪等手段使其自主成长。传统教育将教师在教育活动中的主导作用与学生在学习活动中的主导作用混为一谈，而且每每用前者取代后者，从而导致教育活动的重心偏移甚或本末倒置。

对韦伯科层论的批判

德国著名社会学家马克斯·韦伯（Max Weber, 1864—1920）被称为"组织理论之父"，他于20世纪初提出了科层制组织管理理论。在韦伯看来，科层制是指一种以分部—分层、集权—统一、指挥—服从等为特征的组织形态，是工业社会实施合法统治的行政组织制度。

韦伯认为，组织的合法权威有三种来源：习俗惯例、个人魅力、法规理性。而法理权威的最适宜的组织形式是科层制。韦伯认为，在近代以来的资本主义社会中，科层组织是对大规模社会群体进行有效管理的基本形态。韦伯指出，在这三种组织类型中，科层组织是人类迄今发现的管理大型组织的最好模式。相对于传统组织和个人崇拜组织来说，科层组织的实质，就是抛弃人治、实现法治，屏蔽情感，崇尚科学。在科层组织中，由制度规定组织层级、部门划分、职位设置、成员资格，能够形成非人格化的层级节制体系和部门结构，组织成员是否胜任仅仅取决于他的能力，而不是取决于他对组织领袖的个人忠诚和个人依赖。

韦伯提出科层理论有其深刻的社会背景和时代需要。19世纪末20世纪初，随着大工业组织的增长，整个社会生活都发生了巨大变化，政府和各种社会组织也呈现出现代趋势。按照西方学者的说法，当时的西方世界正变成一个"组织化的社会"。在城市化、工业化的社会里，前工业时代所采纳的那种简单的社会和政治结构已经远远不能适应现代工业社会发展的要求。新的社会环境导致社会生活充满矛盾和冲突，并时常发生大量社会的、政治的和经济的摩擦。

除此以外，德国国内政治和经济的发展也为科层理论的产生提供了必要的条件和社会基础。19世纪末，德国社会政治形势的特点是两种社会势力的斗争，即与大地主相联系的、日益退出历史舞台的德国容克集团同竭力争取政治独立并日益巩固的资产阶级之间的斗争。当时的德国，工业化进程相当迅速，但其发展受到封建制的严重束缚，正处于从旧的、以家族为基础的企业制度向大规模的资本主义企业制度过渡的转折点。韦伯察觉到，当时德国的教会、国家机构、军队、政府、经济企业和其他各种团体，组织规模不断扩大，大型组织日益增加。这些大型组织迫切需要实行管理合理化，以建立一种"稳定、严密、有效、精确"的管理系统。与此相适应，韦伯的科层理论正迎合了当时的政治和经济发展的需要。

韦伯在《社会组织与经济组织理论》一书中提出完全按照理性建立起来的、理想化的、高效率的组织模式，其基本特点包括：

（1）专业分工。把组织的全部活动划分为若干基本作业，作为公务分给组织成员，专业化的分工可以使工作规范化，提高效率。

（2）权责明确。各种职务都是按照职权组织起来的，每一职位都有明文规定的权利和义务，上下级之间有职、权、责分工明确的结构。

（3）等级森严。组织按照等级原则，从顶层到基层用一条权力线编织成一个金字塔式的结构体系。

（4）纪律严明。建立稳定、详尽的规章制度和办事程序，以此来约束和控制组织成员的行动。

（5）法定资格。每个岗位的人员必须是称职的，组织以法的形式规定了每个职位的任职资格和条件，作为对他们进行选拔、考核的标准和方法。

（6）理性关系。组织内部各成员之间只讲理性，不讲感情，人与人之间是一种完全的非人格化的关系。

（7）固定工资。官员领取固定的薪金，有明文规定的升迁制度。不得利用行政职务之便，获取工资之外的任何报酬。

韦伯认为，这种以责任制为基础、以权力为核心的文牍式的组织管理模式，在精确性、稳固性、纪律性、严谨性和可信性上，都可以达到技术上完善的程度。因为这种纯理性组织排除了一切人格化的因素，不带任何个性化的色彩，而仅仅奉行法律程序和公务原则。在韦伯看来，科层制是一种只追求效率、不受个人情感影响的组织管理形式，它简直就像一架由人组成但并无人情味的运转良好的机器，人只是这架机器上一个个性能良好的齿轮。这样建立起来的组织有利于目标合理化、管理专业化、关系理性化、工作协力化、行为制度化，对提高组织的效率有十分积极的意义。科层制在一定程度上适应了社会化大生产的要求，为当时新兴的资本主义制度提供了一种高效率的、理性的组织管理模式，成为后来组织管理理论研究的基础。时至今日，这种管理模式已经成为各类正式组织的一种典型的结构和组织形式，在社会的各个领域得到广泛的应用。

学校不同于公司、企业等工业组织和行政部门，学校在本质上是一种学习共同体。在工业组织中，成员间的关系是由他人构筑的，而且这种关系已被编入种种等级、角色及角色要求的制度体系之中。在学习共同体中，成员拥有一种与他人同等价值的社会生活。虽然工业组织和学习共同体都需要对其成员加以控制，但是，工业组织依赖于外在控制，而学习共同体则更多地依靠价值观、目的、敬业精神、团队精神、规范以及成员间自然而然的"脑际互联网"的相互依存性。

以往的领导理论往往只根据科层权威、心理权威、技术—理性权威来实施领导职能。这三种方式对于科学知识和科学研究成果是尊重的，但是，学校教育属于科学不发达领域，有关的研究结论常常不能超出人们早已了解的常识范围。以上三种领导方式虽然是必要的，但还远远不够。如果将科层领导、心理领导或技术—理性领导置于首位，那么效率就会成为学校的最高价值，而忠诚、和谐、道义、美、真都算不上最高的价值。果真如此，即正如美国当代教育管理学家托马斯·J. 萨乔万尼进行比较后提出的："经营一个死亡集中营和领导一所育人的学校还有什么差别呢？"

在专业分工与权责分明的原则下，大抵实行目标管理。而就学校而言，目标管理与伦理道德价值首先在融合上是很艰难的。因为不是所有价值、目的能化为目标。况且，传统的领导理论是一种静态的"炮弹"理论，它适合于目标静止不动的稳定环境。在目标静止的情况下，只要确认目标、计算距离和风速、下令开火，就可以保证击中目标。与目标的"炮弹"理论不同的是，大数据时代教育的大多数目标处在变幻莫测、运动不羁的状态中，在教育实践中经常会发现与原来不同的、更新的目标；况且，道德目标不少是隐性的。在这样的环境下，传统的"炮弹"理论已是强弩之末。

在等级森严的制度下，教育领导者常常借助其人格的力量、科层的神通和政治的诀窍，单枪匹马地拉动他的副手、主任和教职工前进。而云计算方法论的新型领导是将学校建设成思想与思想交流、感情与感情沟通、生命与生命对话的心灵家园。在大数据背景下，学校创设的是扁平化管理。在这种制度下，师生享受生活，享受生命，享受学习，享受教学的乐趣。

学校是一种组织生活，缺少法纪约束是不可思议的。但光用纪律约束没有道德宽容的结果是培养两面派与双重人格。严是铁，宽是金，校长美德服人心。校长要相信教师和学生的人性是美好的，"春风化雨"是大数据时代教育生态的良好气象。

在理性关系中，学校在权力结构上呈金字塔形，从校长到教师再到学生，是阶层的管理模式。师生的意见或下情上达是一个纵向层层传递且变形的过程。云时代的学校权力结构实行扁平化管理，形成种种横向与互动的网络，较容易促进师生的自我实现。

校长要同教师打成一片，以至于成为教师团体和学生集体中的一员，让师生从内心感受到领导者的平等与和气，让与你接触的任何一个教师、学生或学生家长看到你不是一座"禁锢思想的监狱"，进而放弃戒备，思想开放，熵数减少，畅所欲言。这样，才能在他的意识中不"恨"你，而希望与你交流，把你作为精神生命成长不可缺少的源泉。这样，才能使校长本人也回归校长的本真，有一种高尚与自豪，一种归属感与自我实现。教师对待学生和学生家长也是同样的道理。改革科层化管理为扁平化管理，是大数据教育的重要使命。

对法约尔经营管理理论的批判

大数据时代的教育管理，必须对法约尔一般管理理论对教育的影响进行透彻的批判与变革。亨利·法约尔（Henri Fayol，1841—1925）是法国古典管理理论学家，古典管理理论的主要代表人物之一，管理过程学派的创始人，被后人尊称为"现代经营管理之父"。 法约尔在一个煤矿公司当了30多年的总经理，创办过一个管理研究中心。法约尔于1916年出版代表作《工业管理和一般管理》，标志着一般管理理论的形成。法约尔区别了经营和管理，他认为这是两个不同的概念，管理包括在经营之中。管理理论是"指有关管理的、得到普遍承认的理论，是经过普遍经验并得到论证的一套有关原则、标准、方法、程序等内容的完整体系。有关管理的理论和方法不仅适用于公私企业，也适用于军政机关和社会团体"。

法约尔一般性经营管理理论有3个方面：从经营职能中独立列出管理6项活动；提出管理活动所需的5大职能；提出管理的14条管理原则。这3个方面也是其一般管理理论的核心。一般性经营管理理论的系统性和理论性强，对管理5大职能的分析为管理科学提供了一套科学的理论构架，一般管理思想的管理原则给实际管理人员以巨大的帮助，其中某些原则甚至以"公理"的形式为人们接受和使用。

6项活动。通过对企业全部活动的分析，法约尔将管理活动从经营职能中提炼处理，成为经营的6项活动：（1）技术活动（生产、制造、加工）。（2）商业活动（购买、销售、交换）。（3）财务活动（筹集和最适当地利用资本）。（4）安全活动（保护财产和人员）。（5）会计活动（财产清点、资产负债表、成本、统计等）。（6）管理活动（计划、组织、指挥、协调和控制）。企业不论大小简繁，这6种活动总是存在的。这些活动相互联系、相互配合，共同组成一个有机系统来实现企业生存与发展的目的。由于6种活动都需要具有相关方面的才能，而企业员工作为各个职能的具体执行者，必须具备这些能力才能胜任。

5大职能。法约尔将管理分为计划、组织、指挥、协调和控制5大管理职能。

（1）计划。法约尔认为管理意味着展望未来。预见的目的就是制订行动计划。公司的计划要以三方面为基础：公司所有的资源，即公司的人、财、物、公共关系等；目前正在进行的工作的性质；公司所有的活动以及所预料的未来发展趋势。好的计划对企业的经营管理非常有利，一个好的计划要有统一性、连续性、灵活性和精确性的特点。管理人员在制订计划时，要对企业的经营状况有个整体的了解，要有积极参与的愿望，高层的管理人员主要负责制订计划，而低层的管理人员主要负责执行计划。

（2）组织。组织就是为企业的经营提供所必要的原料、设备、资本和人员。组织分为物质组织和社会组织两大部分，管理中的组织是社会组织，只负责企业的部门设置和各职位的安排以及人员的安排。有的企业资源大体相同，但是如果它们的组织设计不同的话，其经营状况就会有很大的差异。在法约尔的组织理论中，组织结构的金字塔是职能增长的结果，职能的发展是呈水平方向的，因为随着组织承担的工作量的增加，职能部门的人员就要增多，而且，随着规模的扩大，需要增加管理层级来指导和协调下一层级的工作，所以纵向的等级也是逐渐增加的。法约尔非常强调统一指挥，他很反对泰勒的职能工长制，认为它违背了统一指挥的原则，容易造成管理混乱。

（3）指挥。通过指挥，能使本单位的所有人做出最大的贡献，实现本企业的利益。而担任组织中指挥工作的领导人应具备以下素质：对自己的职工要有深入的了解。

（4）协调。协调就是指企业的一切工作者要和谐地配合，以便于企业经营的顺利进行，并且有利于企业取得成功。协调就是让事情和行动都有合适的比例，就是方法适应于目的。法约尔认为，协调能使各职能机构与资源之间保持一定的比例，收入与支出保持平衡，材料与消耗成一定的比例。总之，协调就是让事情和行动都有合适的比例。法约尔认为，有效协调的组织一般具有如下特征：每个部门的工作都与其他部门保持一致。企业的所有工作有序地进行；各个部门、各个分部对自己的任务都很了解，并且相互之间的协调与协作都很好；各部门及所属各分部的计划安排经常随情况变动而调整；公开各部门领导人的会议是使工作人员保持良好状态的一种标志。

（5）控制。控制就是要证实企业的各项工作是否已经和计划相符，其目的在于指出工作中的缺点和错误，以便纠正并避免重犯。对人可以控制、对活动也可以控制，只有控制了才能更好地保证企业任务顺利完成，避免出现偏差。从管理者的角度看，应确保企业有计划，并且执行，而且要反复地确认修正控制，保证企业社会组织的完整。由于控制适合于任何不同的工作，所以控制的方法也有很多种，有事中控制、事前控制、事后控制等。管理的五大职能并不是企业管理者个人的责任，它同企业经营的其他五大活动一样，是一种分配于领导人与整个组织成员之间的工作。

14条原则。法约尔将管理确定为14条原则。

（1）劳动分工。劳动分工是劳动专业化的客观要求，它不是仅仅适用技术工作和基础岗位，而且应在管理和职能权限划分方面普遍采用。

（2）权力与责任。二者相辅相成，任何一个岗位都是权力与责任的统一。

（3）纪律。纪律实际上是以企业与雇员之间协定为依据的服从、勤勉、积极、规矩和尊重的表示。

（4）一个下属只能接受一个领导的命令和指挥。

（5）统一领导。实际上是指统一的管理思维和计划。领导可以是单人的，也可以是集体的。

（6）个别利益服从整体利益。要注意克服整体与个体之间的冲突情绪。

（7）人员的报酬。付酬的方式很多，人员的报酬应该合理，并有一定的激励机制。

（8）集权与分权。提高下属重要性的做法是分权，降低下属重要性的做法是集权。

（9）等级序列。要确定从最高的权威者到最低层管理人员的等级序列。

（10）秩序。每件东西和每个人都应有恰当而合理的位置。

（11）公平。在对待所属人员时管理者应该特别注意善意与公道的结合。

（12）人员的稳定。有秩序地安排人员和补充人力资源，人员特别是管理人员的经常变动对企业很不利。

（13）首创精神。领导和员工都应该同时具备这种精神。

（14）集体精神。团结就是力量。在组织内部要形成团结和谐的氛围。

　　法约尔一般性经营管理理论对学校教育管理产生了重大影响。6项活动、5大职能、14条原则构成的一般管理理论核心为教育全盘应用，成为学校教育管理的一般性理论。

　　在传统教育中，笔者采撷两个场景，可能代表课堂教学图景：一个是小学段讲课当中，老师不时严厉地提醒学生："不要说话！不说话还听不明白呢，说话就更听不明白了。"而在高一些的年段中，老师讲课后问全班学生："有疑问的同学请举手。好，没有问题，下堂课见。"在教师的心目中，全班没人举手，似乎说明这堂课成功了，因为幸运的是没有留下"课后累"。但经历过教改的教师都知道，没有问题的课绝对不是一堂好课，一种情况是"满堂灌"（或许加上"机灌""电灌"），学习者弄得一头雾水而喘息不及；另一种是"不讲糊涂不下课"。实际上，这样的教学完全是以学生为教学客体，教师无法有效地接收到学生的任何反馈信息，因为教师在课堂上从事的是一种增熵运动。即使有学生提出问题，但碍于课堂40分钟面对三四十甚至五六十名学生，老师也只能是匆忙简单作答，或留做课后辅导，而无暇光顾的教师干脆让科代表征集问题，留到下堂课再做解答。如此老牛赶山，一个是悠悠岁月，一个是似水流年，师生之间缺少互动与交往。也许有人会说，教师不也是堂堂提问吗？说到底，那只是通过教师的个别提问了解个人的授课情况，而作业、测试似乎是对学生学习的反馈，但实质上是从教师角度检查教学任务完成情况。话说回来，考试获得好成绩就是学习优秀吗？如上弊端需要变革，而在传统教学中，刀刃是削不了自己刀把的。传统的教学模式往往可能针对某一个问题只能引起对方的一个回应。

在大数据时代，教学则带来全新的变革。教学互动所带来的变革在于其反映的是联系双方的交互作用，体现教育者和学习者在通信联系、沟通过程中可能出现的角色转换，通过一定的反馈系统，互通信息，搜集与传递数据，各取所需，共同发展。因而应用于教学上的互动，能有效地使教育者及时掌握信息，因人施教，调整教学进程，开展生成性教学。这种全新的教与学实时体现以生为本，无疑是对传统教学的全面扬弃。基于Web并应用网络教学支撑平台下的互动式教学体现了师生主体间互动。软件设计者可以根据教学的要求设计相应灵活的互动环节，让学习者自由地掌握学习进度，随时进行学习调整。而"云"讨论区、电子公告板（BBS）、聊天室等工具则有助于加强师生、生生间的沟通。"云"带给学习者的不再是教师严厉的目光和课堂严肃紧张的气氛，而是信息传导与实时反馈。教育者以平等的身份与学习者互动，展开亲切的对话，聆听和参与讨论，引导和监控。学习者可以通过关键词查询，以主人公身份全方位参与网上交流活动。而教师对在互动中的问题进行梳理，并反馈应用到教学中。

传统教学以邻为壑，对广泛的丰富的实践性知识拒之门外。学习者"两耳不闻窗外事，一心苦读圣贤书"，导致很多学生虽高分而低能，不受社会青睐。

网络互动式教学突破了不同领域的界限。

（1）突破传统课堂教学时空的限制，教学从课内延伸到课外，学习者可以随时随地将在任何学习环节中遇到的疑问及时反馈，或通过关键字查询找到相应的解答。

（2）突破对学习者的限制。在家学习已成为一种新兴的教学方式，在线学习有利于构建完整意义上的终身教育体系。

（3）突破了知识的界限，使知识的广度与深度因人得到不同程度的拓展。学习者除了对课堂上未能熟悉的内容可以在课外及时补充并做知识的深化外，还可以利用云资源去进一步拓展课外知识，大大地丰富学习者的课外生活，进一步拓宽其知识面。相应地，教育者也能拓展知识，在备课中广泛涉猎。应用网络上一个疑问可能会激发大家的兴趣，获得多种的回应和解决办法，这是开放式互动教育的好处。网络作为一个虚拟的空间，大大激发了教学的潜能，让学生们进一步了解知识，而教师更可置身其中参与讨论，同时通过教学的评价反馈系统及时反馈，接收第一手的资料，调整教学，真正实现因材施教。

进入后工业时代，教育依托的是云技术，一般管理理论已无法适应在大数据的背景下搭建的平台。一切教学资源在此平台上能快捷配置，使学习者与教学资源迅速地无阻碍沟通，省略了大量的中间管理环节，提升了教学效率，学习者的个性化需求得到更大的满足。在大数据背景下，教育基本规律显得更加明确，教育必须适应时代，不能让时代适应教育。我们常说，只有合适的教育才是最好的教育，那么只有适应时代的教育才能是合适的教育，从而是最好的教育。跟得上时代步伐的就是最好的教育，跟不上时代步伐的就不是好教育。传统教学以流水线的形式"生产"人才就不是好教育。为此，教育必须创新，以适应后现代发展。

对福特流水线管理的批判

在上述三种管理理论之外，还有一种流水线生产管理方法。这是美国汽车大王福特的发明，它对学校教育产生了严重影响。

现代流水线生产起源于1914—1920年的福特制。福特制是在科学组织生产的前提下谋求高效率和低成本。因而实施产品、零件的标准化，设备和工具的专用化以及工作场所的专业化。唯一最佳的"单一产品原则"，由此创造了流水线的生产方法，建立了传送带式的流水生产线。

大批量生产的主要生产组织方式为流水生产。流水生产线是由设备、工作地和传送装置构成的设施系统。生产流水线是把高度的对象专业化生产和劳动对象的平行移动方式有机结合起来的一种先进的生产组织形式，是劳动对象按照一定的工作地，顺序地通过各个加工程序，并按照统一的生产速度（节拍）完成工艺作业的连续的、重复的生产过程。流水生产线是为特定的产品和预定的生产大纲所设计的；生产作业计划的主要决策问题在流水生产线的设计阶段就已经解决。最典型的流水生产线是汽车转配生产线。

在福特的工厂内，专业化分工非常细致，仅一个生产单元的工序竟然多达7882种，为了提高工人的劳动效率，福特反复试验，确定一条装配线上所需要的工人，以及每道工序之间的距离。这样一来，每个汽车底盘的装配时间从12小时28分缩短到1小时33分。

流水线具有以下特征：工作场地的专业化程度高；明显的节奏性；各工序的生产能力平衡或成比例；工艺过程封闭、单向；高度的连续性。

生产流水线有各种分类方法。按工人的工作由简单到复杂分为单一产品流水线、可变流水线、混合流水线、成组流水线、半自动化线、自动化线。

按生产对象的移动方式分为固定流水线和移动流水线。固定流水线是指生产对象位置固定，生产工人携带工具沿着顺序排列的生产对象移动，主要用于不便运输的大型产品的生产，如重型机械、飞机、船舶等的装配。移动流水线是指生产对象移动，工人和设备及工具位置固定的流水线，是常用的流水线的组织方式。

按生产对象的数目分为单品种流水线和多品种流水线。单品种流水线又称为不变流水线，是流水线上只固定生产一种制品，要求制品的数量足够大，以保证流水线上的设备有足够的负荷。多品种流水线是将结构、工艺相似的两种以上制品，统一组织到一条流水线上生产。

按产品的轮换方式分为可变流水线、成组流水线和混合流水线。可变流水线是集中轮番地生产固定在流水线上的几个对象，当某一制品的批制造任务完成后，相应地调整设备和工艺装备，然后再开始另一种制品的生产。成组流水线是固定在流水线上的几种制品不是成批轮番地生产，而是在一定时间内同时或顺序地进行生产，在变换品种时基本上不需要重新调整设备和工艺装备。混合流水线是在流水线上同时生产多个品种，各品种均匀混合流送，组织相间性的投产。一般多用于装配阶段生产。

按连续程度分为连续流水线和间断流水线。连续流水线：制品从投入到产出在工序间是连续进行的没有等待和间断时间。间断流水线是由于各道工序的劳动量不等或不成整数倍关系，生产对象在工序间会出现等待停歇现象，生产过程是不完全连续的。

按节奏性程度分为强制节拍流水线、自由节拍流水线和粗略节拍流水线。强制节拍流水线是要求准确地按节拍出产制品。自由节拍流水线是不严格要求按节拍出产制品，但要求工作地在规定的时间间隔内的生产率应符合节拍要求。粗略节拍流水线是各个工序的加工时间与节拍相差很大，为充分地利用人力、物力，只要求流水线每经过一个合理的时间间隔，生产等量的制品，而每道工序并不按节拍进行生产。

按机械化程度分为手工流水线、机械化流水线和自动线。

生产流水线的组织条件在于：品种稳定单一，产量足够大，长期供货，单位劳动量大，保证设备足够负荷；产品结构和工艺相对稳定；工艺过程既可划分为简单的工序，又可以相互合并；原材料和协作件标准化、规格化，且按时供应；机器设备始终处于完好状态，严格执行计划预修制度；工作必须符合质量标准；厂房和生产面积适合安装流水线。

生产流水线对教育的全面渗透，使教育成为工业生产服务的培训基地，教育从课程计划到授课方法，从课程表到作息时间，从作业到考试形成一整套"生产"劳动力"产品"的流水线。

在传统工业时代，由于工业的批量生产与制造，从管理上形成科学的流水线，迅速快捷地制造半成品与成品。不仅在工业管理上如此，这种管理模式还一定程度地主导着教育教学，使得我们的教育教学自觉或不自觉地导入统一的管理模式，标准化教学大行其道，生产着一批又一批流水线上的"产品"——学生。而这样如何谈得上创新能力及其他多种能力的培养？

传统教学模式以流水线的形式进行着教学的各个环节，形成背、讲、批、辅、考诸环节。每个环节固守相关程序。在流水线上，教师和学生是没有创造力的，完全成为程序的附庸。

流水线上的程序化教学代表着大规模制造（如现在一些超级高考神校），这虽然能满足家长及学生的暂时虚荣，但学生体验不到学习的乐趣与获得成功的喜悦。

大数据教学要求大规模定制。而后者现在虽然没有炫耀的光环，但秋天的收获却是丰富多彩的。发挥自主学习的积极性和主动性，发挥内在潜能，提升师生的创造力。变苦教苦学为乐教乐学，学习者在教育者的引导下自主地理解所学并在网上自如地找到问题解决的途径。

在后工业时代，人的个性化需求趋于主流。满足这种需求，需要教学资源与学习者保持零距离，不需要更多的中间环节。这种零距离接触，也具有有效反馈信息的交互功能。

资本主义工业化生产管理使人成为单向度的人，丧失了自由和创造力，不再想象或追求与现实生活不同的另一种生活。大数据的三个特征即零距离、去中心化、分布式，彻底颠覆了上述四位管理泰斗的理论和方法。教学资源与学生的零距离接触，使学生的个性需求得到保障。教学过程管理扁平化，每个学生各自为中心或若干个学生结为学习伙伴，去掉中间管理层次，泛化教育把学习者从流水线上解放出来，而最聪明的人永远在学校外部，把封闭转为开放，所有的资源尽为所用。

可以看出，后现代的教育改革大有"山雨欲来风满楼"之势。这并不像莎士比亚给予我们"生存还是死亡"的选项，而是一个必然之路。如同每天的太阳都是新的，我们将面对的是某一天早晨，原有的模式荡然无存，我们或满怀信心，或束手无策。

随着教育实践的发展，变革随之深化。英国著名哲学家培根曾说，习惯是一种顽强而巨大的力量。所以，校长和教师的思想变革，是一项长期艰巨的任务。

对学习者实施关心教育

如同自然中的云含有有害物质其实并不纯净一样，云计算中也有很多杂质会毒害人的灵魂。为去除其中的杂质，以保证心灵的真善美，教师必须针对云的污染开展关心教育。

一、关心的特性

关心是自然正义，是人类的普遍伦理，是人的高尚道德。关心有其鲜明的特性。

——双向性。一个人既是被关心者，又是关心者，是权利的享有者和义务的履行者。首届国际儿童论坛《学会关心宣言》明确指出："我们关心别人，别人关心我们；我们造福社会，社会造福我们；世界缔造我们，我们缔造世界。"该宣言充分体现了这种权利义务关系。关心是一种交流。在交流中，双方"礼尚往来"地交换位置和角色。

——专注性。当我们用手机同对方通话时，一开始就询问："你最近怎么样？"这就是实实在在地表达对对方的关心。这是询问者对被询问者一种开放的、不加选择的接受，是一种仁爱的情怀。询问的关键是需要注意力的，而这种注意力属于人自身的意志力，这种意志力需要发力者专注——用自己的灵魂接纳被关心者，对被关心者不加选择地接受他的全部。而只有具备专注的能力，才能做到关心。

当一个人询问"你最近怎么样？"的时候，期盼的是对方的回答，而不是问候之后立即说别的什么事。这种期盼是真正的对询问者的关心——认真地倾听他，愿意接受他传递的一切信息并感受他。这种专注可能一晃而过，但正是这种真情实感，是交流过程中的关键因素。

在日常生活中，一个路人打听路，被问者会认真地告诉问路者。美国国家教育学会前会长、美国杜威研究协会前会长内尔·诺丁斯说："当一个陌生人向我问路，我们之间的交流就可能变成一种关心关系，即使这种交流的时间很有限。我专注地倾听他的问题和需要，然后认真地回答他。当他接受了我的专注、认真和答案，这种关心的关系就完成了。"这里充分显示了人思绪如云的自然状态，被问者刚才脑子里还在想自己的事，瞬间则想着自己之外的一个人，动机能量流向他人——动机移位，首先接收他人的信息，随即对他人需要做出回应。在短短的问路接触过程中，作为关心者，特别专注陌生人的需要，同时也产生一种要帮助这个人的愿望，充分体验动机移位的心理感受，这是一种认真的思考，专心致志地想着如何帮助别人，就像思考自己的计划、检验自己的行为，本着主动负责的虔诚，被他人的需要所吸引。这就是专注。而被询问者也同询问者心同此理地接受、确认，以示接受对方的询问，接受关心。这种确认及时反馈给询问者，询问者的心理反应是对关心的认知。

以上询问者和被询问者的对话就是一个完整的关心过程。

——非功利性。上述询问者没有任何功利驱动。可见关心不是手段，而是目的。可是在这方面，我们的教育者往往对学习者做出误导。某班的某同学为公众做了一件好事，在公示板的格子里填写+1分。这种对关心者做出打分的评估，就使原本的关心走了样，将关心导向功利，使小小的关心产生了大大的异化。关心不是不能量化，但量化的地方给弄错了。

人们时时生活在关心之中，这是"无意识"的近乎良知、良心的行为，映射出人间的美德。

二、关心教育的内容、途径和方法

美国国家教育学会前会长内尔·诺丁斯于1984年提出关心教育，这与中国的仁爱教育相呼应。关心的范畴极广，自关心自己的生命始，能由己及人地关心父母和周围的人、关心陌生人和远方的人、关心国家和社会、关心人类和其他物种、关心自然生态和地球的生活条件、关心劳动产品和整个非生命的物理世界。

诺丁斯指出：在大数据时代，"教育的主要目的应该是培养有能力、关心人、爱人，也值得人关心的人"；"以关心为核心的道德人生应该成为教育的主要追求。"为此，"学校应该承诺一个崇高的道德目的：关心孩子，并且培养孩子学会关心"。

关心教育以身教、对话、实践、证实等为内容和途径，而在方法上，身教、对话、实践、证实是交叉使用的。

——榜样。学习者最初的榜样是教育者，当形成正义感的时候，所有抱持自然正义的人都是他们学习的对象。

教育者的身教是对学习者的示范。教育者对学习者的关心重要的是对学习者心灵成长的关心，对所有学习者一视同仁的关心。

首先，创造关心关系。教育者的天职就是关心学习者，在最细微的事情上建立关心关系。这种关系不是要求学习者仰视神龛上的尊者，而是建立平等的伙伴间的关系，教育者必须忘记自己的教育者的身份，这样才能在被关心者的心灵深处积蓄关心的"良知"，蒙生人性的情感。

其次，接纳学习者，让学习者体验关心。教育者对学习者的关心是在真实情境的示范中通过被关心者的尝试和接受能力实现的，教育者引导学习者学会观察。最重要的是教育者对学习者的倾听，教育者要躬身倾听学习者的心灵之声。每一个学习者都是一个独特的自我，所以，接受必须是独创性的；教育者必须以开放的胸怀去接纳学习者的心灵。这里最忌讳的是教育者一开始就把示范止于判断学生行为的对错上，这会被学习者觉察到教育者是在假惺惺地演戏。

教育者接受学习者是对学习者道德理想实现的一种承诺。这种接受是从学习者的处境着手，主体间平等地邂逅，而不是裁判式地处理。

教育者接受学习者是同时洞悉学习者和学习内涵而不是自由放任，从而全力相助。教育者不能因学习者有一种天生的向师性而去"干涉"学习者，只能顺应地在教育实践中传递"光子"予学习者的心灵。而"干涉"则会使学习者产生服从或反抗两种心理。服从也很难做到使其口服心也服，剩下的就是反抗。所以，教育者宜让学习者从他那里感受到自己的心声是受重视的。当学习者对教育者打消戒备心的时候，则令对自己未来之梦做倾诉。而在这种春风化雨的、细腻的过程中，教育者的语气表情有着特殊的魅力，它能够延续或中断学习者的憧憬。

如果教育者关心的是学习者破坏了班级的规矩，而非学习者的成长，那么，敏感的学习者无论如何都会产生抵触心理。但并不是说纪律无足轻重，而是要以关心的态度让学习者明白遵守制度也是为了保障他的道德理想得以实现，使他获得班级的认同。

再次，教育者在整个教育过程中传递关心的信息。关心意味着接受学习者学习的过程，而收获的效果是使学习者从教学过程中感受到关心。为此，当教育者在整个教育过程中向学习者传递关心信息时，同时接收学习者自然而自由的反馈信息。因为这一方面是学习者接受关心的心灵回应，同时也是教育者继续关心的源动力。

在教育过程中，教育者接受的是学习者的整个心灵。就是说，当教育者向学习者提出问题，学习者充满情感地做出回答时，教育者所接受的不只是学习者的回应，还有来自这个学生整个心灵的温暖。教育者应做到的是，对学习者，教育者应善于发现其闪光点对其加以赞扬。教育者切记"学生永远比教材重要"（诺丁斯，1984）。因为学习者释放的全部信息有着弥足珍贵的特殊价值，有时还能给予教育者适当的启发。关心在教育过程中润物细无声，对智力创新能提供可贵的动力。

在班级授课制的条件下，由于人数和教学任务的压力等，不允许师生间有长久而亲密的相处，但这并不是说关心因学习者众多而淡化。"时间可能是短暂的，但相遇却是完全的。"（诺丁斯，1984）正是在这短暂的时间里，师生是可以而且能够建立起关心关系的。因为，虽然是在班级授课制的集体条件下，教育者只要是对对方完全诚挚与开放，学习者仍可以在这短暂的、信任开放的师生相遇温馨的氛围中感受到深切的关怀，哪怕是瞬间即逝的一个眼神都会真真切切地感受到并产生强烈的效应。

——对话。对话是关心教育的核心方法之一，是教育者和学习者在每日的师生接触中都要发生的心灵接触。

戴维·伯姆在《论对话》（On Dialogue）开篇指出："过去几十年来，现代科技发展一日千里，广播、电视与飞机，卫星构成了一个庞大的网络连通全球，使得世界的任何一个角落都几乎可以在瞬时之间彼此相连，然而与此相对应的，则是人与人之间感觉日渐隔阂，彼此间的沟通以空前的速度变得每况愈下。"在大数据时代，对话尤其对引导学习者如何接纳有特别重要的意义。实际上，在人类的对话中，早已形成如下弊病：

·言非所想，就像安徒生在童话中所描述的臣民那样众口一致地赞美皇帝的新装。

·会言不由衷、答非所问，或顾左右而言他。

·总是觉得自己被人误解，但同时却也在误解别人，甚至程度更甚。

·想说话时却没有机会，真让你说时却又无从谈起。

· 花上数小时甚至整天的时间为一些鸡毛蒜皮之事而喋喋不休，却避而不谈那些真正关系个人发展和国计民生的重大问题。

· 即使在兴高采烈、眉飞色舞的神侃和狂聊过后，我们的内心反而会滋生无比的怅然与空虚。

· 要是他说的是真话，是实话，是对的，为什么我们不敢听这些真话和实话？要是他说得不对，我们又有什么好怕的？

· 当面说一套，背后又说一套。

· 嘴上说要洗耳恭听，而实际上却只是把别人说的话当作耳旁风。甚至人们根本就坐不到一起来说话；或者即使坐到了一起，宁愿沉默也不说话。

心灵是与外界交流的产物，心灵的意识在对话中生成。师生关系是以对话为标志的。对话打破了人与人之间的边界，是"交叉生成"新知的过程。对话就是目的。人际交往是活着的象征。交往是电的交汇、光的传导与心灵的共鸣，人的一生无不与交往相联结。而"云"背景下的团队行为主要是在交互中实现的。

对话是主体间最自然、最频繁的言语交流，是主体间此在的"同一"。

对话是云积成雨的过程，是新生命对原生命实时代谢的象征，是"我—你"间的最大关心。在传统灌输教学中，深层次的对话是不存在的，耗费大量时间的封建法官式的审问，生答只是自我清洗的答辩。诺丁斯（1984）认为："传统学校的语言可比拟为父亲式的语言，要求学生符合客观的标准为主，学校是和真实生活割断的……父亲式课程计划是去要求小孩，去教他或她去精熟语言、规则、游戏和很多父亲的名字。"而以保存关怀理想为教育目标的学校，是以重视关怀关系的母亲式语言为主，其"不急于将学生带入抽象和客观，如果这样做会造成分离和关系的失落"。情同母子的对话，需要教育者的开放和坦诚，打开学生接纳自我的胸怀。老师要在对话中表现自己真实的情感。而真实的对话是沟通、分享和支持等情意的开放与承诺。

对话中，最重要的是教育者的倾听。倾听是每一位教育者都应学会的美德和专业技能。要猫下腰来与学习者平视，平等地进行心灵的交流。

由于人的生物性，谁也免不了有过失，而情感的过失是经常发生的，特别是教育者的语气。所以，在对话过程中，最难的是教育者用好语气。诺丁斯举例说，学习者打碎了茶杯，教育者在疲惫的情况下，难免说出伤人的话，但教育者再对此做出解释，"这不是我对他的评价，而是我痛苦、挫折的发泄，这表现出我在压力下的弱点"。

增加师生相处的时间，有利于师生深度的对话。教育者在自我开放和接纳的历程中，表露自己的真实情感，而如果师生共处的时间足够长的话，更能建立起这种有感召共鸣的关系。因此，小班型是师生和谐相处的好形式。

——练习关怀。云计算缺少的是对关心的践履。因为在云中，难以脚踏实地的践履，但稍加思忖，这是将本末倒置了。人与"云"谁是本体？没有人的此在何以云"云"？虽然我们生活在"云"中。

关键是教育者要提供机会让学习者掌握练习关怀的技术与能力。而技术和能力是习得的。因此，教育者要千方百计创造每一个学习者践履的机遇。

QQ游戏在线博客生涯，参与人数以万计，即使过了午夜12点，也是兴趣盎然，畅所欲言，以致个人隐私，无所不谈。那里别具洞天，绚烂非凡，"云"迹天涯，寻寻觅觅。有的竟然举办网上婚礼，悄悄"过起日子来"。"云"中的世界似童话一般，丰富多彩，但它毕竟不是真实的，不少人为之得了冷漠症。

在现实生活中练习关怀，积蓄奉献精神，感受关心中的精神愉悦。要在生活、实践中学习对他人的欣赏和感激，学习自然的创造伟力。要参加适合的公益劳动和社会服务活动，并且用专门时间回顾所做的事情，引导践履者感受其对自己人生的意义。

对"终极关怀"是学习者必不可少的追求。它使人的生活具有明确的方向、准则和动力，使漂泊的心灵找到自己的精神家园。务必使学习者在"做"中经历纯洁心灵的生成。

——肯定。人是需要确证的，肯定是一种积极的证实。美国心理学家威廉·詹姆斯说过："人性最深切的渴望就是获得他人的赞赏，这是人类之所以有别于动物的地方。"教育者在对学习者的评价中，要从大数据中给出肯定性的记录，经过分析研究，指出学习者可能的最好动机，做出诠释，学习者反身发现自己的善意，从而增强对自己道德理想的期许。

对于未成年人而言，如果在童年时代很少被赞许，可能会导致终生的个性缺陷。而向被关心者传递"你很优秀"的信息，学习者感受到心灵之光，可以驱除心中灰暗的阴影就会奋发向上。儿童对于自己潜在的善意往往没有自信，然而当有人将之从纷乱的行为中点化出来时，其迈向理想自我的信心将大增。诺丁斯（1984）指出："在培养道德理想时，再没有比'可能的最好动机'对于这个可爱的、已实现的自我，或将要实现的自我有更大的相关了。于是小孩也带着惊异和感激，被引导去探索道德的自我。小孩无须拒绝和谴责自己，他受到鼓励，而走向重要他人所认为是真实的理想。"

人性中最高尚的渴求是受到赞美。每个人只要能被热情期待和肯定，就能看到希望。教育者要恰当地赏识学习者，把赏识当作学习者成长中的光束。诺丁斯（1984）指出："她总是以对方有可敬动机来看待他。有技巧的老师会接受学生的问题，用她敏锐的心去接受，并忠诚地诠释之，让这些问题呈现出意义和尊严。相同地，关怀者也以最有发展性的眼光来诠释受关怀者的言语和行动。如此去做，受关怀者通常会说：'这就是我的意思！这就是我所要的'。"

教育者之所以对学习者产生最大的影响，正表现在教育者对学习者的期许上，这期许是建立在对学生潜能和善意的认识上。诺丁斯（1984）指出："当我们视最好的可能的动机是和受关怀者的现实一致的，我们肯定了他，即我们向他透露了一个可获致的他自己的形象——他比他现在的行为还要可爱。"

教育者一定要积极地去呵护培养学习者的善意。诺丁斯（1984）指出："我们有知觉地、创造性地涉入，归因最好的可能动机给他们，并在关怀中提供我们的协助和示范。"由此看出，关心教育的必要性就在于唤醒人性的潜能。而这潜能就是在具有自然的关怀之情的基础上，通过反思去培养。在学习者练习关怀的反思中，教育者的肯定确实起着重要作用。

肯定的同时仍要如实指出真的和可能的错误。教师在肯定学生时，并不是只说学生爱听的话而掩饰其过错，变成一种溺爱或放任。诺丁斯（1984）指出："有一点很重要：关怀者不是要去创造幻想，而是要如实地看待事物——行为、言语、结果。在如实看待事物的同时，她也要能看出正当动机中可能有的错误。"当教育者指点学习者可能有的错误的时候，要以诚意来化解学习者可能的敌意，并让学习者因为相信自己的理想形象而勇敢面对自己的错误。

无论是肯定还是善意地指出过错，应切忌两点：一是教育者以评判者的面目出现；二是对肯定打出等级，把学习者"格"起来。

肯定的时机是在对话和练习关怀之中。要能发挥肯定的实际功用，应善用与学生的对话以及学生关怀实践的时机。诺丁斯（1984）指出："如果一个人在某事中没有倾向也不能达成预期的目标，而我们却说他比实际上来得好，这不算是肯定。只是一般性地对学生有高的期望不算肯定，而只是产品控制的另一种形式。肯定，我必须看见并接受对方——清楚地看见他已做了什么，并接受他之后的感受。出于可能是感情和动机的综合，我选择将最好的归因给他。"

从诺丁斯对于肯定的定位可以看出，教育是在现实生活中去捕捉学生心目中对理想的向往，这正是教育者应有的专业敏感。"肯定"要发挥作用，关怀者就必须对受关怀者有真切的了解和体贴，而受关怀者对于关怀者有真切的敬意和信任，在这种相互的关系下，一言一行的肯定对于受关怀者而言都是非常受用的。对教育者而言，累积对于学习者的大数据，让"肯定"发挥作用。请看下式：

证实＝大数据＋价值判断

肯定重要的是发现闪光点，特别对有"一点突破"的学生给予大力表彰。

要从对关心现象的正确认识出发，在指导思想上树立一切从实际出发的意识，作为证实被关心者实践的客观性，进行客观、准确地评价，还需要以人文方式对需要证明的事实对象做深层次的理解和解释，以便有针对性地培养关心。

要充分利用人文化方法和实证性方法，尽可能地找出被关心者良好的动机，发现被关心者的长处。在收集和处理资料以及得出结论的过程中，尽可能少地融入个人偏见，使结果尽量向"客观"的方向靠拢，同时重视多种因素的交互作用的特点，在分析处理资料时，充分考虑对象内外部因素的相互影响，从而有效地消除误差，做出切合实际的结论。

——榜样、对话、练习关怀和肯定的交叉。榜样、对话、练习关怀和肯定是相互关联、交互进行的，要将四者联系起来运用。这四种方法，构成关心的具体方法，同时也是四种起点。由于思维的灵活性、机动性，交互性、非线性、随意性与跳跃性，所以，在思维路线的程序上是无法测定与统计的。根据思维发展自由性与机动性，可以呈现无限多的思维路线，但榜样、对话、练习关怀和肯定的顺序，还是可以做"不确定"测定的。

由榜样、对话、践履和肯定的关系可知，开展关心教育，培养关心的心灵，需要建立筹措计划机制、执行保障机制和证实反馈机制。

大数据的发展从宏观群体走向微观个体，让跟踪每一个人的数据成为可能，从而让研究"人性"成为可能，而对于教育研究者来说，我们将比任何时候都更接近发现真正的学习者。

教育数字化管理是指利用云技术，通过统计技术，量化学习者的行为，并对其学习资源进行生态化开发和管理的教育行为。通过大数据对学习者的人文关怀是对传统教育的最大颠覆，真正使教育走向大数据时代。

三、关心教育的量化问题

用数据来管理学习者的学习，而不是凭感觉，大估摸。教育者和学习者可以随时分析数据库中的数据，根据这些数据做出正确的判断，提出学习计划（工作计划），有序开展学习（工作）。

——自我量化。自我量化是指利用计算机、智能手机以及各种新的电子便携感应器来记录自己的学习、工作、运动、休息、娱乐、饮食、心情等个体行为的情况，就像我们需要对体重、身高、血压、心跳等物理指标进行监控一样。自我量化的主张者认为，为了更好地了解我们、提高自己，我们必须用数据来记录、研究、分析自己的行为。其理由在于：人的感觉中存在盲点，直觉不可信任，理性思维也有局限，大脑即使有惊人的记忆力，也未必有惊人的信息加工能力。很多时候，我们会高估自己的理性，低估情绪对我们的影响。认识自己虽然很难，但非常重要。基于数据的记录和分析，可以帮助我们走出错觉、认识真正的自己。

——以学习者为本的客观量化。数据的真实性相对于人的道德行为与价值取向来确定，只有坚持以学习者为本，数据才能成为有效数字，否则，对本体来说就是无效的。所以，数字化管理重在判断分析。

数字化管理，无论是教育者还是学习者都是数字开发者和管理者。特别是学习者是数字创造者、组织者、处理者和决策者。

教育者在数字化管理过程中，一定要消除教育者本位，设身处地地站在学习者的立场上，做到理解学习者、尊重学习者，激发学习者的积极性和创造性，挖掘学习者的潜能，充分发挥学习者的聪明智慧，以取得最佳化的教育成效。

教育是生理上和心灵上的教育，伴随着每个人的成长旅程。大数据时代的教育，是从教育神经科学与全息技术层面使学习者感受得以显现与量化。

随着云计算的快速发展，大数据在教育领域有了越来越广泛的应用，学校拥有可用的、高质量的海量数据逐渐成为现实，但如何进行信息挖掘，给未来教育带来更大的可能，则对教育研究者的想象力提出了挑战。

在传统教育大多数教研活动中，一个课堂的好坏，更多的是专家审美型的、形式化的评判——教育者的环节设计是否层层递进，提出的问题是否有效，环节设置与本节活动的目标是否契合，如此等等，都要求由教育者审视。而对学习者在这个课堂中的体验几乎是忽略的，即使获得关注，也往往是"被代表"的——听课者会根据自己的经验从主观上来臆断，而对学习者思维创新与知识生成、技能培养，方法与过程的参与，情感、态度、价值观的变化却拿不出具体翔实的数据提供分析。而更多的情况下学习者只是对教育者评价的陪衬和投影。

在大数据时代，上述学习者的教育状态将在技术上得到全面改进，大数据将像光子一样浸透学习者身心。这些看似混乱的大量数据，将通过一定的组合方式达到有序，呈现意义，产生价值。

几年前，东华大学的实验室极为分散，十几个学院，每个学院都有三四个实验室，有的实验室甚至还在系里，教学评估要通过表格填报的方式来解决，数据的科学性和真实性都得不到保障，东华大学教务处处长吴良深感人工管理太吃力、效率也太低。2009年，他们用物联网的方式把实验室里所有的仪器设备管理起来。他们和专门研究数据挖掘的公司合作，在材料学院做了试点。吴良说，只要学习者进入实验室，哪个学习者使用了哪台仪器设备，使用了多长时间，基本使用情况都能记录下来，仪器的电流、电压都可以监控。之后想要的数据由电信号直接产生，自动计算出来自动生成表格，实验室利用率等情况在表格上一目了然。如今，东华大学所有学院的实验室都纳入了智能实验室的管理。"从表格就可以看出，哪些实验室申请的设备根本不必购买，哪些实验室不再需要拨钱。实验室的使用率和第二年的经费完全挂钩，最后实现教育经费使用的集约高效。"吴良说。另外，东华大学智能实验室还实现了24小时开放无人管理、跨学院使用等人工无法实现的管理，数据显示，智能实验室的管理对学习者学习自主性的提高有显著影响，学习者在实验室的时间甚至超过在教室的时间。

上海海事大学经济管理学院管理科学系副教授魏忠说："目前高校对信息数据的挖掘主要集中在针对网络系统运行所做的数据分析、针对教学教务管理所做的支持、针对特定学习者的分析、针对科研所做的数据分析支持等方面。"而在中小学，一些数据挖掘的项目也在起步。在基于电子书包的一对一课堂数字化课堂教学中，国内也积累了大量大数据分析决策的典型案例。比如首都师范大学数字化学习实验室开发的数字化课堂的大数据分析应用，已经在扬州、常州等地中小学的200多个班级进行多个学期的系统性试点应用，带来了教育效果的明显改变。

经常上微博的人也许会发现SOHO【Small office（and）Home office，直译就是家庭办公室】中国的总裁潘石屹，他每天早上都会发微博"今天早上我跑了几点几公里"。他随身携带的手机上有这样一个APP，能够记录他跑了多少公里，花了多少时间，甚至跑步的路线也能记载下来。有了这样的方法，那么要计算每周他跑步的时间与距离就变得可行了。

美国教育部早在 1968年成立了全美教育数据统计中心，并在2002年通过了《教育科学改革法》，明确数据在教育决策中的决定性地位：所有教育政策的制定必须由实证数据进行支持。同年，美国教育研究所与全美教育数据统计中心合并重组成立了教育科学研究院（IES，Institute of Educational Science），成为全美最重要的教育决策咨询机构。

早在中国古代，就有泛在式学习的设想，强调人人、事事、时时、处处可以学习。如今，"云"使之变成现实，包括正式的和非正式的学习，以及在线学习和终身学习等，从而构建了一个范畴更广泛的学习体系。

2013年12月，网易和有道《2013中国在线教育新趋势调查报告》指出，七成白领有在线教育需求，这可能成为在线教育井喷点；网络用户通过互联网获取知识的比例，首次超过书籍（82.9%）达到86.1%。在线教育年增长率超过线下教育14倍，预计2015年在线教育产业规模将达到1600亿元，占整体市场的40%。

上述报告指出，中国在线教育呈现出六大趋势：第一，互联网成为人们获取知识的最常见渠道，占到受访者86.1%，首次超过书本获取知识的82.9%；第二，英语依旧是在线学习的最主要内容；第三，内容是在线教育的瓶颈；第四，依靠移动端的学习增长明显；第五，在职教育获得在职人士的追捧，学习人群拥有明显的支付意愿；第六，父母为孩子在线教育的支付意愿和费用随着孩子年龄增长而逐渐增加。

清华大学教育技术研究所Ubiquitous—MOOCs理论倡导从系统的角度来探讨在线教育的发展。"在线教育是一个系统。从整体来看，在线教育有六大要素，有高速公路，即网络环境；有车，即在线教育平台；有货，即在线课程内容；有库，即资源库；还要有应用、组织管理和评价。"线上教育是一系列远程教育产品的集合，包括在线教育平台、网校、APP（应用软件）等，从受众面向的角度而言，又可以进行更细致的划分，如中小学课外辅导、英语培训、职业教育培训、考研培训、出国留学培训、公务员考试培训等。当教育的各个领域纷纷推出线上教育产品时，一个崭新的教育产业与庞大的教育市场应运而生。清华大学教育技术研究所所长程建钢认为，这一理论支持泛在式学习，强调在线教学资源是开放的，与OERs接轨，并且支持多系统、多终端学习环境，可重组、可扩展开放式在线教育系统。从系统工程的思想出发，构建中国在线教育体系，是一件迫在眉睫的事情。

多贝网CEO陈广涛创办的第一个网上课堂，公司仅有三五个人，由此节省出的大量成本转化为利润。投资与消费双向的超高性价比，使得这样一个庞大的市场得以形成。

在大数据时代，教育将彻底改变柏拉图靠理念传承的社会科学和道德良心的学科，而是成为一种经验科学。教育环境的设计、教育实验场景的布置，教育时空的变化、学习场景的变革、教育管理数据的采集和决策，这些过去靠拍脑袋或者理念灵感加经验的东西，在大数据的背景下，变成一种由数据支撑的行为科学。

在美国宾州有一个叫作EDLINE的网站，该网站将学生的每次作业、每次考试记录在网上，完成学生的日常GPA积累，这个网站的技术并不难，然而能够坚持下来的数据积累，对于学生、家长和教育管理者非常重要。在美国，大学入学GPA非常重要。GPA+学生的SAT和ACT所提供的分析报告以及志愿者活动资料，决定学习者的大学去向。

大数据时代，人与机器的主流社会关系正在转向人与"云"之间的关系。若干年后的社会的竞争是以服务和创新为核心的，然而我们的教育还围绕着减少犯错和标准化的魔咒。大数据教育提供了另外一种可能，标准化的教育将转向网络完成而人才培养和个性化将主要由学校承担：越来越小的班级、越来越近的学校、越来越聚焦的教育支持、越来越个性的培养方式，将使教育摆脱工业化时代。"为什么数学课每天都有，而舞蹈、音乐和体育课一周一次呢？"罗宾逊这个疑问逐渐得到解决，针对性和多元的教育目标正在得到普遍认可，尤其是在私立学校中。

长期以来，人们普遍认为，只有在理化生地天文等自然科学领域观测、记录、挖掘海量数据才能用得上，在心理学、教育学和管理学上作用有限，而在人文社科领域，则作用微弱，因为通过设计实验及"正义的程序"调查出来的结果，常常难以得到普遍承认。而事实上，是狭隘眼光制约了人们的意识。2012年奥巴马竞选再次获胜则是大数据优势的充分体现。

大数据就是实时数据的处理和实时结果的导向，越来越多的数据挖掘前端化。大数据的前提是数据总量的迅速增加以及数据的流动性增强，前者是由于用户接触手机和电脑越来越多，门槛越来越低；后者是因为各种平台的开放导致流动性增强，以上两个因素促使大数据公司的诞生。

数字化的人文管理，重要的是引导学习者"善养浩然之气"（《孟子·公孙丑上》），即驾驭"云"的浩然正气，抵御各种歪风邪气的侵袭。而这是一项加强个人修养的长期任务。

对学习者的多元评价

传统教学评价主要评价学生对教材内容、教师讲授知识点的掌握程度，学生是消极的被评价者，教师的评价工作往往陷入大量枯燥的重复性劳动中，学习者在学习过程中的创造性也受到极大的制约。而柔性学习系统中，在每一门课程的学习过程中，因为有着共同的智力目标，学习者之间会形成一个全球性的学习互动社区，以不同的方式合作、交流、互评。有研究者发现，世界范围内社区回答问题的时间均值是22分钟，这比在一个教室里获取的机会更多、内容更加丰富。这样就形成一个学习者自我评价和学生相互评价的"自组织和超循环"的评价机制，学习者从消极的、等待裁决的被评价者转变为主动、自觉的评价参与者，并进一步成长为柔性学习评价中自我评价的主体和主人，有效提高了学习者的积极性、创造性。

此外，这种超级平台收集到的"大数据"也是独一无二的，可以收集到每一次点击，每一次作业提交，来自成千上万学习者的每一份论坛帖子。教师可以基于大数据准确找到学生犯错误的根本原因，让学生得到个性化的回馈，并依此来更新微课程，形成一种反复试错、快速反应的良性循环机制，而这种一对一的教育模式是传统的面对面教育无法做到的。

在我们当学生的时候，记得老师写的评语中有：按时完成作业；今后应注意书写工整。前一句话是描述性分析，后一句话是预测性分析，而这样的描述和预测是多么的模糊和无效啊！

卡耐基·梅隆大学教育学院面对大数据的教育，对学习者无不喟叹："不得不承认，对于学习者，我们知道得太少。"

如今，从学校日常生活中可以察觉，大数据悄然到来，学习者和教育者的一言一行，所有学校里发生的事，无不可转化为数据而被记录下来。

学习者在一个课堂中的需求与态度，经由大数据的处理变得可视，这也提供给教研活动以更为鲜活的素材——关注学习者成为可能，教育者有了了解学习者的途径与方法，从学习者个体的具体需求出发改变教学行为成为可能。在"去经验""去印象"的过程中找到真正的教育影响因素，一切来自数据挖掘而非想当然主观的经验和臆断。

传统数据收集，一个学习者结束9年制义务教育产生的可供分析的量化数据基本不会超过10KB。而大数据的分析则完全是另一种层面的技术。根据荷兰著名的行为观察软件商NOLDUS公司的研究，在一节40分钟的普通中学课堂中一个学习者所产生的全息数据有5~6GB，而其中可归类、标签并进行分析的量化数据有50~60MB，这相当于他在传统数据领域中积累5万年的数据量总和，相当于传统课堂的6.57亿倍。而要处理这些数据，当然需要运用云计算技术，并且需要采用Matlab、Mathematica、Maple等软件进行处理并进行数据可观化，需要对教育者进行大数据专业知识培训。但是，必须明确的是，大数据挖掘并不能完全代替人脑，特别是解决有关情感、态度、价值观方面的问题，更多地则需要依靠挖掘者的天赋与灵感。

大数据与传统数据最本质的区别体现在采集数据来源以及应用方向上。传统数据的整理方式更能够凸显群体水平——学习者整体的学业水平，身体发育与体质状况，社会性情绪及适应性的发展，对学校的满意度等。这些数据不可能，也没有必要进行实时采集，只要在周期性、阶段性的评估中即可获得。这些数据，完全是在学习者知情的情况下获得的，带有很强的刻意性和压迫性——主要会通过考试或量表调查等形式进行——因此也会给学习者带来很大的压力。而大数据有能力去"关注"每一个个体学习者的微观表现——他在什么时候翻开书，在听到什么话的时候微笑点头，在一道题上逗留了多久，在不同学科课堂上开小差的次数分别为多少，会向多少同班同学发起主动交流，等等。这些数据对其他个体都没有意义，是高度个性化表现特征的体现。同时，这些数据的产生完全是过程性的：课堂的过程，作业的过程，师生或生生的互动过程……在每时每刻发生的动作与现象中产生。这些数据的整合能够解答教育者所教课程是否吸引学习者，怎样的师生互动方式受到欢迎……而最有价值的是，这些数据完全是在学习者不自知的情况下被收集的，只需要一定的观测技术与设备的辅助，而不影响学习者任何的日常学习与生活，因此它的采集也非常的自然和真实。

综上所述，传统数据诠释宏观、整体的教育状况，用于影响教育政策决策；大数据可以分析微观、个体的学习者与课堂状况，用于调整教育行为与实施个性化教育（见表11-1）。

表 11-1　传统数据和大数据收集处理分析比较

	传统数据	大数据
数据来源	群体性、阶段性、结果性、抽样性	个体性、过程性、实时行为与现象，全息技术记录
采集者	教育者	第三方、技术型的观察
分析者	普通标准	有创新意识与挖掘数据的灵感

学校正在越来越多地利用大数据进行行为评价和诱导。

在大数据时代，挖掘数据取代这种凭印象的评价和期待。所谓挖掘数据，是指通过特定的算法对大量的数据进行自动分析，从而揭示数据之间隐藏的关系、模式和趋势，为决策者提供新的信息。数据挖掘的主要目的，一是通过描述性分析发现潜藏在数据表面之下的历史规律；二是通过预测性分析确立未来努力的方向。

如果说以往的手表代替报晓的雄鸡和意味着不用看太阳就能更准确地知道时间，是催促什么时间该做什么的"时间表"，那么，计算机、手机则能够实时记录学习、工作进程；判别学习者在答错一道题之后有没有及时反馈；统计在网上提问的次数、参与讨论的多少，如此等等。教育者通过观测鼠标点击的记录，可以研究学习者的活动轨迹，发现不同的学习者对不同的知识点有何不同的反应，等等。

记录每一个学习者学习行为的数据似乎是杂乱无章的，但当数据累积到一定程度时，个体和群体的行为就会经过大数据的自组织统计呈现出秩序和规律。教育者或者学习者自身通过分析这些秩序和规律，通过在线学习，搞好自主学习。大数据/云计算的自动整合和跳转，将会成为师生新的学习方式。通过这种新的方式向需求者推送信息，代替以往对信息的搜索。

学习者自我量化将代替教育者的客观评价。学习者和教育者利用计算机、手机以及各种便携感应器来记录和分析自己学习、工作、运动、休息、娱乐、饮食、心情等数据，对各项指标进行监控，以更好地了解、理解和改进自己的行为。这样，可以消除感觉中存在的盲点、直觉的误解和理性的局限。人的大脑的记忆和信息加工并不是高度吻合一致的活动，尤其是做到科学地进行信息加工，走出错觉，通过数字反馈精准地认识自己是不容易做到的，尤其是年龄幼小的学习者。而对于成年学习者，在很多时候，他们会高估自己的理性，低估情绪对自己的影响。

早在2007年，著名技术活动家、《连线》杂志主编凯文·凯利和技术专栏作家G.沃尔夫共同创办了一个网站，该网站已经成为自我量化的枢纽。

面对苍白、扭曲的传统教育评价，能否借鉴凯利和沃尔夫创办的网站并将其引进到学校，改变原来那种不靠实的评价呢？而学习者可以在自我评价上免去许多外来压力，从而淡化对教育者的精神依赖。

这无疑是以主动的评价代替被动的评价的大趋势，不但如此，自我量化的活动势将有效地取代传统教育的考试和老师的评语而成为测量学习者成长进步的方法，用大数据来记录、分析和研究学习者的行为。而通过反馈做出教育决策则是大数据在教育上的重要功能。

在教育过程中，数据挖掘技术可以根据自评者过去的行为模式预测其对信息的需要，为其配送个性化的信息，未来的富有情感的语义之"云"更是一个高度个性化的良师益友。

第一，大数据的过程性评估，发现学习者的常态。教学评估应该是过程性的，这是近年来教育者逐渐明白的问题。但在班级授课制的条件下，一个教育者不可能实时将全班学习者的每一个细微反应都记录下来，就是教育者什么也不做，对全班学习者的实时动态也难以把握。而在大数据背景下，不是通过教育者的观察，而是直接应用大数据载体对学习者的行为进行实时跟踪记录，实际上是为学习者确立了无限的微格。而教育者对每一个学习者课堂上任何时候的观察通过大数据的跟踪记录都是可以做到的。教育者对每一个学习者实时微观行为进行捕捉，了解学习者的学习知识与技能、过程与方法，情感、态度和价值观，根据任何一位学习者的表情及感兴趣的程度，进而反思教的过程与学习者学的过程的交互作用。

第二，大数据对学习者发展的多元化评估，发现学业成绩背后的原因。以往看学习者就是看考试分数，可是大数据却能够发现导致该学业成绩背后的原因，如七年级两个学生的数学成绩都是A，但是通过多元能力的评估发现，第一个学生更多的是依靠逻辑思维能力进行学习的，而第二个学生是依靠记忆力进行学习的。教育者及时发现，第二个学习者缺少后劲，对第二个学生提供有针对性的学习策略，弥补其能力上的不足。所以，教育者应尽早提供有效策略，帮助第二个学习者弥补思维能力上的不足。

第三，大数据实现对学习者课外活动的把握。课外活动时间，学习者可以在线自如地开发E-learning、IITC课程，并自主地完成作业及预习等活动。教育者根据大数据的记录与跟踪就可以对学习者的课外活动全面周密把握，明察秋毫。

学习者的家长同样可以实时用手机对孩子的活动进行跟踪，进行各种调研，可以记录孩子每天课余作业时间，包括孩子看过哪些书，去了哪里玩，等等；学习者家长可以通过对班主任和科任教育者的数据咨询，在横向上将孩子与同班同学进行数据比较，如自己的孩子花在作业上的时间已经超过同班学习者的平均时间，这样就可以与孩子沟通如何改进学习方法策略，予以减负。而对于教育研究者，可以通过后台数据统计一个区域或一所学校乃至一个学年、一个班级的总体数据，不但如此，还能够通过对学习小组的合作学习展开调查，包括同质的和异质的具体数据，特别是对任何学习者个人进行个案调查分析，这样就从宏观群体走向微观个体，用数据说话。

大数据将使教育者在学习者管理数据库中挖掘出有价值的数据，经过过程性和综合性的考量，找到学习者各种行为之间的内在联系，考量背后的逻辑关系，并做出恰当的教学决策。

无论是实证化评估还是人文化评估，在评估过程中都必须由评估者具体操作，评估者具备什么样的素质常常影响着评估者选择评估方法的大倾向性。因此，两种评估方法的结合，会对被评估者的效度产生重大影响。

实证精神是对客观性、准确性的不懈追求；人文精神则是坚持整体性、综合性，追求理性分析和主体意义的把握。这两种精神结合在评估主体素质中，就可以在评估中有效地避免两种方法论之间无谓的争论，也不至于出现两种方法论结合过程中的"两张皮"现象。

实证化评估要求评估者应同时具备自然科学、数学和人文社科理论多方面的知识修养。实证化评估是数量化评估,如果没有扎实的数学知识素养,就难以建立正确的数量化评估指标,也可能会出现评估方法的错误操作。同样,如果没有丰厚的人文社科理论知识修养,就难以根据评价对象的不同情况,做出不同的分析结果,也无法利用实证化的结果做出进一步的理解和解释。

两种评估方法论整合最终应落实在评估方法和技术的结合上。

首先应立足于现有的评估方法与技术的结合,使两类评估方法和技术在具体评估中扬长避短,互相促进。比如在评估中,先利用人文评估方法找出应解决的问题,在这些问题的基础上进行实证化的分析与处理,然后对实证分析的结果进行理解解释,从而达到有针对性地提出问题、解决问题的目的。

实证化评估与人文化评估两类方式在使用过程中应尽可能地吸收对方的长处,使每一类方法都逐步完善起来。人文化评估方式可以吸收实证化评估方式强调客观性的优点,在收集和处理资料以及得出结论过程中,尽可能少地融入个人偏见,使结果尽量向"客观"的方向靠拢。实证化评估则可吸收人文化评估方式重视多种因素交互作用的特点,在分析处理资料时,充分考虑评估对象内外部因素的相互影响,从而有效地消除误差,做出切合实际的结论。

评估方法和技术相结合的最理想境界是在吸取两类评估方法的优点的基础上，开发出体现两类评估方法精髓的新的评估方法和技术，这也是评估研究人员所共同期盼的。

指标是反映某方面发展要求的绝对数字或升降百分比，包括数量指标（系统）和质量指标（系统）。体系是系统的复合。"为了使价值与评估进入良性循环，我们更应当关注'价值评价'与'价值创造'的统一。"（张曙光，2010）所以，建构高端人才评估体系，就是在建构高端人才评估政策实践中，从高端人才"价值创造"目的出发，把促进发展、赢得发展作为对高端人才评估政策制定的最重要的准则。

沈荣华说，当务之急是要加紧建立人才统计的指标体系。"这个体系必须突破计划经济体制下单纯以学历职称界定人才的局限。"看来，缺少指标体系的政策反馈是无法达到目的的，尽管质性通过量化转变为数量关系不是特别精确，但从等级制来看也是具有科学性的。大致，不求精确度，但求准确性，在文字与数字的数据库观照下，是能够达到公平公道公开的。为了说明指标体系与量化的现实可能性，参照高端人才标准，分出四个指标系统，即品德指标系统、智力指标系统、能力指标系统、业绩指标系统，每一个指标系统分为三级指标，复合构成高端人才评估指标体系。为了达到科学性，对初级指标（C级指标）进行衡量加权，加权后满分100分，依照达标程度进行四级评估记分，初级指标所得小分乘以分值（加权系数）逐级统计，最后各个指标系统分数累加合计总分，构成个人评分的综合标准。

12

鹰击长空
——创新精神和实践能力培养

我们要不断发掘经济增长新动力。生活从不眷顾因循守旧、满足现状者，而将更多机遇留给勇于和敢于、善于改革创新的人们。在新一轮全球经济增长面前，唯改革者进，唯创新者强，唯改革创新者胜。我们要拿出"敢为天下先"的勇气，锐意改革，激励创新，积极探索适合自身发展需要的新道路、新模式，不断寻求新增长点和驱动力。

——习近平总书记在2014年北京APEC
工商领导人峰会开幕式上的演讲

敢为天下先
全脑思维：高概念、高感性
"一点突破"
腾 "云" 宜在少年时

敢为天下先

习近平总书记在2014年APEC峰会上的讲话对直接为经济社会服务的教育提出了具体要求。云教育重点是培养创新精神和实践能力的教育。到了大数据时代，创新精神和实践能力培养成为时代教育的主旋律。

一句随意的话引发一个10岁小学生的小发明。能否站在地上便可以从高高的树上摘下苹果，而且省时、省力、安全呢？困扰着众多果农的这个问题，在2013年苹果成熟之前终于有了满意的答案。而给出这个答案的则是天水市实验小学四一班年仅10岁的学生赵着。他发明出一种操作简单、便捷实用的摘苹果机。

这种摘苹果机，构成非常简单，由一个支架、调整高低的伸缩装置、拉线机构、一组滑轮、剪苹果柄的剪刀、输送的圆筒布袋、海绵减震挡板组成。使用时，调整伸缩装置，只要达到能够着苹果的高度即可，让设备上的小剪刀对准苹果柄；然后，拉动拉线，通过一组滑轮输送动力，只听"叭"的一声，苹果柄便很轻松地被剪断；离开果树的苹果则不偏不斜地掉入圆筒布袋，跌落到布袋中的海绵减震挡板上，再通过布袋与减震挡板之间的空隙滚落到地面上。这种设备使用起来既方便快捷，又轻松省力，还不会伤着苹果。构思之巧妙、操作之简单让人叹服。以下是记者与赵着的对话。

记：你从小就生活在城市里，甚至连苹果树都没有见过，怎么会想到发明这种设备，又是怎么发明出来的呢？

赵：要不是我爸爸去年生病住了院，也就不会有我的这项发明了！

记：这项发明是用来摘苹果的，和你爸爸住院又有啥关系呢？

赵：嘿，是这么回事儿。去年10月份，我爸爸因患尿结石住进了市一院，而与他同病房的一名病友是来自秦安县的果农叔叔。我去看我爸时，正遇上这名叔叔和我爸聊天。他说每到苹果收获季节，果农们为赶时间将苹果卖个好价钱，摘苹果遇到的麻烦事儿还真是不少哩。他们村上有一个人爬上苹果树摘苹果时，便从高高的果树上摔下来不幸身亡了。这话对我触动很大，便想：难道摘苹果非得上树不可吗？如果能发明一种设备，让果农站在地上就可以摘苹果多好，那样的话是不是就安全了，再也不会发生这样的意外事故呢？

于是，那次从医院回家后我便开始琢磨。我央求母亲在节假日带着我去了农村的果园，实地观察苹果在树上的生长状态，并向果农了解他们心中理想的摘苹果机。

实地查看并综合了大家的意见后，我认为：摘苹果机需要如下的设备数据：剪刀装置；输送装置，而且保证苹果落地后不能有伤痕；要比人工快，在操作上更方便自如；真正达到安全、实用。

按思路绘出简图易，但要制成实物难。摆在我面前的第一道技术难题是：如何通过轻松操作，使伸到高处、固定于支架上的小剪刀轻而易举地剪断苹果柄呢？当几种思路都被一一否定后，我有点茫然了。一天，我在烦闷中想打开窗户透透新鲜空气，让自己的头脑清醒清醒。当目光落在卧室窗帘盒的拉线上的时候，我灵机一动，一拍大腿不禁高兴地跳了起来。对啊，既然窗帘盒的拉线机制能够卷起窗帘，摘苹果机自然也就能够操纵剪断苹果柄的小剪刀了。

于是，我就试着做了一个类似的拉线机构通过滑轮组和小剪刀连接起来，并固定在支架上。经过反复试验，这道难题终于迎刃而解。

记：那伸缩杆呢？

赵：我是受收音机天线的启发。

记：下面呢？

赵：如何让被剪断了柄的苹果落下来后不受伤，这是一个关键问题，尽管想出了许多种方案，但因构造太复杂、不便操作而被我一一否决了。但有一次，我收看央视10频道的《我爱发明》栏目时，发现主持人从楼上通过圆筒布袋往楼下输送西瓜。这让我豁然开朗。嘿，这个办法实在是太妙了。西瓜比苹果重得多，通过圆筒布袋从楼上输送下来都没事，小小的苹果有什么不行呢？

就这样，各种数据、原理和部件都有了，只是将其组装起来，一架摘苹果机就算完成了。今年初，在以焊接、打孔为职业的父亲的帮助下，摘苹果机终于制成了。摘苹果机在学校举办的科技小制作展评中获得特等奖。

对这架摘苹果机，秦州区中梁乡马周村果农胡仓娃赞不绝口。他说："实在是太好了，有了这样的设备，咱们以后再也不用为摘苹果犯愁了。既不用爬上树去，也不用搭梯子，站在地上轻轻动动手，树上的苹果便会被摘下来，省了多少事儿哟！"

生活中，赵着玩耍的玩具不是万能积木，就是电动汽车，都是可组装的，他经常会从组装玩具中体会动脑筋的乐趣；学习之余，他最爱看的书籍是《阅读之星》，最爱看的电视节目则是央视10频道的《我爱发明》栏目。

下面一则故事是紧贴大数据的一项发明。"80后"CEO胡念君（Julia Hu）创办的Lark，不但被评为"全球第九最有创意的消费电子公司"，她的名字也登上"全美最年轻女性发明家"的榜单。多数人每天不得不在闹钟声中醒来开始一天忙碌的生活。胡念君发明的Lark（百灵鸟）静音闹钟及睡眠感应器，一举入选苹果的相关产品。胡念君在麻省理工上学时，几乎每天清晨一两点钟睡觉，室友的闹钟却每天5时半准时响起，"讨厌的闹钟"让她每天在"生气与无奈中开始新的一天"。可不可以有更好的方式让人愉快醒来？胡念君开始遍访麻省理工和哈佛的睡眠专家，利用自己在斯坦福大学工程设计系所学知识，扩展蓝牙耳机的静音原理，一年后她发明的Lark静音闹钟和催眠感应器面市，"让小小的腕带悄悄温柔地叫醒你"，也不会闹醒身边人。胡念君说，取名"Lark"，是希望"每个人每天都有愉快的开始"。看似简单的小小腕带，奇妙的是可以全程检测人的睡眠质量。"从你进入睡眠，你每天晚上醒来多少次，一周的睡眠状况，第二天都会以数据、报告、评论和图形曲线显示出来"，连接iPhone、iPad 或iPod，将对自己的睡眠状况和改善情况了解得一清二楚。面市不久的Lark，很快成为苹果力推的配套产品。APPle／Lark从去年夏天开始在美国和加拿大苹果专卖店推出，目前已推展到欧洲、中国和亚洲市场，胡念君也成为ABC、CBS、CNN、USA Today新闻红人，其创办才一年的Lark公司以"全球第九最有创意的消费电子公司"登上美国权威企业杂志Fast Company排行榜（其中苹果、Samsung、亚马逊分别名列第一、第五和第六），胡念君也成为知名妇女杂志*Marie Claire*评出的16名"全美40岁以下最优秀女性发明家"中"最年轻女发明家"。

让我们将目光投向世界。

大规模的核聚变反应堆成为现实可能需要几十年时间。

一位少年用事实证明我们与这个梦想之间的距离远没有此前认为的那么遥远。这位了不起的少年就是15岁的蒂亚戈-大卫-奥尔森。在自家的车库，奥尔森研制出核聚变反应堆。由于没有任何相关的工程学知识，奥尔森基本上从零开始。

在打印文件或者收到传单的时候，你可能不会过多地考虑打印墨水的成本，但企业必须考虑这种成本。一家大公司每年的打印墨水成本高达数千甚至数万美元。美国宾夕法尼亚州匹兹堡的中学生苏维尔-米尔查达尼找到一种方式，采用Garamond字体，每年的墨水成本可节省2万美元。

阿纳德-斯林瓦桑现年15岁，上幼儿园的时候便开始参加科学展并且获奖。在2012年参加白宫科学展之前，他从未参与过任何重要或者实用的科研项目。为了这一次的科学展，斯林瓦桑研制了一款性能出色的假臂，可以用思想控制。

为了帮助打击恐怖主义，高中生安娜-辛普森制造了一款能够嗅探化学物质的机器人，这个小工程师使用乐高拼块以及简单的电子组件制造了这个可移动的自制机器人，能够利用一个可渗透的硅树脂芯片探测化学溢出物并做出响应。一旦接触到挥发性有机物，芯片便会改变颜色。

塑料垃圾是垃圾回收处理公司面临的最严峻的问题之一。塑料垃圾需要1000多年才能降解，等到它们降解，我们生存的世界可能已经被垃圾霸占。为了解决这个问题，丹尼尔-布尔德努力寻找吃塑料的细菌。在帮助处理塑料垃圾方面，布尔德发现的细菌有望让整个世界发生革命性变化。

西班牙的学生证明探索太空只需要一个乳胶制作的气象

气球和一点耐性。这所学校制造了一个保护性索具，内装电子传感器和尼康Coolpix相机。索具安装在乳胶气球上，放飞后进入高空。在实际操作中，气球的表现远远超过他们的预计，最后飞入约合16万公里的高度，进入外太空边缘。

大卫研发的图像搜索引擎能够让我们的网上冲浪变得更简单快捷。研究过程中，大卫研发了一种方式，借助人工智能程序检索大型图库并自动对图片进行编目。他将这种方式称为"大型图库的语义图像检索和交互式搜索"。这项技术一次可检索数千幅图片。

17岁的少年泰勒-威尔逊不希望生活在核弹的恐惧之中。在他看来，我们的军队需要找到一种更理想的方式探测核武器。为此，他在自己的车库研制了一款便捷的核武器探测器。这款探测器由威尔逊14岁时制造的核聚变反应堆供电，可以像X射线一样扫描货物，探测货物中是否藏有放射性材料。

南非的中学生卢克-泰勒研发了一个有趣的系统，能够教机器人理解语音命令。泰勒开发的软件允许他用英语向机器人下达指令，机器人的存储器将其转化成代码，进而执行语音命令。当前研发的语音指挥系统并不多，对于一名只有15岁的中学生来说，这无疑是一项巨大成就。

我们使用的电子设备耗费大量电力，增加我们每天的碳足迹。在它们插上电源等待我们使用时，我们没有理由让它们继续耗费电量。为了解决这个问题，安库什-古普塔研发了自己的家庭自动化控制系统，利用电子技术管理家用设备的用电，家庭自动化控制系统旨在节省能源。

18岁的埃丽卡-德本蒂克斯是一个太空迷,从小就对美国宇航局的太空探索计划充满好奇。虽然从未进入太空,但这并不能阻止她进行与太空探索有关的研究。德本蒂克斯研发了一种新方式,计算行星引力的影响以及行星的移动,这种计算有助于规划太阳系内的太空旅行路线。

立异标新,不妨打破常规。中外"大家"没有一个不是在基础上打破常规学习的。那么,何谓常规,如何打破常规呢?

全脑思维:高概念、高感性

在概念创新过程中,多种因素起着不同的作用。在思维创新与知识生成的过程中,六类知识相互作用,发挥不同的作用。

——感知。人的进化最辉煌的成果是通过感知无数的外界信息与数据求得知识。实际上这是人在自然和社会中生存的一种同态调节机能,目的在于保持个体与外界的同一性。这是人的大脑为此做出新的适应所必需的思维变构能力。这种能力是原有概念通过对质从外部获取的数据所生成新知识的内部过程,从而达到最优化的适应及创新状态。

——潜认知。潜认知是人的认知过程中大脑作为主体的积极运作方式。潜认知是大脑内在的、隐性的活动过程,同时构成显性推理的依据。潜认知由儿童早期学习中获得的心灵反射构成,演化为内在推理。儿童一般到4岁的时候就掌握了母语。在日常生活中，有大量的信息是不经意而习得的。它是人早期学习的体现。潜认知包括无意感知、无意识记、无意再认、无意表象、无意想象、非言语思维、无意注意、无意体验等。它是对认知客体的一种不知不觉的认知过程；同时是对客体的不知不觉的内部体验。潜认知的表现形式主要有灵感、顿悟和直观思维，可谓"此时无声胜有声"。

——认知。学习是认知活动，是对问题从未知到已知的转化，它导致心智结构的内在变化。学习来自人的大脑对新旧数据的炼制过程，思维将新信息与自身所调用的知识展开对质，生成更适于回应自身疑问的新意。这种知识生成是通过内在思维活动的冲突并借助同辈或教师的外力辅助，通过旧知识的干预和新旧概念通过数据密码的对质而实现的。它虽然能引发心灵的内在振荡与不安，但这种作用能引发新知识的重构。

——元认知。元认知来自心灵反馈的思想方法，是反省认知性知识的表现形态。元认知源自社会文化层面。为了进行知识的炼制，学习者必须退后一步，在二级层面上，即元认知的层面上进行自我拷问。反省认知的思维变构是重要的心灵"唤醒"活动。元认知在学习过程中起着牵引的作用。

——情感。人的情感是最丰富的，如惊讶、愤怒、美感乃至幽默感等，它与人的智力活动相伴到永远。情绪建立在一种生物基质之上，这一生物基质是因干扰神经元网络的神经传送介质的出现而发生的。情感伴随着特定的氛围而发生。美好的情感极大地激发思维的创造性和潜能。因为一个人只可能学习能打动他或是吸引他的东西。人对于自己无动于衷的事物是不感兴趣的，而不感兴趣的事物是不能激发内部动机、不能形成学习动力的。

引发情感的是情境。在任何情况下，学习者都必须感受到被关联、被召唤、被质问，特别是他必须为学习而找到情趣、兴趣、志趣、情感、态度以至价值，当新知识十分复杂或是必须借助形象时，就更需如此。

人先天带来的动物性本能即是情绪，情绪是儿童主要的反应与交往方式，直到成年，这种情绪色彩也保留着。儿童的认识表象总是带着感情色彩，在描绘物体形象时，儿童总是捕捉最强烈的感受，丰富的想象、联想靠情绪的火花点燃。我国著名学者孟昭兰指出，"意识在人类身上的发生、发展，以及与认知系统的整合，都是情绪的功能"；"意识的第一个机构的性质，基本上是感情性的"。整个人的成长过程都要靠人的情绪的适应机制。这包括正确辨认、释读别人的情绪，理解别人的感受以适应社会的需要，包括控制自己情感的外部表现以适应文化环境，还包括借助情感的表达功能实现人际情感沟通和情感认同. 不解决情感表达问题，通往知识的路便禁闭着。

在哲学家的思维中，情感是人生的原动力，它内在地蕴含着人生的哲理。社会学家重视人的情绪流向、情感氛围，把情感看作社会的敏感测试器。人类学家、文化学家视情感为人类的文化积淀，人类精神、信仰、制度、风俗、习惯最稳定的内核。人的情绪构成根本的"内在动力"，情绪作为一

种能量，是构成认知的先导；人的行为和认识的需要的内在
动因最终要以情绪的形式来表现。这也正是孔子说的"知之
者不如好之者，好之者不如乐之者"的本意。人的认识并不
一定导致行为。从认识到行为发生，其中介是情感为核心的
意向系统。情感在其中作为评价的震荡机制使人选择某种行
为并使它现实化。这也就是晓之以理、动之以情、导之以行
的应有之义。

一个人的情感色调（情调）具有唤醒、调节和满足自身
心理需要的功能。传统的偏理智的教育，使学生的知识虽然
丰富但缺乏感动之心和"体谅"，导致人的"感受性"的衰弱，
很难产生真正闪闪发光的东西。总之，没有情感，就不可能
有学习，它们是整个学习过程的"发动机"和制动器。此外，
情绪，如乐趣、愿望、喜悦使信息具有某种分量，能够促进
对信息的筛选，并赋予信息以重要性，增进记忆。通过情感
的感情因素，学习者从中找到自我认证和自信。

——意向。人的思维实时保持着意向状态。产生意向的
因素有对"知道"（know）的需求，理解某种现象的愿望，对
问题缺口的召唤。为此，意向对学习的推动可以是直接的，
即迈向一个预想的目标；可以是间接的，如乐之为之，或给
自己关于自我的图景等。

在大数据时代，人的思维方式将发生根本性的变革，是
用"云思维"来武装头脑吗？这只说对了一半，或者说只说
对了次要的一半。这是因为，与大数据时代相对应的是综合
的、创造性的，基于境脉思维方式的"概念时代"即"创感

时代"。左脑统治的逻辑、线性，基于推理的思维方式将成为过去时，取而代之的是一个全新的注重右脑的思维。创新将引领世界。道理很简单，大数据可以替代人的左脑，而人类要做云计算无法做的事情，并且驾驭大数据。为此，实现宏伟的中国梦，就必须大力培养中华民族下一代的全新思维，一方面开发掌控大数据的新能力，另一方面"按美的规律构造"，用高概念、高感性参与竞争，否则，只是镶嵌在云计算中，就会陷入还原论的窠臼。在人类漫长的进化中，在这个大数据时代，右脑醒来了。在右脑醒来以前，人们习惯于左脑思维，就像用右手（左撇子除外）劳作一样。

美国前副总统戈尔及白宫行政部门演讲稿撰写人丹尼尔·平克合作的 *The Whole New Mind : Moving from the Information Age to the Conceptual Age*（《全新思维:决胜未来的6大能力》），谈到时代启用全脑的全新思维。摘要如下。

左脑思考方式以前像是司机，而右脑像是乘客。现在情况变了，右脑思考方式突然掌握了方向盘，控制了油门，决定我们将要去哪儿，怎样去。物质丰富满足了人们的物质需要，增强了美和感情的需要，促进了个人对人生意义的追寻。自动化开始影响这一代白领，就像影响上一代的蓝领一样，使得靠左脑吃饭的人要开发新的智能，要比电脑干得更好、更快，成本更低。

大数据时代是高概念、高感性的时代。当工作对高概念和高感性能力要求越来越高的时候，概念时代最重要的变化不是在办公室里，而是发生在我们的心灵和灵魂深处。在追逐几十年财富之后，物质富有对人们已经不再那么具有诱惑力了，在这个新时代，意义是新的财富。

但意义孤掌难鸣，独翅难飞、单轮难行，必须调动"六感"的作用。在概念时代，我们需要掌握六种右脑智能来辅助左脑思维。这六种高概念、高感性的能力能够帮助人们发展新时代所需要的全新思维。

（一）设计感

现在，国家的财富和个人的康乐取决于艺术家的存在。在一个物质丰富但被自动化和外包风潮打乱秩序的世界里，每个人，不论从事什么职业，必须培养一种艺术感。设计不仅仅能提供时髦的厨具，刺激我们的胃口，让人为之精神振奋。好的设计更可以改变世界，当然糟糕的设计也可以。

（二）故事感

概念时代会提醒我们，某些道理是正确的却鲜有人遵循。我们必须相互倾听彼此的故事，我们就是自己故事的作者。我们浓缩以往的经验阅历、思想情感，以故事的形式表达自己、与人沟通。像设计一样，故事性越来越成为商品和服务在拥挤的市场中脱颖而出的一件法宝。

（三）交响能力

交响能力重综合而不重分析；要找出看上去毫不相干的领域之间的联系；发现更广泛的模式而不是得出具体的答案；通过把别人不在意的要素结合在一起，来发明新的事物。交响能力也是大脑右半球在文字、隐喻、感官方面特性的体现。

（四）共情能力

共情能力非常重要，它使人类从自然界进化中脱颖而出，使我们能直立行走和独立思考，也对我们的生活意义重大。因为有共情能力，我们能看到不同观点的另一面，安慰悲痛欲绝的人们，体验别人的喜怒哀乐而不是妄加评论。

（五）幽默感

幽默感虽从不被重视但它到现在越来越受欢迎，成为人们关注的焦点。如果幽默感运用得当，它就会成为令公司焕然一新的万能药。幽默感是一种复杂而特别的人类智慧形式，它不能被电脑复制，而且在高概念、高感性的时代变得越来越有价值。

（六）探寻意义

意义已经成为我们工作和生活的中心。探寻意义显然并不是一件简单的事情。你并不能像买食谱一样有现成的烹饪法——打开一袋面粉，加入水，然后搅拌……对于个人、家庭和公司来说，我们能采取两种实用的、全面思维的方式开始寻找生存的意义：开始认真对待精神追求，寻找真正的幸福。

设计感，故事感，交响能力，共情能力，幽默感，探寻意义，这六种能力将越来越主导我们的生活，重塑我们的世界。相信很多人会欢迎这种变化，有些人也可能会厌恶，心里想着：我的正常生活被一帮穿黑色紧身衣、装腔作势的家伙掌握，这些家伙会把我们这些缺乏艺术感和情感的人们远远抛在身后。其实不用担心，因为这些关键的高概念和高感性能力是基本的人类本能。这些能力人生来就有，只不过进入信息时代后就渐渐萎缩了。我们现在的任务就是使它们重新发挥作用。每个人都能掌握概念时代的这六感。谁先掌握了它们，谁就会在这个时代占得先机。现在让我们开始行动吧。

培养大数据时代的新思维，意味着呼唤教育新思维。这就要求教育工作者彻底摒弃陈旧的思想观念，与时俱进，用全新的理念和教育方法开发新一代的潜力，培养未来建设者的新思维。这是教育者重大的历史责任。

我们再不能单方面倡导逻辑思维即理性思维，感性时代即创感时代，"感"是指感性，即审美能力；"创"是指创新、创造，"创感"，通俗地理解就是"按美的规律构造"。

如何引导学习者"按美的规律构造"，培养创造力？这是一个教育实践问题，也是关系脑科学的全脑思维的理论问题。

用一只手握成一个空心圈，轮流睁一只眼闭一只眼地窥视前方的某一个东西，你会发现每一次看到的是不同的景象。这是因为两只眼睛的优势是不一样的，它们属于功能不同的感受器，而背后是两个特别复杂的视觉神经系统。左右脑在结构上是不同的，因而思维功能都是各有侧重的。

左右脑两半球靠胼胝体联结。胼胝体位于大脑半球纵裂的底部，连接左右两侧大脑半球的横行神经纤维束，是大脑半球中最大的连合纤维。人的胼胝体大约含有100万根纤维。

全脑思维是综合创造性思维，它可以从多角度、多视野去生发和联想，没有给自己设下太多的思维禁区，可以任意改变思维方式；它无正确、错误之分，无所顾忌；它不必循规蹈矩、按部就班，更没有固定的模式，新颖、独到、变通、灵活是全脑思维的特点。全脑思维的精髓就是标新立异，打破陈规，它不受现成的知识和方法的束缚，能独特地发现问题，"调方"地提出问题，多角度、多层面地分析问题和解决问题。

美国心理学家J. P. 吉尔福特首先提出全脑思维的概念，又在对创造力进行深入研究与分析的基础上，提出三维智力模型：第一维是智力的内容，包括图形、符号、语义和行为四种；第二维是智力的操作，包括认知、记忆、发散思维、聚合性思维和评价五种；第三维是智力的产物，包括单元、类别、关系、系统、转化和蕴涵六种。如此可以组合成 $4 \times 5 \times 6 = 120$ 种独立的智力因素。吉尔福特认为，人的创造性是通过全脑思维而表露于外显行为上的。例如，学生在做数学习题时，一题多解就是发散求异思维的一种具体表现。所以，全脑思维能让你迅捷地从一类对象"飞"到另一类与前者性质、内容相差很远的对象。大凡有成就者，莫不表现出思路开阔、纵横顺畅的优势。

在大数据时代，特别提倡全脑学习及全脑教育，开发全脑综合功能。

全脑学习即充分调动左右脑中各个区域参与学习活动，平衡发展，开发大脑潜能。

全脑学习是由知识的学习、方法技能的学习和情感态度的学习构成的。全脑学习调动学习主体全部的积极因素，投入到训练人类高智商、情商的学习活动中，从而把自己培养成为创新人才。

对此，教育必须变单纯的传授知识为综合能力培养，树立教育（包括学科教育）是为了"整体的人"的发展的教学观。解放学生的五官、双手和身心，创造一个愉快、自主、积极向上、革新的教育环境，让学生成为全脑学习、自主创新的主体。这就要求教育者必须以学习者为本，实施关心教育，在倾听、微笑、点头、分析、鼓励、赞扬、赏识中给学生的思维松绑：变线性的、平面的、孤立静止的思维为立体的、网络的、全息的、动态的思维，坚持综合、全息、和谐、统一。在翻转课堂、微课程和混合课程中，教育者要通过点拨、引导、帮助学生寻找资料，获取思维与创新的线索与信息；帮助学生自己确定目标，自我设计、自我教育、自学、自导、自我管理，养成良好的学习和行为习惯；在自学的基础上组织启发教学和讨论教学，协同探究，用头脑风暴法使脑际思维激荡，引发创新。

首先要体现在课堂思维教学改革上，要求教育者在翻转课堂、微课程和混合课程以致慕课中构造美的课堂、智慧的课堂、创造的课堂、开拓的课堂。

先以培养讲故事的能力为例。要培养学习者讲述自我创新、自我超越的故事的能力。这是培养学习者情节构建能力和创新叙事能力。创感时代，关注的不只是创造出新事物，更重要的是如何把新创造事物更感性地表达出来。一个人能说出自己的故事，往往比生硬的陈述更加有说服力和感染力。不但如此，还要让学习者用"数字故事"即用音像文字来讲述自己的经历，表达自己的丰富情感和思想境界，要培养学习者的综合统整的感性能力。什么样的人能走在大数据时代的前列，什么样的能力是最受欢迎的？一名优秀的科学家同时是艺术家、工程师，不但要懂得实体设计，更重要的是懂得程序设计，故事编剧、美工、音乐等比素材本身更重要。在工业时代，曾经单一领域的专业知识能够使人获得成功，但是在大数据时代，工作都要求综合能力，即不但有多种知识和技能，还要有艺术才华。

高校应如何着手培养大学生的创新精神和实践能力呢？大学应加强学习者文化修养和多元学科背景的培养，文学艺术能够提升对生活的感知力和想象力，促进直觉和灵感的迸发，是创新的肥沃土壤。多元学科背景能够打破线性思维，产生立体思维，扩大创新源，取得原创性成果。

对外经济贸易大学在学科建设和课程设置改革方面，着重加强学生主体性、知识前沿性和学科的交叉性，培养学生创新创造能力。学校在课程改革中，推广辅修专业，打通公共课平台，实现辅修专业与主修专业的学生同班学习同等考核，实现全校学生在经管、法学、文学与艺术、人文基础、数学、英语等9个通识教育基础课程模块中自由选择。比如搭建促进大学生全面发展的思想引领、通识教育、国际培养、学术科研等素质教育十大平台，引导学生针对活动课程要求进行自主开发、自主选择、自主评价。比如2012年设置的"暑期学校"项目邀请来自美国、加拿大、德国等国的40位国际知名专家学者开设42门课程，用全英文讲授国际前沿知识。为全面提升学生的文化艺术修养，学校单独组建文化艺术教学部，拨出专款请名师新秀开设音乐、书法、美术欣赏、雕塑、油画、民歌等方面的课程。学校引领学生把学习作为一种精神追求，一种生活方式。

再以共情能力为例。共情能力是设身处地地认同和理解别人的处境和感情的能力，站在别人的立场上，将心比心地换位思考，理解他人的感受。具有共情能力的人会时常反思。多少年来，人们一直都想赋予电脑情感的智能，但是即使是情绪运算（Affective Computing）领域最杰出的科学家也没有在此方面获得多少进展。"情绪机器人"所有的"情绪"都必须经过人脑去编程设定，不会自主对周遭事物做出反应。尽管电脑有强大的逻辑运算能力，但仍然只会从事低级简单的工作——执行人设定的固定程序。而美感共情恰恰就是价值观。因为美的才是善的，共情即是善。因此，在强大的云计算面前，电脑所不具备的不能被复制和替换的共情能力变得越来越有价值。所以，如何丰富学习者的审美共情能力是教育的永恒性课题。"钱学森之问"——为什么我们的学校总是培养不出杰出的人才——是留给中国教育的实践课题，这个问题回答好了，中国的教育就能腾飞于世界；对这个问题解答好的人，就会成为一个杰出的创新人才。一位"第二次世界大战"中纳粹集中营的幸存者，后来当上了美国一所学校的校长。在每一位新老师来到学校时，他都会给那位老师一封信，信的内容完全一样，里面写的是：

> 亲爱的老师，我是集中营的生还者，我亲眼看到人类所不应该见到的情景：毒气室由学有专长的工程师建造；儿童由学识渊博的工程师毒死；妇女和幼儿被受过大学教育的人枪杀。看到这一切，我怀疑：教育究竟是为了什么？我的请求是：请你帮助学生成为具有人性的人。因为，只有在我们的孩子具有人性的情况下，读、写、算的能力才具有价值。

要让每一个学习者知晓，成才先"成人"，人性是教育的精髓和根本。要懂得人生的意义，把美的、善的、真的东西统合植入每一个学习者的心灵，进而映射出人性的光辉，照耀自己前进的目标，激发出强大的正能量。两院院士王越在谈到科学与人文关系时说："信息系统嵌入到社会，人类和社会是共同发展的，共同发展有科技问题，也有文化问题、伦理道德问题。所以嵌入到社会共同发展是一个大的概念……我是搞自然科学的，我认为信息科技和社会是共同发展的，这个要长期坚持下去。再有，创新能力是一个很大很高的词，有人文方面，也有自然科学方面，脱离人文来谈创新也不好说。我认为，重要的科学新发现和重要的技术创新，文盲肯定做不了，但是这个人是不是很聪明就一定能成功呢？那也不见得。还要克服种种困难，种种社会上的约束。比如说有的技术创新是很苦的，不是手到擒来那样舒服的，那你没有人文精神支撑，你能克服这个困难吗？科技人员都是要坐冷板凳的，要甘于冷清、甘于面对失败的，重大的科学研究的主要特征是大部分人失败。那你没有一点人文精神，创新研发能力是空的。"这里还需要谈一谈因果逻辑和直观与相关性创新的关系问题。一段时间以来，存在对相关性关注取代对因果逻辑关注的倾向。不少人对因果逻辑有一种误解，似乎认为因果逻辑必然指向一种确定性。这是有失偏颇的。因为如果把因果关系认作是一种确定，那么自然导致的结果就是放弃思考。假如一切因果皆为注定，就意味着承认宿命论，而如果宿命成为一种必然，思考就成为多余。其实因果关系与相关性在本质上是一致的。如果认为它们之间存在什么矛盾，那么就意味着认定因果的一一对应。因和果如果是一一对应，这个世界就只能是线性的，但谁都知道，世界是非线性的，这背后的原因在于因果并非一一对应，有些情况是多因对一果，有些情况是一因对多果，更多的是多因对多果。事实上，因果关系和相关性都含有假设的不确定因素。

大数据概念摒弃取样概念，提出全息数据。事实上，在进行思维创新的时候，取样和全息既有对因果审视，也有对相关性做出判断的因素分析。有史以来，因为人类大脑运算能力的限制，在进行因素分析时，学者不会建议人们广泛地考虑所有的细节，当考虑到足够因素时还要加以归纳、整理和排序。否则，海量的相关因素很可能造成大脑运算因超负荷而"溢出"，所以，在思维过程中并不照顾事事周延而"考虑所有因素"。随着云计算应用，人类借助运算工具的能力急剧提升，人们借助大数据有能力"考虑所有因素"。

但如前所述，无论是因果关系，还是相关性，所有因素的主体是人脑，不要以为谷歌拥有海量数据和分析能力，它就可以冒充上帝供人们膜拜了。

"一点突破"

在高概念和高感性的大数据时代，理性和感性好像鸟之双翼、车之两轮，二者集中于一点——创新突破。

任何纷繁复杂的现象背后，都隐藏着本质。学习的本质是什么呢？想象学习者应学习的知识是一个大圆，而学习者已学会的知识是其中的一个小圆。学习的本质就是：不断地扩大大圆中的动态的小圆，让它接近外面的那个大圆或局部冲出大圆，而创造性的学习是与大圆呈交叉的状态，这就是所说的"一点突破"。而教育者乃至阅卷者对这"一点突破"的看法是大相径庭的。

"一点突破"是自由创造的重要门径。花开似海，其实是点上开花。"一点突破"，即学习者能够高水平地阐明一种观点。在美国，如果学习者有"一点突破"，就给予高度评价。

而我们往往注重讲授的"全面开花",尤其在考试中,学习者若仅就"一点"来论述,那么无论阐述得多高明,也只能得这"一点"所规定的分数。就实质而论,"一点突破"式的评分标准鼓励了个人的独创性,但往往不能了解学习者是否掌握课程的要求;"全面开花"式的评分标准则是重广度轻深度,这无疑是鼓励一种建立在平庸之上的全面化,同时也无形中压抑了个人的创造性。大多数中国人认为,在限定的时间内答题,写下的文字越多,说明写作能力越强,但美国教授认为,一句话就能表达清楚的问题要扯上十句话乃至十页纸,说明逻辑思维差、概念不清楚。这就是那些喜欢长篇大论的中国学习者在美国教授那里栽跟头的根本原因。相比较,在中国的考试中,考试目的不是考察学习者的创造能力,而是考察学习者掌握书本现成知识的能力和模仿能力。学习者只要能够圆满地复述出教育者在课堂上所教的内容就能得满分。至于学习者的个人创见,至少在考试中是不受鼓励的,甚至还要扣分。要改变这种传统的呆记死背的旧习,就要进行"一点突破"式的创新教育,培养创造性人格。

辩证地看,对"一点突破""全面开花"二者应予统筹兼顾。它们是点和面的关系,是量和质的关系。没有面,何谈点?没有量,何谈质?所以,应采取点面结合的策略。就是说,既要"一点突破",又要"全面开花"。而"全面开花"是"一点突破"的基础。因为没有"全面开花"就不会有"一点突破";没有"一点突破",也就谈不上"全面开花"。这是促进学习者创造性自主学习的着力点。自主学习旨在培养学习者的个性、创造能力、创新思维，让他们遵循生命生长的自然规律去发展。生成教学通过"生成"活动，使学习者自己能够教育自己，成为学习的主人，使教学达到不教而学的境界，从而实现学习者的发展。为此，要不断调整教学活动，凸显思维生成的动态性、过程性与开放性。教学活动要根据学习主体及具体教学情境的变化而不断调整，不存在永恒不变的教学计划、教学大纲和教学目标。

长期以来，一方面经济社会发展对于拔尖创新人才的需求迫切；另一方面创新人才匮乏。钱学森生前曾对此进行认真的反思。而历史上大师的最终成功靠的是什么，这是思考的一个中心问题。

云教育打破了"一刀切""齐步走"的教育方式，冲破"应试教育"的狭隘格局，云教育/云学习、翻转课堂、微型课程、混合学习等呈现学习者"天高任鸟飞"的广延时空，对人才辈出提供了优越的条件。

人才培养从基础教育做起，要打破以往单纯由高等教育进行人才培养的格局。人才培养归根到底是基础工程。在人才培养问题上，进行顶层设计是必要的，应有一个准确的时间表，在人才成长的不同阶段赋予明确的任务。

培育国际化人才非常重要，这在封闭的传统教育中是办不到的。但现在，留学的门槛又太高，唯有云教育，超越各种限制，使人才依据国际标准，从小奠定一个良好的基础。从上节的例子中可以看到，国外对创新精神的培养恰恰是"一点突破"打开通道。

与"一点突破"有直接关系的是，"非常"人才要不要"非常"培养呢？这是肯定的。要打破常规走路，善于谋求捷径，而捷径在于云教育。

2004年，北京四中道元班高二学生、被同学老师称为"小乔布斯"的编程高手齐麟致休学一年办公司，与之一同进入人们视野的还有专门培养在某一领域具有浓厚兴趣的"超常少年"——四中道元班，为他们创设完全不同的学术支持和学习环境。

道元班的教学模式和学生的学习模式一直是道元班研究的重要探索之一。道元班旨在用学生的兴趣引领其发展。要给学生提供不同的教育，培养学生的兴趣，把选择权还给学生，让学生自由发展。给每一个学生提供适合的教育才是最好的教育。

道元班班主任张盈老师以亲身体会讲了两个学生的故事。

一个学生进入道元班不久之后告诉我，他爱上学了。这样一句话让身为老师的我听到后颇为激动，继续问他，为什么这么说呢？他说：数学课就很有意思。数学老师不是急着给他们传授知识，而是让他们凭借自己的兴趣去学。每个孩子用自己的"方法"去理解这一章节，回来给同学们讲自己最感兴趣的知识点。他的特长是计算机，擅长在网上搜索相关的材料，把信息整合后给同学讲。"这样非常符合我的口味，我也愿意来上学"。

这个学生的特点是与计算机结下了不解之缘。

　　还有一个学生，从高二下学期到现在累计一个学期以来的上课时间不到一个月，大多数时间他在请假进行自己的研究。这也是道元班提供给学生的自主发展的平台，不知道定义他为"非常"人才是不是合适？因为在我们看来，他与其他孩子无异，只是多了一份追寻自己梦想的执着与胆识。这个学生做事非常有计划性，每天早上一睁眼就开始计划"我今天需要完成哪些事情"，每天晚上睡觉前还会检查"我今天完成了哪些事情"。他虽然请假在家，但是定期会向老师汇报：这段时间以来做了哪些研究，哪些完成，哪些还没有完成，一清二楚。这也是我们对于道元班孩子培养所期望的，期望他们能够真正把"要我学"变成"我要学"。作为学校，我们给他们提供更大更适合的平台。也许非常人才的成长有自己的规律，但是在我们还没有探个究竟之前，正如尼采所说："别挡住我的阳光。"

这个学生的最大特点是利用程序性知识（包括智力技能和动作技能），还有更为重要的反省认知性知识的积累和运用。

　　再以人大附中为例，他们的办学思想就是尊重个性，挖掘潜力，通过超常教育的实验项目，认识学生身心发展的规律和人才成长规律。学校理念是爱学生，尊重学生。怎么去发现他的优势、他的兴趣，怎么去提升他的能力，实际上都要有很好的平台，这种平台可以是课程平台，可以是社团的平台，也可以是对学生量身打造的个性化的平台，最终的目标就是发展与创新。学生的思想、兴趣、能力、意志力，都需要在这个平台上得以发现和发展。一所优质学校的优就体现在这里，除了优秀教育之外，还需要优秀教师和学生共同创造的平台。2010年，人大附中申请并经上级批准成立了拔尖创新人才早期培养基地，其目标之一就是努力打通大中小幼各个环节，争取突破现有的高考政策瓶颈，探索人才成长的绿色通道。而关键问题是从结果导向发展到过程性评价。人大附中党委书记、副校长指出：

在早培班，我们在不缩短学制的条件下，扩充、打通常规课程，六年级至十二年级通盘考虑，部分学科的教学会根据知识发展穿越小学与初、高中课程的边界。开设常态化的研修课程，比如，每周抽出两个半天开设研修课，自八年级开设高级研究课程，适时向大学延伸（按个性化需求），探索和大学、科研机构的培养对接，这些并不是全部，社会实践也纳入课表。德育、体育还有一些特色课程也纳入其中。学生们还实地考察、调研，撰写了《湖南澧县留守儿童家庭调查纪实》。刘彭芝校长就曾寄语孩子们：希望同学们在未来的人生中勇于担当，乐于奉献，用爱心去创造奇迹。在担当中懂得责任，在奉献中收获快乐。

学习者的兴趣是特别重要的。中国教育学会名誉会长顾明远谈道:

> 美国优质高中的功课是很深很难的,德国、法国文法高中的课也非常深。但是我们与他们有一个很大的不同,就是我们的学生是"被学习""被教育",学习是被动的;他们是自己学习,自己愿意学习,有兴趣地学习。不是说我们负担比人家重,人家的负担可能比我们还重,问题是人家是自愿学习,自己选择学习,我们是"被学习""被教育",所以负担重,差别就在这个地方。

中国青少年研究中心副主任、研究员孙云晓也谈道:

> 我们连续10年做了中、美、日、韩高中生的比较研究,今年完成的科学意识比较研究发现中国中小学生对科学很感兴趣,但是年级越高越不感兴趣。高中生未来会选择一个和科技有关的工作的比例,在四个国家中是最低的。
>
> 为什么会这样?因为我们学生到了高中的时候,评估的体系是非常单一的,就是上大学,就是考试,不能想自己的事情了,各种压力之下慢慢就放弃了自己的兴趣与梦想。怎样让各式各样的人才都能获得成材,面临很多的挑战。

中科院心理所超常儿童研究中心主任、研究员施建农谈道:

有些小时候很聪明的人长大了却学不下去了。其中一个最重要的原因是,我们的教育不是以孩子的兴趣为导向的,而是以考试分数为导向的。我在耶鲁的时候碰到一个北大的学生,他告诉我,现在特别无聊,要换导师。问他"为什么换导师?"他说:"导师太忙了,很难见到他,而且不知道干什么。要找一个能告诉我下一步干什么的人。"这是典型的中国式的成长,都是被规定了下一步干什么。到最后,他不知道自己干什么。

我们做过一些比较,超常儿童后期发展得比较好的,真的不在于他早期聪明不聪明,因为他们小时候都是超常儿童,而是在于他的非智力个性心理特征,比如,抱负或者志向,也就是理想,他知道自己将来干什么。又如,独立性,他有自己的爱好、自己的判断力和决策能力。还有好胜心。这里的好胜心不仅指争强好胜,还指战胜自己,克服困难的意志和能力。另外,坚持性、求知欲和自我意识都很重要,特别是坚持性。因为做任何事情心血来潮一时冲动都是容易做到的,但要持之以恒,几十年如一日去做一件事情就非常难了。坚持性是人最后成功的一个很重要的标志。

但打破常规地学习绝不是苦心孤诣地学,自学不是自己学,而是有师指点。

　　有一位植物爱好者到百花园认花，先用两种方式：从理论到实践和从实践到理论，似乎都不成功。后来，她探索到最好的方式就是有一位指导教育者，这样效率最高。

　　从以课本为本变革为以学习者为本，"学有所教"是云计算背景下教育改革的大趋势，是对"教有所学"的颠倒，是主体性、个性化教育。传统的班级授课制"教有所学"的最初起源就是智力水平差不多的学习者聚在一起，给予相同的教育以节省成本。这是为资本主义培养技术工人的最好办法。因为机器生产工人变成机器的附庸，只需要技术就行了。而当大数据技术能够帮助教育者了解每一个学习者的需求之后，绵延了两千多年的"因材施教"的理想将得到回归。

　　大凡上过淘宝网、当当网的人发现，它们会根据你买过一些什么，浏览过一些什么商品，来判断你还有可能购买一些什么。又如新浪微博，它会根据你关注了哪些人来判断你还可能对哪些人感兴趣。这种技术实质上是通过数据的归类与分析，来预测"出现某种行为的人还很有可能出现另一种行为"。

　　这样的技术如果应用在作业上，会是怎样呢？比如A同学做对了第4题，系统马上会告诉他，他可以跳过第7题和第9题，这是因为，做对第4题的学习者几乎不可能做错第7题和第9题，做这些题目是简单重复，浪费时间。如果B同学做错了第5题，那么系统也会提示他继续练习第6题和第9题，这是因为数据显示，做错第5题的人很可能做错后两题，这个知识点是该学习者需要反复进行操练与巩固的。

因此，大数据给我们带来的改变主要有三点：第一，帮助我们找到真正起作用的教育影响因素；第二，帮助我们洞察学习者的真实；第三，帮助我们走向个性化。

个性化引导在于教育者要加强以生为本，关键是引导如何学习。试分析学习函数：

$$F(t) = C + H(t)G(t)$$

$F(t)$——某学习者个体知识能力达到的目标值（"最近发展区"）。

C——某学习者个体在t时刻以前所具有的知识水平常数（"现在发展区"）。

$H(t)$——某学习者个体在t时刻学习受身体状况、学习动机、意志品质、周围环境等（非智力因素）影响所产生的迁移度。

$G(t)$——某学习者个体在t时刻的思维力（智力因素）。

教育者用下面的数学式检查知识能力（值）：

$$F(t) = \int_0 [C + H(t)G(t)]dt \quad （t为学习过程时间）$$

由此可见，如果教育者通过有效地主导和控制，适当地对$H(t)$进行指导，对$G(t)$进行引导，充分引导学习者开展自主学习、小组合作与探究学习，那么，$F(t)$是能够实现的。学习者个体不同的"H"和"G"，导致知识积累和能力形成的过

程曲线不同，即在不同的教学时段，不同层次的学习者对新
授知识所达到的学习目标是不同的，但通过教学时段的连续
延伸，不同层次的学习者总可以通过连续的目标迁移（以不
同的速度）实现"了解—识记—理解—消化—贯通—能力—
素质"的目标迁移过程。也就是说，整体培养目标的实现是
可以通过连续的目标迁移来实现的，只不过是层次的不同，
迁移的速度不同、实现的时间不同而已。

腾"云"宜在少年时

1984年2月16日，邓小平在上海视察中国福利会儿童计算
机活动中心时说："计算机要从娃娃抓起。"

这一天，上海市展览馆举办十年科技成果展。邓小平来
到展台前，李劲和另外一位小同学熟练地按动键盘，电脑屏
幕上立即闪现出"热烈欢迎"的中、英文字样，接着又出现
了一个造型生动、有趣的机器人，闪烁着一双灵活有神的大
眼睛，唱起了《我爱北京天安门》，歌声刚刚结束，一枚镌刻
着"中国制造"的巨大火箭，呼啸着冲向蓝天，屏幕上豪迈
地显示出："中国，飞向宇宙！"

面对这两个闯进电脑世界的娃娃，邓小平笑了，满意地
点头称赞。

邓小平亲切地问一位小同学："你叫什么名字？"

"李劲。"

"多大了?"

"13岁。"

邓小平抚摸着李劲的头,对身边的领导干部们说:"计算机的普及要从娃娃抓起。"当时的李劲高高兴兴地回答了邓爷爷的几个问题以后,竟然又对着电脑设计他的下棋游戏去了。

邓小平本来只安排参观1分钟,结果在李劲的身边逗留了6分钟。

李劲由于有了计算机的基础,在学业上实现三级跳。1987年,刚读完高一的李劲,就被清华大学电子工程系破格免试录取。进入大学后,他又以优秀的成绩和优异的科研成果,获得学校光华奖学金一等奖。李劲采用的是交叉学习法,每一年都同时读两个年级的课程。遇到课程在时间上"碰车",他就自学,补上没能去上的课。他仅仅用了两年的时间就读完5年的本科课程,并获准毕业。1990年9月,李劲留校攻读硕士学位,因成绩优异,于1991年3月提前一年半进入博士研究生的深造,同时参加电子工程系的科研工作。经过三年半的苦读,1994年6月1日,23岁的李劲成为中国最年轻的博士。据李劲在大学和研究生期间的导师刘润生教授说,李劲在校的成绩有七门主课是100分,绝大部分的主课在95分以上。

李劲获得博士学位后,他前往美国南加州大学任职副研究员。从1994年至1996年,他发表论文近40篇,在国际图形编码领域声誉鹊起。1998年,李劲在国际光学工程师学会与图像科学技术学会共同召开的视频通信与图像处理年会上获得青年学者奖。这是国际图像研究机构给予获得五年博士学位后的年轻学者的一个特殊奖项，每年一人。这表明，27岁的李劲已经成为国际上从事多媒体研究的有成就的学者之一。

1998年7月，李开复受命于比尔·盖茨先生来中国设立微软中国研究院。在清华大学，当他问起近年的毕业生谁最有名时，人们告诉他有一个叫李劲的学生是清华的神奇小子。当他转身问微软首席科学家张亚勤到哪里去找李劲时，回答是，李劲已在美国的夏普试验室工作。

当李劲得知微软在中国设立研究院的消息时，当即决定回国工作。1999年3月1日李劲回国，到位于北京中关村希格玛大厦的微软中国研究院上班。在这个世界高端研究机构中做最年轻的研究员，他研究的是计算机产业的核心技术，对未来信息产业的发展起着相当重要的推动作用，还可以帮助中国提高在多媒体技术领域的整体水平。

现在李劲的研究领域集中在图像编码的压缩和传输。按他自己的说法就是，"尽可能减小图片及其他媒体（MEDIA）的尺寸，以便于存储和传输；并利用媒体的一些特性，把传输变得更有效"。

生活中，李劲有一句自己的"格言"："如果有寂寞感，就不是搞计算机的人！只有耐不住寂寞的人才真正寂寞。"我们有理由相信，能耐得住寂寞的李劲以及正在一茬茬成长的计算机娃娃们，必将以更加超人的智慧和辉煌的成绩，推动中国计算机事业的蓬勃发展。

随着大数据时代的到来，人才的大量涌现与人才的早期培养将成为现实。早在1993年12月18日，我国著名科学家钱学森在给四川社会科学院研究员查有梁的信中写道：

今天是信息革命的时代了，信息时代是第五次产业革命，也当然要改造教育：（1）我在1989年《教育研究》一文中就说21世纪的中国要让小孩4岁入基础教育学校，18岁就成为硕士。（2）是什么样的18岁的硕士？请想想：在16世纪"文艺复兴"时期，出现的名人学者都是全才，科学、技术、艺术无所不能。到了第三次产业革命（即"工业革命"）才分化出科学、技术、社科、文艺四大门类，没有全才了。但到了第四次产业革命，发展到了30年代，就出现了理工结合的大学教育，我在美国就是接受这种教育的（我的博士学位就是航空与数学）。事物又继续发展，到了第五次产业革命的今天，在国外出现理、工、社科的博士。所以我想21世纪中国的18岁硕士应是全才，但又是专才，全与专辩证统一，即全可变专，改一专业只要大约一个月的锻炼就成了，甚至一个星期的改业学习就成了。（3）这能行吗？能！用电子计算机和信息网络！人的智慧不只来源于人脑，还有计算机和信息网络，是人机结合的智慧！……美国不是花大钱建立信息数据高速通道（Data Superhighway）吗？听！时代的钟声响了，千万不要落伍呵！我们都不能落后于时代！让我们共同努力吧！

大数据时代的教育要把学习者培养成为"T"型人才。"T"中的"横"代表知识面的宽度,"竖"代表知识面的深度。这是心理学教授林崇德在1995年北京召开的"中国与亚太地区早期教育研讨会"和美国苹果公司召开的学术会议上提出的。

与"T"型人才培养相适应,实施"T"型教学模式。"T"中的"横"代表西方教育的出发点是要培养适用性人才,把创造力作为主线贯穿到教学过程之中,它强调的是知识面的宽度、学生的独立性和实践能力;"竖"代表东方的教育以培养逻辑思维为出发点,强调的是知识的深度,采用的方式是重视读书、统一的规范和集体主义。林崇德教授认为,从创造性特点和"T"型创造力培养模式可知,创造性的人格虽然是非智力因素,但参与创新并不亚于智力因素。

对人才的早期培养离不开从小对云计算的驾驭,所以,有监控的云游是儿童智力发展的重要途径。学习最需要的是信息,精确地说是数据。云计算所提供的大数据是以往的小数据无法相比的。在过去,由于学习者拥有的信息量非常小,学习者不时陷于数据饥荒中。大数据时代一改过去的盲目性和对财富的遗弃性,以数据生态改变我们的学习。

据人民网2014年11月15日报道,英国6岁电脑天才Ayan Qureshi成为世界上年龄最小的微软认证专家(Microsoft Certified Professionals,MCP)。Ayan在只有5岁11个月大的时候就通过考试,获得该认证,打破了之前6岁半的世界纪录。微软认证专家是对全球公认的计算机软件高级人才的认证,一般是由大学毕业生参加的考试，因此当小Ayan走进考场的时候，监考官震惊程度可想而知。

与米特拉的实验比较起来，也许能找到一点共性的东西，这是大数据时代所需要的。全在于对儿童这种本能与智慧的开发。这是科学技术达到一定水平的时候，人类应对大数据技术的自组织，不过不要忘记，自组织离不开他组织，而最后变成完全的自组织。

参考文献

李德顺，江涛，韩庆祥，任定成，郭湛，陈志良，庞元正. 科学知识、科学精神与科学世界观[J]. 前线，1999（11）.

江东，王建华. 遥感信息科学中的分形思维[J]. 甘肃科学学报，2000（1）.

[日]出井伸之. 传统企业遭遇数字革命[N]. 人民日报，2000-04-11.

张再林. 关于现代西方哲学的"主体间性转向"[J]. 人文杂志，2000（4）.

黄行福，张莉娟，贺杰，王宪功，潘华东，柳栋. 电子游戏与学校教育[J]. 教师博览，2006（8）.

贾宝余. 科学教育的人文化——中科院研究生院孟建伟教授访谈[J]. 科学新闻，2007-01-07.

广州开发区创建世界一流高新园区课题组. 世界一流高科技园区的发展经验与启示[J]. 决策研究，2007（11）.

王楠. 高校科技园建设的国际比较与启示[EB/OL]. http://ke.baidu.com/view/303f8136561252d381eb6e37.html.

安娜. 用量子思维认识世界[J]. 中国教育报，2008-01-24.

李德毅. 超出图灵机的云计算. 2009年7月19日在第七届

北大CIO班结业典礼暨云计算论坛上的演讲.

龚思奇，彭香萍. 量子思维方式对当代社会的启示[J]. 职业时空，2008（9）.

蒋智勇. Second Life——柔性教育的新舞台[J]. 中华建设科技，2010（5）.

云计算使命就是为重建虚拟世界提供方法［EB/OL］. 中关村在线，2011-03-29 06:59.

从云计算技术看物质和意识的关系［EB/OL］. 价值中国网，2011-04-06 9:48:00.

[英]维克托·迈尔-舍恩伯格. 大数据给生活、工作与思维带来的变革[EB/OL]. http://www.huxiu.com/article/8702/1.html，2013-01-07 17:06.

张韫. 大数据改变教育[J]. 上海教育，2013（4）.

[英]维克多·迈尔-舍恩伯格. 删除：大数据取舍之道[M]. 袁杰，译. 杭州：浙江人民出版社，2013.

涂子沛. 大数据：正在到来的数据革命[M]. 桂林：广西师范大学出版社，2013.

涂子沛. 从微学位、大数据到微学校[EB/OL]. www.cnein.ac.cn.

赵志耘，杨朝峰. 大数据：国家竞争的前沿[N]. 学习时报，2013-09-16.

谢文. 数据革命引发的全球社会大变革前夜，中国唯有更开放[EB/OL]. 钛媒体，2013-06-24 12:15.

许小年. 网络文化与现代公民的主体间性人格建构[J]. 人民论坛，2013（18）.

吴飞. 主体间性——走向交往与对话的时代[J]. 新闻与传播研究，2013（10）.

李曼丽，张羽，黄振中. 慕课正酝酿一场新教育革命[N]. 中国青年报，2013-05-23.

"慕课"来了，中国大学怎么办[N]. 光明日报，2013-07-16.

杜杨. "慕课"对高校体制的五大挑战[N]. 光明日报，2013-08-21.

郝丹. 国内MOOC研究现状的文献分析[J]. 中国远程教育，2013（21）.

大数据时代的教育革命[EB/OL]. 知行网，2013-09-12 1:05.

易鑫. 教育如何玩转大数据[N]. 中国教育报，2014-03-24.

[美]阿兰·格申菲尔德. 电子游戏或将改变教育的面貌?[N]. 郭凯声，译. 光明日报，2014-05-03.

荆林波. 大数据时代带来的大变革[N]. 中国青年报，2014-05-26.

王淼. 在"云端慕课"促教育变革[N]. 中国改革报，2013-09-28.

张武威，曾天山，黄宇星. 微课程与翻转课堂相结合的教学方法创新应用[J]. 课程·教材·教法，2014（7）.

记者唐景莉，通讯员孙晓霞. 育创新思维担当时代重任——访对外经济贸易大学党委书记王玲[N]. 中国教育报，2013-05-20.

姚康伟. 创感时代——探索"创感时代"学校教育教学新思维.